高等学校应用型本科创新人才培养计划系列教材

高等学校互联网金融专业课改系列教材

互联网支付

青岛英谷教育科技股份有限公司
德州学院
编著

西安电子科技大学出版社

内 容 简 介

互联网支付是我国金融科技创新的重要组成部分，已深入社会生活的方方面面，影响力日益扩大。本书从目前我国互联网支付的主要业务分类入手，结合具体案例，对时下互联网支付业态的概念、特点、运营模式、风险分析等进行了系统梳理，并进一步对互联网支付管理、监管措施及法律法规进行了分析。

本书注重理论与实践结合，可作为高等院校互联网金融课程的教材，也可作为互联网金融从业人员及互联网金融爱好者的参考书，亦可作为机关、企事业单位的培训用书。

图书在版编目(CIP)数据

互联网支付 / 青岛英谷教育科技股份有限公司，德州学院编著. —西安：西安电子科技大学出版社，2020.10
ISBN 978-7-5606-5701-1

Ⅰ. ①互…　Ⅱ. ①青…　②德…　Ⅲ. ①互联网络—应用—支付方法—研究—中国
Ⅳ. ①F832.2-39

中国版本图书馆 CIP 数据核字(2020)第 081350 号

策划编辑　毛红兵
责任编辑　刘炳桢　马晓娟
出版发行　西安电子科技大学出版社(西安市太白南路 2 号)
电　　话　(029)88242885　88201467　　邮　　编　710071
网　　址　www.xduph.com　　电子邮箱　xdupfxb001@163.com
经　　销　新华书店
印刷单位　咸阳华盛印务有限责任公司
版　　次　2020 年 10 月第 1 版　　2020 年 10 月第 1 次印刷
开　　本　787 毫米×1092 毫米　1/16　印　张　11.5
字　　数　263 千字
印　　数　1～3000 册
定　　价　30.00 元
ISBN 978-7-5606-5701-1 / F
XDUP 6003001-1

高等学校互联网金融专业
课改系列教材编委会

❖❖❖ 前　言 ❖❖❖

当支付遇到互联网，一场金融革命便悄然发生。无处不在的互联网支付已成为当下最热门、最时尚的话题之一，制造着热点，吸引着眼球。目前的现状是，传统的现金支付已明显“退居二线”，各种在线支付“粉墨登场”，成为人们日常消费的主要支付方式。各大银行提供的网银服务以及阿里、腾讯、百度等民营企业推出的各种第三方支付平台大大方便了人们的生活，互联网支付终端也从桌面电脑扩展到移动终端和电视等多平台终端上。

互联网支付的蓬勃发展，促使资金支付方式更加丰富便捷，支付产品不断创新，资本融通日益普惠高效。这一切都对金融机构的转型升级和相关领域的人才培养提出了更高的要求。为了响应这种需求，我们在推出《互联网金融概论》(西安电子科技大学出版社，2018)之后，继续编写了这本《互联网支付》。

本书以互联网金融为视角，以网上银行支付、第三方支付、移动支付、银行卡收单、预付卡等互联网支付的主要形式为主线展开内容。全书共 7 章。第 1 章为支付概论，主要对支付结算、账户、支付操作以及银行传统支付与结算的相关知识进行了阐述。第 2 章为支付清算体系，详细介绍了中国人民银行现代化支付系统，并对网联清算平台进行了解析。第 3 章为网上银行支付，主要阐述了网上银行支付业务、支付流程及风险的相关知识。第 4 章为第三方支付，以支付宝、银联在线支付、财付通、快钱等支付工具为例，详细讲解了第三方支付的内涵、分类以及准入制度。第 5 章为移动支付，主要介绍了移动支付的分类、运营模式及技术方案，并详细讲解了移动支付的代表产品——微信支付平台的申请和使用方法。第 6 章和第 7 章以互联网金融为视角，对银行卡收单业务和预付卡业务进行了详细的介绍。

本书作为核心课程教材，主要具有以下特点：

(1) 在写作思路上，注重理论与实践相结合，在文中穿插了大量经典案例，以引导读者对理论进行进一步思考。

(2) 在内容安排上，注重吸收互联网支付的最新研究成果，同时注重结合经济学、管理学等相关学科知识阐述，以突出教材的新颖性。

(3) 在写作风格上，力求简洁明了、通俗易懂，以直观的实例和简洁的语言阐明复杂的问题，并注意揭示问题的相互联系和逻辑关系。

(4) 在结构安排上，每章开篇都设有案例导入栏目，旨在引起读者兴趣。在每章结尾都设置了本章小结，将本章的重要知识点和内容进行了简明扼要的总结。同时，还在每章的课后练习中设置了简答题、分析题及能力拓展题，以巩固并深化读者对每一章知识点的理解。

需要特别指出的是，本书所介绍的相关互联网支付平台和实操案例仅为教学需要，是为帮助读者更好地理解相关原理，而不作为投资建议，读者在实际投资活动中应根据自己的判断和相关政策谨慎把握风险。

本书由青岛英谷教育科技股份有限公司和德州学院编写，参与本书编写工作的有宁孟强、王莉莉、孟洁、金成学、王燕等。本书在编写期间得到了各合作院校专家及一线教师的大力支持与协作，在此衷心感谢每一位老师与同事为本书出版所付出的努力。

由于本书涉及的是一个崭新且快速发展的领域，知识新，争议较多，加上编者水平有限，书中难免有不足之处，欢迎大家批评指正。读者在阅读过程中如发现问题，可通过邮箱(yinggu@121ugrow.com)联系我们，或扫描右侧二维码进行反馈，以期进一步完善。

教材问题反馈

本书编委会

2020 年 4 月

❖❖❖ 目　　录 ❖❖❖

第1章　支付概论

本章目标

- 掌握支付体现的货币基本职能
- 掌握支付的相关概念
- 熟悉银行结算账户的分类
- 掌握虚拟账户支付的相关概念
- 掌握支付操作的相关概念

学习导航

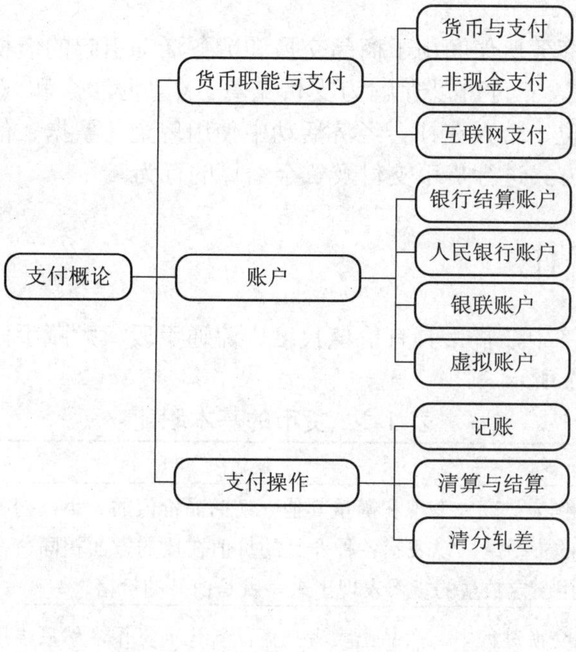

案例导入

消费者常用的线下非货币支付方式以各类银行卡与信用卡的刷卡消费为主。如今刷卡消费已经基本普及，各类商场或者店家都会有 POS 机。以前钱包里装的全是货币，而现在钱包里都是各种各样的卡，刷卡支付已经确确实实地影响着传统的货币支付。

如今，除线下支付方式以外，非货币支付已经延伸出基于互联网的 PC 终端的线上支付和基于移动终端的移动支付，如支付宝与财付通。自 2009 年起的“双十一”购物节，在给线下零售业带来巨大冲击的同时，也为人们带来了对线上支付的全新体验。2019 年，“双十一”天猫平台已实现总成交额 2684 亿元，同比增长 25.7%，数字可谓叹为观止。

在线上支付领域，增长势头最为迅猛的是基于智能手机的移动支付业务。艾瑞咨询发布的《2019Q1 中国第三方移动支付数据发布》显示：2019 年第一季度，我国第三方移动支付交易规模达到 55.4 亿元，市场已进入稳步增长阶段。

与手机支付迅猛增长势头同步的是眼下大街小巷随处可见的二维码支付。二维码支付是利用智能手机扫描二维码，按照指令进行手机在线支付的方式。可以说，二维码支付完美地融合了线下商务与互联网支付，缔造了 O2O 商务领域的新神话。

从最初的刷卡消费，到现在的各种互联网支付，生活中的很多消费习惯和支付方法都发生了翻天覆地的改变。未来是传统支付方式逐渐被各种移动互联网支付方式“PK”掉，还是会出现传统货币支付方式与新兴互联网支付模式并存的新格局？我们拭目以待。

1.1 货币职能与支付

支付是为了清偿商务伙伴间由于商品交换和劳务活动引起的债权、债务关系，由银行提供的金融服务业务。支付可以理解为支付结算。《票据法》和《支付结算办法》中规定，支付结算是指单位、个人在社会经济活动中使用现金、票据、信用卡和汇兑、托收承付、委托收款等结算方式进行货币支付及资金结算的行为。

1.1.1 货币与支付

在发达的商品经济中，货币具有价值尺度、流通手段、贮藏手段、支付手段和世界货币五种职能，如表 1-1 所示。

表 1-1 货币的基本职能

职 能	说 明
价值尺度	以货币作为尺度来变现和衡量其他一切商品价值的大小，把各种商品的价值都表现为一定数量的货币量，以表示各种商品的价值在质的方面相同，在量的方面可以比较。商品的价值用一定数量的货币表现出来，就是商品的价格
流通手段	在商品交换过程中，商品出卖者把商品转化为货币，然后再用货币去购买商品，货币充当交换媒介的职能

续表

职　能	说　　明
贮藏手段	货币退出流通领域充当独立的价值形式，把货币当作社会财富的一般代表而储存起来
支付手段	货币被用来清偿债务或缴纳税款、支付工资和租金等，作为独立的价值形式进行单方面运动。货币的支付手段职能并不是随货币的产生而同时具备的，是随着赊销买卖的产生而出现的(支付手段职能与货币的支付行为不能等同)
世界货币	货币具有在世界市场充当一般等价物的职能

需要指出的是：货币在执行流通手段职能时，货币与商品的交换是同时进行的，价值的运动是双向的，即卖方在得到价值的同时出让使用价值，买方在让渡价值的同时获得使用价值，比如网购货到付款；而货币在执行支付手段职能时，货币与商品的交换并不是同时进行的，而是分次交付、延期付款或提前预支，使用价值或商品使用权的让渡与价值的让渡在时间或空间上是可以分开的，比如贷款购物，就是先获得商品，以后慢慢付钱。

支付方式与货币形态的伴生演进过程如图 1-1 所示。支付体现了货币的支付手段职能。货币无论形态如何变化，本质上都是为了方便支付，货币是支付的载体，支付是货币流动的源源动力，货币和支付的关系是相互依存和相互促进的。每一次货币形态的更新，都会促进支付效率的提高；而每一次支付方式的革新，也都会对货币的内涵和外延进行新的定义。

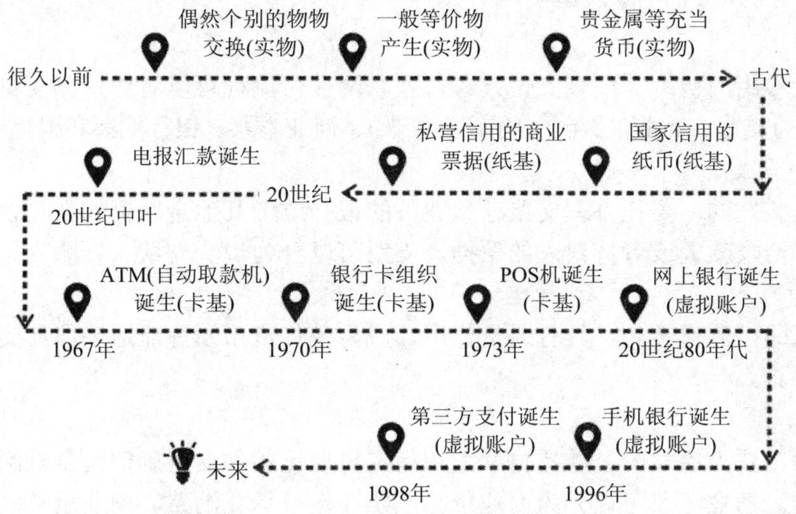

货币与支付

图 1-1　支付方式与货币形态的伴生演进

目前，主流的支付方式可以分为现金支付和非现金支付两种。非现金支付方式是指以现金以外其他支付手段进行货款清算的交易方式。非现金支付的工具有票据、银行卡、汇兑、委托收款、托收承付等银行传统支付手段，也包括新兴的电子支付手段，互联网支付即属于新兴的电子支付手段之一。因此，要了解互联网支付，首先要对非现金支付有一个清晰的认识。

1.1.2 非现金支付

主流的非现金支付方式包括票据、汇兑、委托收款、托收承付、电子支付、银行卡等，如图 1-2 所示。

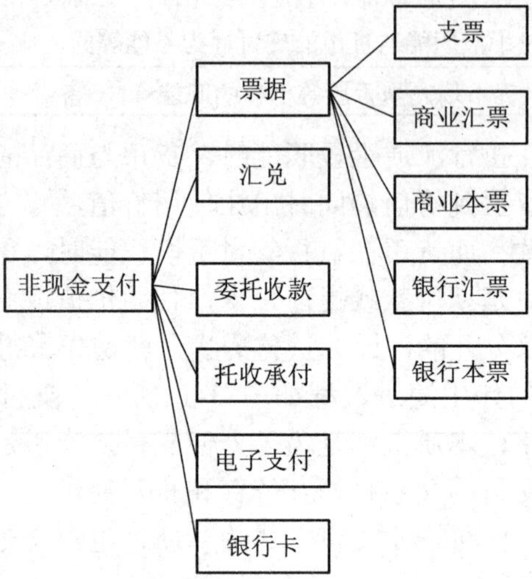

图 1-2 非现金支付分类

1. 票据

票据支付是最常用的传统非现金支付方式，互联网支付流程可以看作票据支付流程的电子化。票据可分为支票、商业汇票(含电子商业汇票)、商业本票、银行汇票和银行本票。

(1) 支票。

支票是出票人签发的，委托办理支票存款业务的银行或者其他金融机构在见票时无条件支付确定的金额给收款人或者持票人的票据。支票可以分为现金支票、转账支票、普通支票。

支票一经背书即可流通转让，具有通货作用，成为替代货币发挥流通手段和支付手段职能的信用流通工具。

(2) 商业汇票。

商业汇票是由出票人签发的，委托付款人在指定日期无条件支付确定的金额给收款人或者持票人的票据。商业汇票可以分为商业承兑汇票和银行承兑汇票。商业承兑汇票由银行以外的付款人承兑，银行承兑汇票由银行承兑。商业汇票的付款人即为承兑人。

(3) 商业本票。

商业本票是企业单位或个人签发并承诺在见票时或指定日期无条件支付一定金额给收款人或持票人的票据。国际上所使用的商业本票有远期和即期之分，在中国很少使用商业本票。

(4) 银行汇票。

银行汇票是由出票银行签发的，由其在见票时，按照实际结算金额无条件支付给收款人或者持票人的票据。银行汇票使用范围广泛，票随人到，使用灵活，兑现性较强，是目前使用较为广泛的票据结算工具。

(5) 银行本票。

银行本票就是客户把钱交给银行后，银行签发一张票据，并且承诺，银行在见票时，无条件支付确定金额给收款人或者持票人。

2．汇兑

汇兑是指汇款人委托银行将款项汇给收款人的一种结算方式。汇兑结算适用范围广泛，便于汇款人向收款人主动付款，适用于单位、个体工商户和个人之间的款项结算。

3．委托收款

委托收款是收款人向银行提供收款依据，委托银行向付款人收取款项的结算方式。

4．托收承付

托收承付又称异地托收承付，是收款人根据购销合同发货后，委托银行向异地付款人收取款项，由付款人验货或验单后向银行承认付款的结算方式。款项划回方式分为邮划和电划，结算方式的选择由收付双方协商。

委托收款与托收承付的区别如表 1-2 所示。

表 1-2　委托收款与托收承付的区别

区　别	说　明
适用范围不同	委托收款不仅是同城异地通用，而且可用于劳务供应款项的结算；托收承付只适用于异地符合条件的单位与单位之间因商品交易以及由于商品交易而产生的劳务供应款项的结算
收款的依据不同	办理委托收款，不强调合同和发运证件，只要有合法的债务证明即可；办理托收承付，必须有合同、发运证件并且信用较好
货款承付方式不同	托收承付中的货款承付分验单承付和验货承付两种方式，由收付双方商定并在托收承付凭证和合同上载明；而委托收款没有此规定
金额起点不同	委托收款结算无金额起点限制；托收承付结算的金额起点为 10 000 元(新华书店系统为 1000 元)
银行承担的责任不同	委托收款时，银行不审查拒付理由，不办理分期扣款；托收承付时，付款人开户行在付款人余额不足支付时有责任分期代扣款项，并对付款人罚款，对付款人提出的拒付理由有按规定进行审查的责任，对无理拒付实行强制扣款

5．电子支付

电子支付是指通过金融电子化网络，以电子信息传递形式实现的非现金货币的支付和流通。相比其他非现金支付手段，电子支付具有传输数字化、支付环境开放化、通信手段先进化和经济成本低廉化等优势。

按照支付终端的不同，电子支付可分为电话支付、移动支付、数字电视支付、POS 机终端支付、自助支付服务终端支付等形式。

1.1.3 互联网支付

互联网支付是近年来的新兴概念，属于电子支付手段的一种。狭义上的互联网支付仅指通过第三方网络支付平台实现的支付。而广义的互联网支付，亦即本书所讲的互联网支付，则指的是一切依托互联网技术的货币资金的支付和转移行为，主要包括电子银行支付、第三方支付以及移动支付等。

1. 电子银行支付

电子银行支付是指商业银行等银行业金融机构利用通信网络(包括面向社会公众开放的通信通道或开放型公众网络，以及银行为特定自主服务设施和客户建立的专用网络)向客户提供的银行服务。通常包含网上银行(网银)、手机银行(WAP 或 APP 形式)、电话银行、短信银行、微信银行、自主终端等多种接入或使用方式，其中，网上银行支付是其中最为重要也是目前电子银行支付中最为主流的支付方式。

2. 第三方支付

第三方支付平台指的是独立于商户与银行，为商户和消费者提供支付结算服务的机构，如支付宝、财付通、银联电子支付、快钱等。第三方支付服务是指这些非金融机构作为收、付款人的支付中介而提供的网络支付、预付卡、银行卡收单服务，以及中国人民银行确定的其他支付服务。

3. 移动支付

移动支付(Mobile Payment)是允许用户使用移动终端对所有消费的商品或服务进行账务支付的一种服务方式。具体来说，就是以智能手机等移动通信设备作为用户账户和应用数据的存储载体和处理工具，利用线下的 POS、ATM 受理终端或线上的无线通信网络，实现不同账户之间资金转移或支付的行为。

1.2 账户

支付和账户是相互依存的，所有的非现金支付都是基于账户进行的，账户是支付的起点也是终点。账户一般是银行账户，但也可以是第三方支付机构系统的账户(如支付宝、财付通账户等)。具有支付功能的账户是一切现代支付的基础。

1.2.1 银行结算账户

银行，一般指的是在中国境内经中国人民银行批准经营支付结算的政策性银行、商业银行(含外资独资银行，中外合资银行，外国银行分行)、城市信用合作社以及农村信用合作社。银行结算账户则是指存款人在经办银行开立的办理资金收付结算的人民币存款账户。

银行结算账户按存款人不同可分为个人结算账户和单位结算账户，如图 1-3 所示。

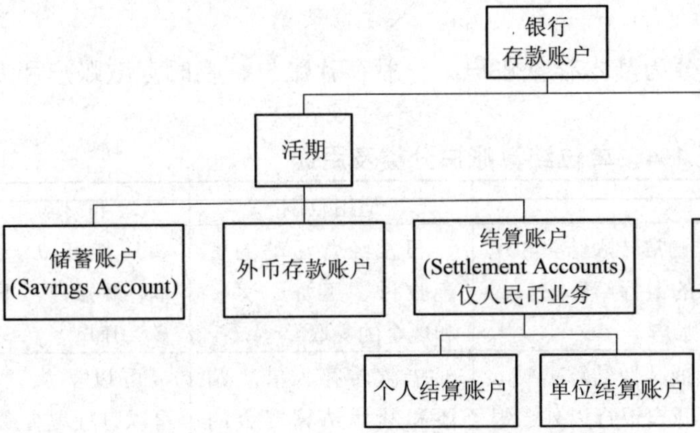

图 1-3　银行结算账户

1. 个人结算账户

按照《人民币银行结算账户管理办法》规定，个人结算账户是指个人客户凭借有效身份证以自然人名义开立的，用于办理资金收付结算的人民币活期存款账户。

个人结算账户有三个功能：一是活期储蓄功能，通过个人结算账户可以存取存款本金和支取利息；二是普通转账结算功能，通过开立个人结算账户可以办理汇款、代发工资、支付水电气等日常生活费用，以及使用汇兑、委托收款、借记卡、定期借记、定期贷记、电子钱包(IC 卡)等转账支付工具；三是通过个人结算账户可以使用支票、信用卡等信用支付工具。

人民银行规定银行建立账户分类管理机制，主要是针对借记卡进行分类管理，即将个人银行账户分为Ⅰ类银行账户、Ⅱ类银行账户和Ⅲ类银行账户(以下分别简称Ⅰ类户、Ⅱ类户和Ⅲ类户)，如表 1-3 所示，开卡人可根据需要自行选择开立哪一类账户。但需要注意的是，个人拥有的Ⅰ类银行账户数量有一定限制，且信用卡不适用该账户分类。

表 1-3　个人结算账户分类

账户类型	功　能	额　度	应用场景	账户形式
Ⅰ类户	在柜面开设的账户，属于全功能的银行结算账户，安全等级最高，可存取现金、理财、转账、缴费、支付	不限	工资收入，大额转账，银证转账，缴纳和支付医疗保险、社会保险、养老金、公积金等	借记卡或储蓄存折
Ⅱ类户	具备“理财＋支付”功能，可以购买理财产品和消费支付，不能存取现金，不能向非绑定账户转账	单日支付最高不超过 1 万元，购买理财除外	直销银行、互联网银行(微众银行)开设的账号	虚拟电子账户，也可配发实体卡
Ⅲ类户	只能进行小额消费和缴费支付	最高不超过 1000 元	网络支付、线下手机支付等小额支付	虚拟电子账户，也可配发实体卡

2. 单位结算账户

单位结算账户按其用途可分为基本存款账户、一般存款账户、临时存款账户和专用存款账户，如表 1-4 所示。

表 1-4 单位结算账户分类及用途

账户种类	定 义	适用范围	特殊规定
基本存款账户	存款人因办理日常转账结算和现金收付需要开立的银行结算账户，是存款人的主办账户	日常经营活动的资金收付、工资、奖金和现金的支取	只能开立一个基本存款账户，不允许多头开户
一般存款账户	存款人因借款或其他结算需要，在基本存款账户开户银行以外的银行开立的银行结算账户	借款转存、借款归还和其他结算资金的收付	可以多头开户；可以办理现金缴存，但不得办理现金支取
临时存款账户	存款人因临时经营需要并在规定期限内使用而开立的银行结算账户(通常包括设立临时机构、异地临时经营活动、注册验资等)	临时机构及存款人临时经营活动发生的资金收付	存在有效期，可申请延期，但最长不得超过两年
专用存款账户	存款人按照法律、行政法规和规章，对其特定用途资金进行专项管理和使用而开立的银行结算账户	基本建设资金、更新改造资金、政策性房地产开发资金，以及同业存放资金等	专款专用、专项管理，可转账结算和按规定办理现金收付

1.2.2 人民银行账户

人民银行账户是指商业银行在中国人民银行开设的账户。通常情况下，各商业银行之间互相不开设账户，一家商业银行各分支机构之间也不相互开立账户。商业银行的总行主要作为该银行系统的行政管理中心发挥作用，而其每一级分支行是以半自治的方式在运作。每一家商业银行的主要分支机构会在相应的人民银行分支行开设以下三个账户：

(1) 储备金账户：储备金是封存资金，不允许用于资金清算。

(2) 备付金账户：用于支付清算和结算的商业银行的缴存款。缴存款的目标是吸收存款的 5%～7%。

(3) 贷款账户：登记由其总行分配的人民银行给该分支机构的贷款。

1.2.3 银联账户

中国银联作为中国的银行卡联合组织，处于我国银行卡产业的核心和枢纽地位，银行卡支付跨行清算均需通过银联网络进行，所以了解银联账户体系，对深刻了解支付的各个方面非常重要。

中国银联会在银行开设以下两种账户：

(1) 备付金账户。与支付宝和财付通的管理模式不同，银联备付金账户开立在人民银行而非商业银行，因此其备付金账户的资金是得不到利息收入的，其主要依靠交易手续费来实现盈利。

(2) 银联的清算结算账户。银联境内的清算账户均可开立在人民银行，跨境业务的清算账户开立在代理清算银行(中国银行和汇丰银行)。银联在央行开立的清算账户从本质上说应属于备付金账户，而商业银行在央行开立的清算账户分为准备金账户和备付金账户。

1.2.4　虚拟账户

所谓的虚拟账户，通常是指在网络支付平台系统中设立的账户。虚拟账户具有以下优势：

(1) 方便快捷。不需要转接到银行网银页面输入账户和密码(支付宝仅需要输入一次支付宝密码就可完成支付)。

(2) 经济。虚拟账户之间的转账不需银联转接，几乎无成本，而且由于规模大，虚拟账户与银行的交易费用也低于普通水平。

1. 虚拟账户分类及特点

电子商务活动中使用虚拟账户进行的支付有网银支付(网关支付)和第三方支付两种。

所谓网关支付(如图 1-4 所示)，就是把各个银行网银入口集中到商户网站，这样消费者就可以直接使用银行网银对线上消费进行支付。

图 1-4　网关支付实例

而第三方支付则是由消费者在第三方支付机构开设虚拟账户(如支付宝)，并使用虚拟账户内的资金进行支付。第三方支付平台为交易双方开立账户，同时与商业银行建立起支付网关，通过自己的后台系统处理网上支付指令，并与银行进行最终的资金处理。

国内第三方支付机构提供的虚拟账户从功能角度可分为两种：一种具有清算功能，如支付宝；另一种服务于支付发起的交易环节，而把后续的清算环节留给了其他组织办理，如与银联合作的拉卡拉，如图 1-5 所示。

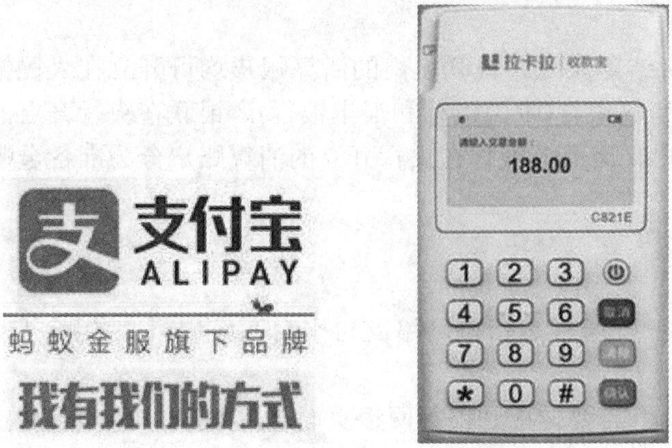

图 1-5　第三方支付实例

2．虚拟账户与银行账户的关系

虚拟账户需要在银行开立一个总的备付金账户，其账户的资金统一在这个备付金账户中进行处理。

备付金账户中的沉淀资金有两类：第一类是待清算资金(如利用支付水、电、煤气费用，还有信用卡和银行卡转账)，这类资金的银行代付周期一般在一天以上，因此在被划走前会沉淀在备付金账户；第二类是账户信用托管资金(如淘宝购物)，由于第三方支付的一大功能是信用中介，因此顾客在网上购物“付款”后，资金首先会被划拨到支付平台的信用托管资金账户，当顾客主动确认或者超时自动确认收货时再向卖家付款。

备付金账户的利息主要来自于第二类，因为第一类资金的沉淀周期太短，对收入的贡献低。

1.3　支付操作

支付从现象来看，带来的是个人或组织的账户上货币数量上的变化，而要正确地实现这样的变化，就需要一系列流程、工具和系统上的保障。在支付系统中，非现金支付的操作需要经过支付(Payment)、清算与结算(Settlement)和清分轧差(Clearing)三个环节。三个环节依次对应记账、清算与结算、清分轧差三种支付操作。

1．记账

对账户操作要进行记录，记录的方法称为记账法。我国会计准则要求采用的记账法是复式记账法，指对每一笔经济业务都要以相等的金额同时在两个或两个以上相互联系的会计账户中进行登记记账的方法。复式记账法的种类有借贷记账法、收付记账法、增减记账法等。我国普遍采用的是借贷记账法。

2．清算与结算

一般而言，支付活动的过程包括交易、清算和结算。其中，清算和结算均是清偿收付双方债权债务关系的过程及手段。

每次支付都代表着一次交易的进行。在多次支付过程中，账户发生多笔交易，有借有贷，那么就需要对多笔交易进行汇总计算以反映账户的状态，这种汇总计算就可以理解为结算。简单说来，结算就是某银行系统内部的一种账户核算，它只限于本系统。

清算则是相对于本系统或者是为本系统服务的相关机构而言的，通常是介于两个独立结算系统之外的第三方有偿清算服务。比如说，工、农、中、建这四大行都有独立的结算系统，但怎么通过一个中介机构把各家的结算系统连接起来呢？中国人民银行清算中心就担任了这一重要的角色。

简单来说，结算是指银行对自己所有的账户(对公账户和个人账户)进行的核算业务；而清算则是指银行间的结算业务。在支付活动中，同一银行内的账户资金往来直接结算便可，而涉及不同银行之间账户往来的，则需先清算后结算。

3. 清分轧差

清分轧差是指收、付款银行交换支付信息，把支付指令按照接收行进行分类，并计算借、贷方差额的过程，是为最终清算进行的准备。

扫一扫

【微思考】支付轧差：通过降低必须支付的金额来降低信用风险。如果支付到期，甲欠乙的金额大于乙欠甲的金额，则甲向乙支付所欠金额之差。

举例来说，如果甲欠乙 10 万元，乙欠甲 4 万元，则甲对乙的净欠额为 6 万元。没有轧差，甲需向乙支付 10 万元，而乙需要向甲支付 4 万元。假设乙在向甲支付 4 万元的过程中没有意识到甲会违约，如果甲已经得到乙支付的 4 万元，则乙可能无法收回其 10 万元，那么其信用损失将大于轧差后的 6 万元。

本章小结

通过本章的学习，读者应当了解：

✧ 支付是为了清偿商务伙伴间由于商品交换和劳务活动引起的债权、债务关系，由银行提供的金融服务业务。

✧ 在发达的商品经济中，货币具有价值尺度、流通手段、贮藏手段、支付手段和世界货币五种职能。

✧ 非现金交易是指以现金以外其他支付手段进行货款清算的交易方式。非现金支付的工具既包括票据、银行卡、汇兑、委托收款、托收承付等银行传统支付手段，也包括新兴的电子支付手段。

✧ 银行结算账户是指存款人在经办银行开立的办理资金收付结算的人民币存款账户。

✧ 虚拟账户通常是指在网络支付平台系统中所设立的账户。国内第三方支付机构提供的虚拟账户从功能角度可分为两种：一种具有清算功能，如支付宝；另一种则服务于支付发起的交易环节，而把后续清算环节留给了其他组织办理，如与银联合作的拉卡拉。

- ✧ 结算是指银行对自己所有账户(对公账户和个人账户)进行核算的业务。
- ✧ 清分轧差是指收、付款银行交换支付信息，把支付指令按照接收行进行分类，并计算借、贷方差额的过程，是为最终清算进行的准备。

本 章 练 习

一、简答题

1．简述虚拟账户与银行账户的关系。

2．简述清算与结算的区别。

二、案例分析

在发达的商品经济中，货币具有价值尺度、流通手段、贮藏手段、支付手段和世界货币五种职能，请分析下面事项分别体现了货币的哪项职能：

- ✧ 一台冰箱标价 5000 元。
- ✧ 企业向供应商支付货款 10 000 元。
- ✧ 用微信支付超市牛奶。
- ✧ 到银行取回 5 万元存款利息。
- ✧ 爷爷临终前把藏了多年的银元留给了孙子。
- ✧ 《马关条约》清政府赔偿日本 2 亿两白银。
- ✧ 银行发放贷款 2000 万元。
- ✧ 税款缴纳、商品赊销、赔偿支付。

本章能力拓展

尝试编写一个 PPT，详细介绍京东商城的支付方式。

第 2 章　支付清算体系

本章目标

- 理解支付清算体系的组成要素
- 掌握中国人民银行现代化支付系统的构成
- 掌握人民银行支付系统的构成
- 理解人民银行支付系统各业务系统的特点及业务范围
- 掌握网联清算平台对第三方支付机构的影响

学习导航

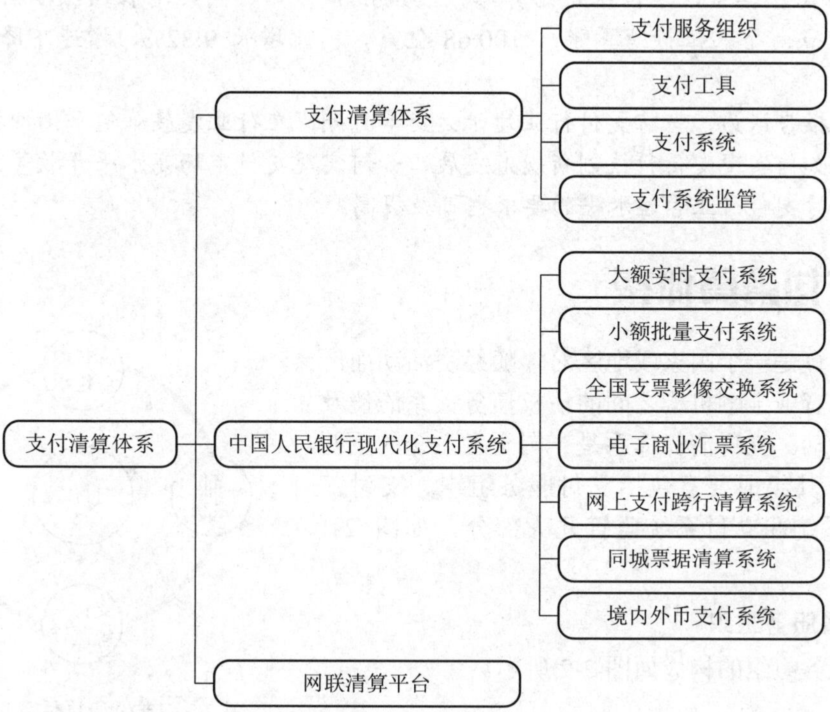

案例导入

中国社会科学院国家金融与发展实验室支付清算研究中心发布的《中国支付清算发展报告(2019)》指出：2018 年我国支付清算体系在稳健中快速发展，支付行业系统性金融风险防控成效显著，电子支付尤其是移动支付业务延续快速增长势头，支付行业处于大变革时期。

报告指出，2018 年我国中央银行支付清算体系稳健运行，非现金支付平稳增长，移动支付保持快速增长势头，社会资金清算更加高效，支付服务普惠性继续提升，支付金融基础设施和基本制度建设取得重要进展，支付行业系统性金融风险防控成效显著，市场开放进一步扩大。

报告称，就支付工具看，2018 年全国银行业金融机构共办理非现金支付业务 2203.12 亿笔，金额 3768.67 万亿元，同比分别增长 36.94%和 0.23%。具体特点包括：票据业务总量下降、结构分化；银行卡发卡量保持稳步增长；贷记转账等其他结算业务量有所下降；电子支付尤其是移动支付业务延续快速增长势头。

报告指出，总体来看，电子支付是近年来非现金支付发展的最大亮点。在电子支付领域，银行业金融机构虽然仍占据绝大部分市场份额，且积极培育移动支付作为其业务的新增长点，但非银行支付机构上升势头明显，业务笔数遥遥领先于银行业金融机构，业务金额也已接近银行业金融机构的 10%，成为改变行业格局的最大力量。

报告显示，人民币银行结算账户数量 2018 年仍保持增长，但增速略有下降。截至 2018 年末，全国共开立人民币银行结算账户 101.30 亿户，同比增长 9.83%，增速下降 0.60 个百分点。其中，单位银行结算账户 6118.87 万户，同比增长 11.59%，增速上升 0.58 个百分点；个人银行结算账户 100.68 亿户，同比增长 9.82%，增速下降 0.61 个百分点。

此外，报告认为，当前支付行业处于大变革时期，在行业发展如何平衡便捷性和安全性的关系、如何实现支付科技创新规范发展、如何实现支付市场高水平开放等方面还需要持续探索，对支付行业管理水平的要求也日益提高。

2.1 支付清算体系

支付清算是一个国家或地区对伴随经济活动而产生的、交易者或金融机构之间的债权债务关系清偿及资金转移活动。支付清算体系是一国金融系统的重要组成部分，其组成要素包括支付服务组织、支付工具、支付系统和支付系统监管几大部分，如图 2-1 所示。

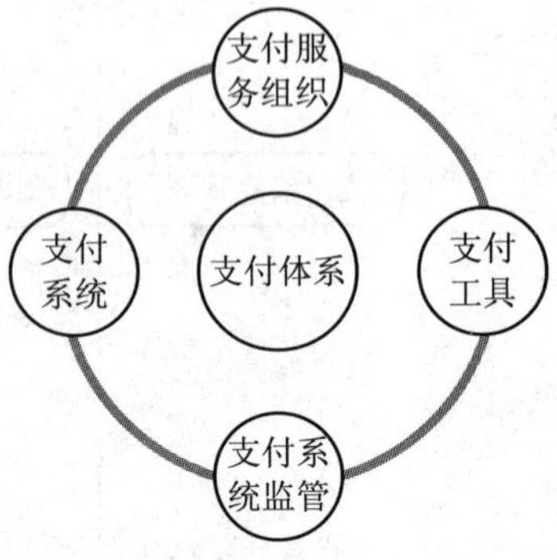

图 2-1　支付清算体系组成要素

1. 支付服务组织

支付服务组织的构成如图 2-2 所示。

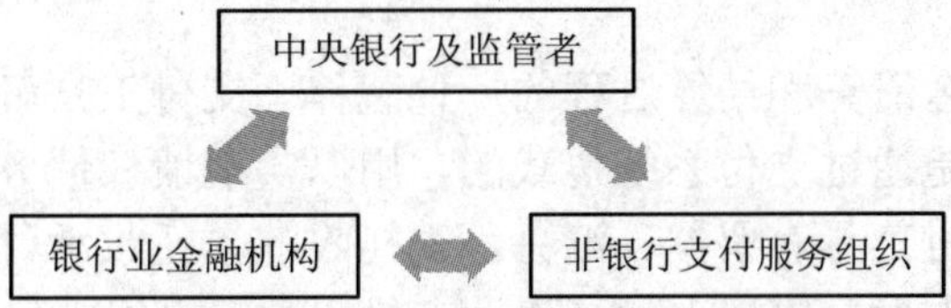

图 2-2 支付服务组织构成

中央银行及监管者即中国人民银行，负责制定和实施货币政策，执行金融监管，并提供支付结算服务。人民银行通过中国人民银行现代化支付系统(China Nation Advanced Payment System，CNAPS，目前为第二代)直接面向银行等金融机构和市场，提供支付和结算的基础设施服务，发挥其中枢作用。

银行业金融机构包括四大行、股份制银行和城商行等商业银行，如图 2-3 所示。银行业金融机构直接面向企事业单位和社会公众提供服务，是我国支付服务最重要的组成部分，也是基础服务的主要提供者。此外，第三方机构的支付服务目前也必须依托于以银行为中介的传统支付的结算安排。

非银行支付服务组织即通常所说的第三方支付平台，其主要功能为连接买卖双方、电子商务平台和银行业金融机构，在支付指令的传递、交换、处理以及资金清/结算中作为“中转站”，以提高网络支付活动的安全性与效率。

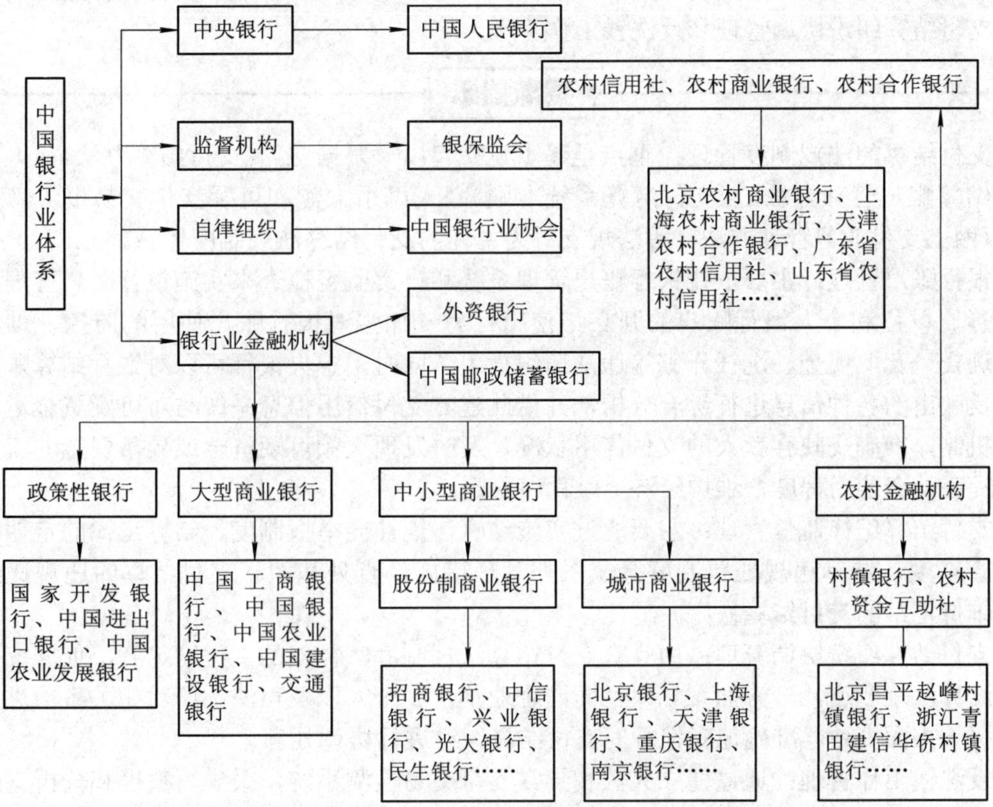

图 2-3 中国银行业体系

2. 支付工具

支付工具是用于资金清算和结算过程的一种载体。支付工具可分为现金和非现金两种类型。非现金支付工具是通过支付系统传载的，用以实现债权债务清讫和货币价值转移的载体。传统的非现金支付工具有票据、汇兑、委托收款、托收承付、银行卡等，新兴的电子支付工具则有互联网支付、电话支付、移动支付、数字电视支付、POS 机终端支付、自助支付服务终端支付等形式。

3. 支付系统

支付清算系统(Payment and Clearing System)也称支付系统(Payment System)，是中央银行向金融机构及社会经济活动提供资金清算服务的综合体系。具体来讲，它是由提供支付服务的中介机构、管理货币转移的规则、实现支付指令传递及资金清算的专业技术手段共同组成的，用以实现债权债务清偿以及资金转移的一系列组织和安排。支付系统是我国重要的金融基础设施，它既是中央银行履行支付清算职能，改进金融服务的重要核心系统，又是为银行业金融机构提供跨行支付清算服务的公共平台，同时也是连接商品交易和社会活动的“大动脉”。

4. 支付系统监管

支付系统监管是指为提高支付系统的安全与效率，特别是为减少系统性风险而实施的公共政策行为，主要包括支付结算的法规制度管理、银行账户管理、支付结算纪律监督管理、支付结算纠纷协调管理和反洗钱工作管理。

要点提示

支付结算的法规制度管理：重点是逐步建立起以《票据法》《支付结算办法》《人民币银行结算账户管理办法》《支付清算系统准则》《人民币大额和可疑支付交易报告管理办法》《网上支付业务管理办法》等法规支付为主体的支付结算法规制度体系。

银行账户管理：主要依托银行账户管理系统和日常监督检查来实施银行账户管理。规范银行、单位和个人银行账户的开立与使用行为，加强对银行账户使用的监控，抑制逃税、逃贷、套取现金、洗钱诈骗等违法违纪行为。同时，中央银行可以对银行结算账户使用中反映出的各种信息进行综合分析，并借此建立支付信用信息系统与对可疑资金运动的预警机制，准确反映存款人的支付信用状况，及时发现大额可疑资金或异常资金的流出流入，提高社会信用程度，维护经济金融秩序稳定。

支付结算纪律监督管理：主要通过实施结算违规社会举报制度、结算纪律的定期报告和检查制度、结算违规处罚制度等一系列管理措施，查处和纠正支付结算的违规违纪行为，维持正常的支付结算秩序。

支付结算纠纷协调管理：由具有支付结算法规制度解释权的支付制定者，依据统一的支付结算法规制度，一方面统一口径面向企业单位、个人以及司法部门对相关事项进行解释，另一方面高效、准确地对银行间支付结算纠纷进行协调处理。

反洗钱工作管理：通过建立大额和异常支付交易检测系统，采集、整理和分析支付清算系统的交易信息，对可疑交易进行调查和报告。

2.2　中国人民银行现代化支付系统

我国支付清算体系的格局是由央行主导的，现已形成以中国人民银行现代化支付系统为核心，商业银行行内系统为基础，票据交换系统和银行卡支付系统并存，支撑多种支付工具的应用并满足社会各种经济活动支付需要的结构。中国支付清算体系各组成部分相互之间的关系如图 2-4 所示。

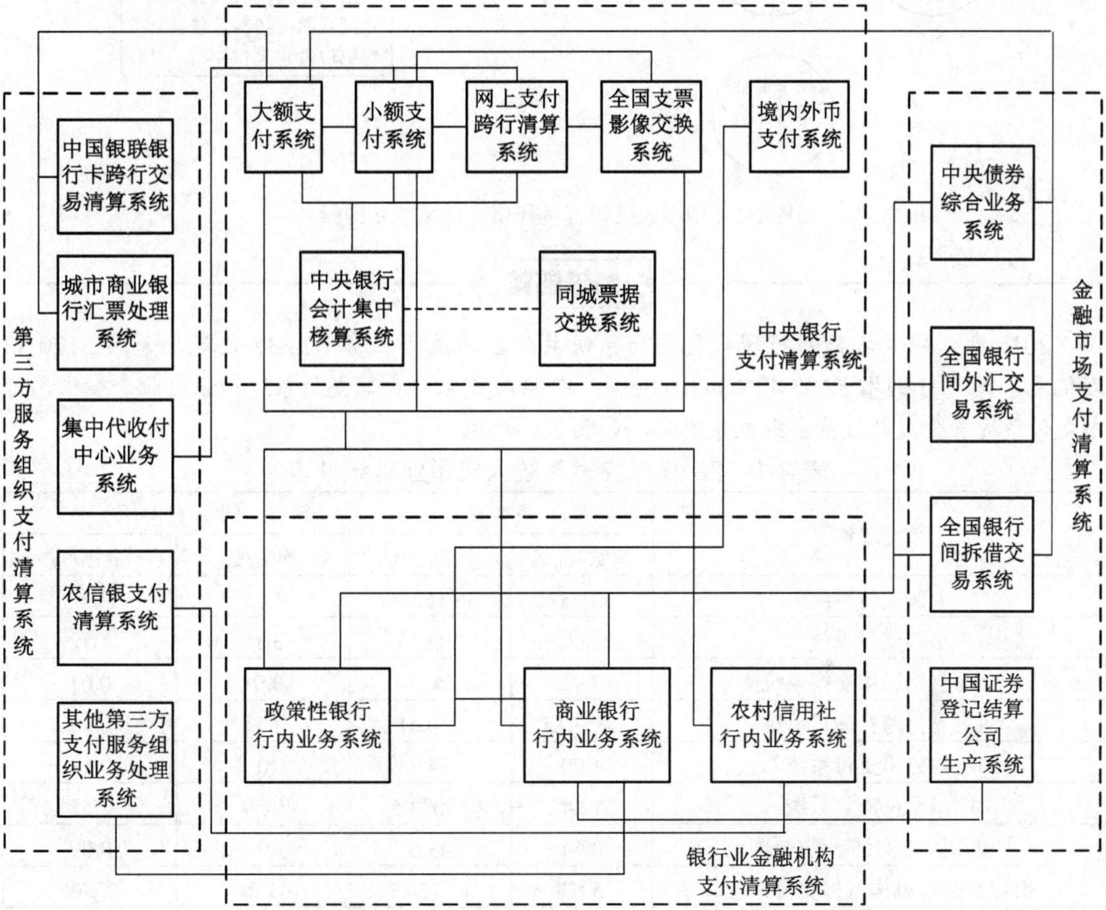

图 2-4　中国支付清算体系各组成部分关系图

中国人民银行现代化支付系统是按照我国支付清算的需要，利用现代化计算机技术和通信网络开发建设的，能够高效、安全地处理各银行办理的异地、同城各种支付业务及其资金清算和货币市场交易资金清算的应用系统。

中国人民银行现代化支付系统主要包括五大部分：人民银行支付系统、银行卡跨行支付系统、银行业金融机构内支付系统、城市商业银行资金清算系统和农信银支付清算系统。其中，人民银行支付系统处于核心地位，业务系统主要有大额实时支付系统、小额批量支付系统、全国支票影像交换系统、电子商业汇票系统、网上支付跨行清算系统、同城票据清算系统、境内外币支付系统，如图 2-5 所示。

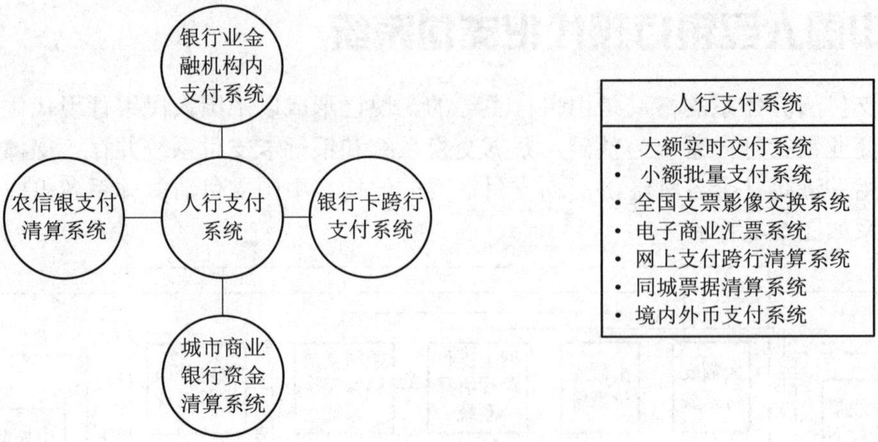

图 2-5　中国人民银行现代化支付系统结构图

知识链接

2016 年，中国人民银行现代化支付系统共处理人民币业务 626.37 亿笔，金额 5120.33 万亿元，同比分别增长 33.42%和 16.82%。中国人民银行大额支付系统和银行业金融机构行内支付系统资金交易规模占据主导地位，如表 2-1 所示。

表 2-1　2016 年支付系统人民币业务统计表

系统名称	业务量		业务量占比	
	笔数/百亿	金额/千亿	笔数/%	金额/%
大额支付系统	825.67	36 162.96	1.32	70.63
小额支付系统	2348.3	309.13	3.75	0.6
全国支票影像交换系统	7.92	4.1	0.01	0.01
网上支付跨行清算系统	4453.15	374.61	7.11	0.73
境内外币支付系统	1.99	54.7	0	0.11
同城票据清算系统	372.47	1308.05	0.59	2.55
人民币跨境支付系统(一期)	0.64	43.6	0	0.09
银行业金融机构行内支付系统	25 830	12 154.7	41.24	23.74
银行卡跨行交易清算系统	27 107	728.9	43.28	1.42
城市商业汇票处理和支付清算系统	8.86	8.29	0.01	0.02
农信银支付清算系统	1.681	54.3	2.68	0.11

2.2.1　大额实时支付系统

大额实时支付系统(High Value Payment System，HVPS)由人民银行拥有和运行，是所有其他支付应用系统的核心，采取逐笔实时发送支付指令，全额清算资金的清算方式，一般业务流程如图 2-6 所示。

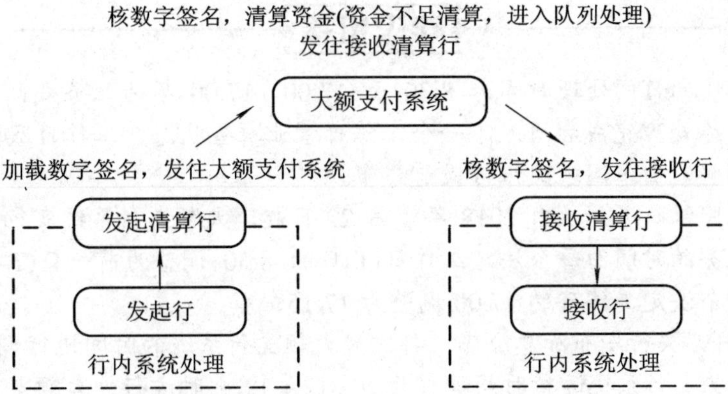

图 2-6　大额实时支付系统业务流程

1．大额实时支付系统业务范围

大额实时支付系统主要处理同城和异地的、金额在规定起点以上的大额贷记支付业务和紧急的小额贷记支付业务。贷记支付业务是指付款人委托其开户银行主动将款项划给收款人的业务。目前，大额实时支付系统贷记业务的金额起点为 5 万元，业务范围包括一般大额支付业务、即时转账业务和城市商业银行的银行汇票业务。

要点提示

一般大额支付业务是由发起行发起，逐笔实时发往国家处理中心，在国家处理中心清算后，实时转发接收行的业务，主要包括汇兑、委托收款划回、托收承付划回、中央银行和国库部门办理资金划转等业务。

即时转账业务是由与国家处理中心直接相关的特许参与者(第三方)发起，通过国家处理中心实时清算资金后，通知被借记行和被贷记行的业务。例如中央债券综合业务系统发起的转账业务。

城市商业银行的汇票业务是支付系统为支持中小金融机构结算和通汇而专门设计的、支持城市商业银行汇票资金移存和兑付的资金清算业务。

2．大额实时支付系统运行时间

大额实时支付系统按法定工作日运行。对每一工作日，系统又依次分为营业准备阶段、日间处理、业务截止、清算窗口和日终处理五个运行时段，如图 2-7 所示。各运行时段的起始和结束由国家处理中心统一控制，并确保支付系统各节点运行状态的协调一致。

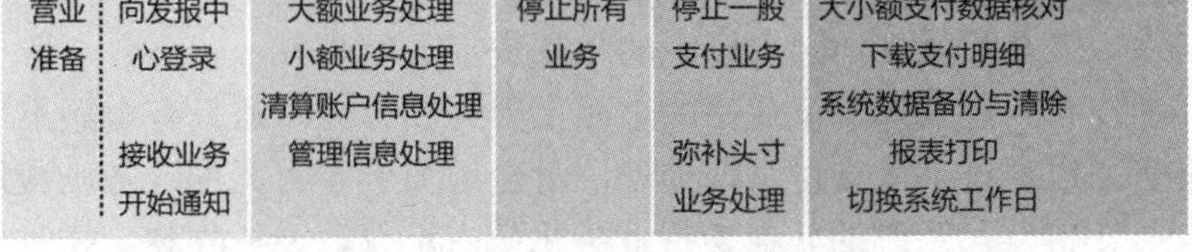

图 2-7　大额实时支付系统运行时段

知识链接

大额支付系统的日间处理时间为 8:30 至 17:00，17:00 后为业务截止、清算窗口、日终处理时间。日终处理完成后进入下一个工作日营业准备状态。工作日及运行时段根据管理的需要可以调整，由中国人民银行提前公布。

根据中国人民银行通知，自 2018 年 1 月 22 日起，大额支付系统实行 5×17.5 小时运行，开始受理业务的时间由每个法定工作日(T)日的 8:30 调整为前一日(T–1)的 23:00，业务截止时间由每个法定工作日的 17:00 调整为 17:15。

2018 年 4 月，央行发布加急公告，再次对大额支付系统的时间进行调整：自 2018 年 5 月 2 日起，大额支付系统运行时间调整为 5×12＋12 小时运行。大额支付系统在法定工作日开始受理业务的时间调整为前一自然日的 20:30，每日清算窗口时间调整为 17:15 至 17:30。自 2018 年 5 月 5 日起，大额支付系统在每个周末或法定节假日期间的首日运行，并执行特殊业务规则：业务受理时间为前一自然日的 20:30 至当日的 8:30；业务受理范围为人民币跨境支付系统参与者发起的注资及资金拆借业务，其他业务均不受理；小额支付系统和网上支付跨行清算系统的轧差净额也不提交清算。

2.2.2 小额批量支付系统

小额批量支付系统(Bulk Electronnic Payment System，BEPS)简称小额支付系统，它通过一定时间内对多笔业务进行轧差、净额清算资金的方式运行，是中国人民银行现代化支付系统的重要组成部分，其业务流程如图 2-8 所示。

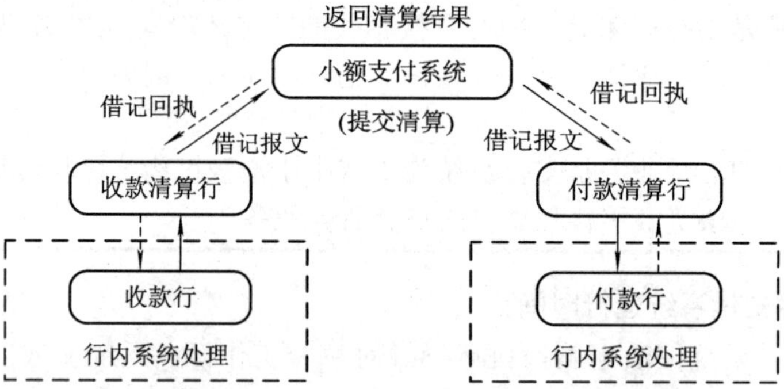

图 2-8 小额批量支付系统业务流程

1. 小额批量支付系统业务范围

小额支付系统主要服务于日常消费性支付，批量或实时发送支付指令，轧差净额清算资金，能够支撑多种支付工具应用。小额支付系统主要处理同城跨行、异地纸质凭证截留的借记支付业务以及金额在规定起点以下的小额贷记支付业务。

目前，小额支付系统处理贷记业务的金额上限为 5 万元，即只有金额小于等于 5 万元的贷记支付业务可以通过小额支付系统处理，对金额大于 5 万元的业务则应通过大额实时支付系统处理。小额支付系统的其他支持业务主要有汇兑、委托收款；托收承付；网银支付；代付工资、养老金、保险金；代收水、电费等公共事业费用；国库批量扣税；个人储蓄通存通兑业务；对公通兑业务等。根据支付业务的发起和接受参与者是否为同一城市处理中心，小额支付系统处理的业务还可以分为同城业务和异地业务。

2．小额批量支付系统运行时间

虽然小额支付系统是全天 24 小时运行的，但是批量轧差清算是有时间场次的。小额支付系统的轧差场次分为全国场次和各省场次，前者由人民银行总行设置，后者由人民银行各省分行设置，因此是不完全相同的。全国场次目前是一天三场，分别为 11:00、14:30 和 16:00。

小额支付系统的处理特点是系统实时轧差转发，跨行定时清算。各行入账时间不完全一致，有些是收到业务即可以实时入账，有些是在一场清算完成以后入账，还有些是日终入账。

3．大额实时支付系统和小额批量支付系统的联系与区别

大额实时支付系统和小额批量支付系统均属于中国人民银行现代化支付系统的应用系统，它们的运作原理相同、参与者相同、运用的清算账户管理系统相同，并且共享在中国人民银行清算账户的清算资金。

同时，两者具有以下区别：

(1) 清算的金额起点不同。目前，大额实时支付系统规定的金额起点为 5 万元以上，小额批量支付系统为 5 万元以下。

(2) 业务范围不同。大额实时支付系统处理的是大额贷记支付业务和紧急的小额贷记支付业务；小额批量支付系统则处理银行等金融机构内部直接参与者之间的支付业务以及普通、定期和实时的跨行贷记业务及借记业务。

(3) 处理模式不同。大额实时支付系统实时处理支付指令，全额清算资金；小额批量支付系统一般批量发送支付指令，轧差净额清算资金。

知识链接

2016 年，中国人民银行大、小额支付系统业务量快速增长。全国共处理支付业务 31.74 亿笔，金额 3647.21 万亿元，同比分别增长 20.95%和 22.51%，如表 2-2 所示。

表 2-2　中国人民银行大、小额支付系统业务统计表

年份	大额支付系统		小额支付系统		总笔数/亿	总金额/万亿
	笔数/亿	金额/万亿	笔数/亿	金额/万亿		
2009	2.48	803.95	2.26	11.46	4.74	815.41
2010	2.91	1104.37	3.87	16.21	6.78	1120.58
2011	3.72	1355.28	5.63	18.36	9.35	1373.64
2012	4.70	1772.00	7.55	18.55	12.25	1790.55
2013	5.95	2060.76	10.40	20.32	16.35	2081.08
2014	7.13	2346.89	14.36	22.08	21.49	2368.97
2015	7.89	2952.06	18.35	24.94	26.24	2977.00
2016	8.26	3616.30	23.48	30.91	31.74	3647.21

2016 年，大额支付系统按照支付业务往账口径统计，全年共处理支付业务 8.26 亿

笔，金额 3616.30 万亿元，同比分别增长 4.67%和 22.50%；平均每笔金额 437.81 万元，同比增长 17.06%；日均处理支付业务 329.08 万笔，金额 14.41 万亿元，如图 2-9 和图 2-10 所示。

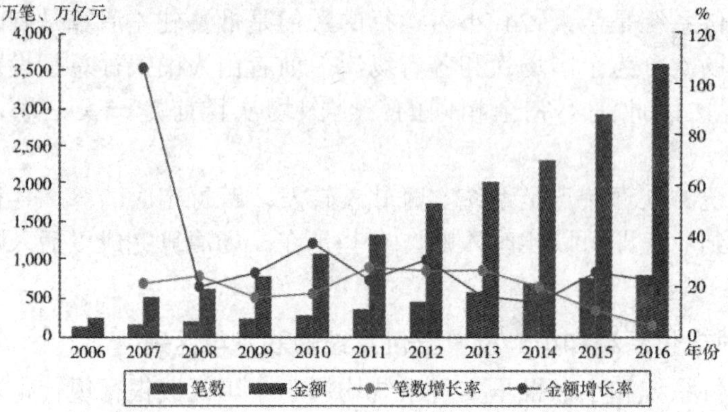

图 2-9　2006～2016 年大额实时支付系统业务量变动趋势图

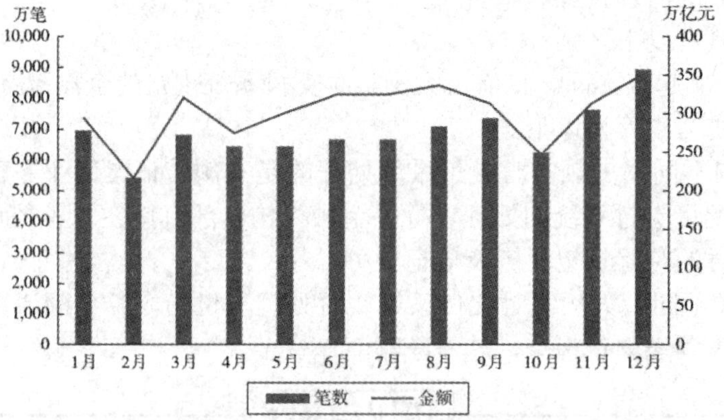

图 2-10　2016 年大额实时支付系统业务量变动趋势图

2016 年，小额支付系统按照支付业务往账口径统计，全年共处理支付业务 23.48 亿笔，金额 30.91 万亿元，同比分别增长 27.95%和 23.95%；平均每笔金额 1.32 万元，同比减少 3.13%；日均处理支付业务 643.28 万笔，金额 846.85 亿元，如图 2-11 和图 2-12 所示。

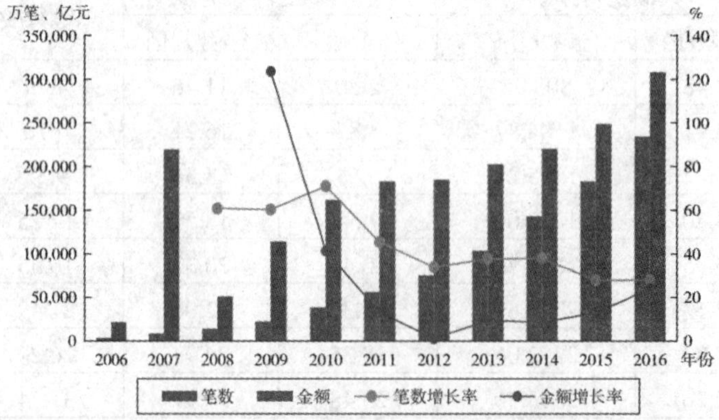

图 2-11　2006～2016 年小额批量支付系统业务量变动趋势图

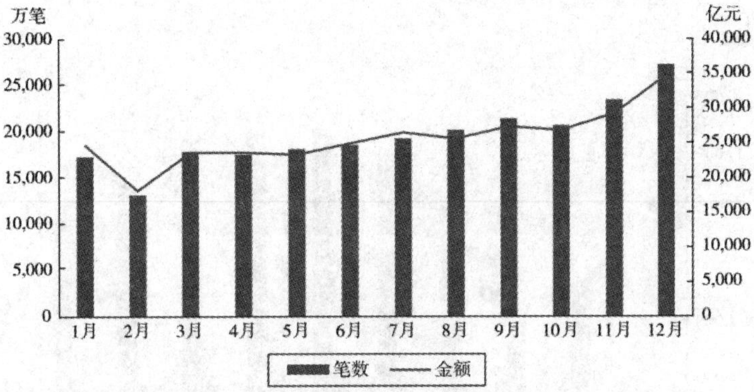

图 2-12　2016 年小额批量支付系统业务量变动趋势图

2.2.3　全国支票影像交换系统

全国支票影像交换系统(Cheque Image System，CIS)是指运用影像技术将实物支票转换成支票影像信息的系统。该系统实现了纸质支票截留，利用网络技术将支票影像和电子清算信息传递至出票人开户行进行提示付款，付款回执通过小额支付系统返回，由小额支付系统统一纳入轧差并提交清算，实现支票的全国通用。

1. 全国支票影像交换系统业务范围

全国支票影像交换系统用于处理银行机构跨行和行内的支票影像信息交换，其资金清算通过中国人民银行覆盖全国的小额支付系统处理。支票影像业务的处理分为影像交换和业务回执处理两个阶段，即支票提出银行后，通过影像交换系统将支票影像信息发送至提入行，提示付款；提入行通过小额支付系统向提出行发送回执，完成付款。

全国支票影像交换系统支持支票全国通用，异地使用支票的提示付款期一般为 10 天，金额不超过 50 万元。支付款项时，只须在支票上记载出票日期、金额、收款人名称等事项，并在指定位置签章，其余的工作全部由银行完成。收款人在收到支票时，可以将支票送交自己的开户银行委托收款，或直接到付款人开户银行提示付款，也可以根据需要将支票转让他人。

2. 全国支票影像交换系统运行时间

在全国支票影像交换系统将支票信息转发后的 2 个工作日内，出票人开户银行必须按规定支付款项，并通知持票人的开户银行。所以，根据收、付款银行的处理方式不同，持票人最早可在 2～3 个小时之内收到款项，一般最长在银行受理支票之日起 3 个工作日内即可收到异地支票款项。

知识链接

2016 年，全国支票影像交换系统业务较上年小幅下降。按照支付业务往账口径统计，全年共处理业务 791.67 万笔，金额 4100.83 亿元，同比分别减少 11.65%和 8.42%；平均每笔金额 5.18 万元，同比增长 3.60%；日均处理业务 2.17 万笔，金额 11.24 亿元，如图

2-13 和图 2-14 所示。

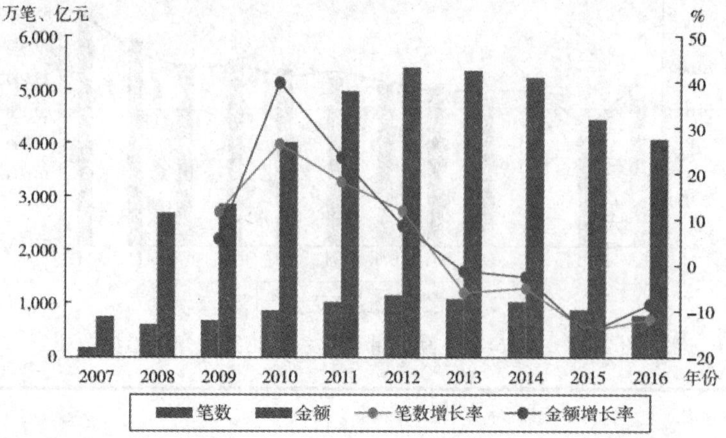

图 2-13　2007～2016 年全国支票影像交换系统业务量变动趋势图

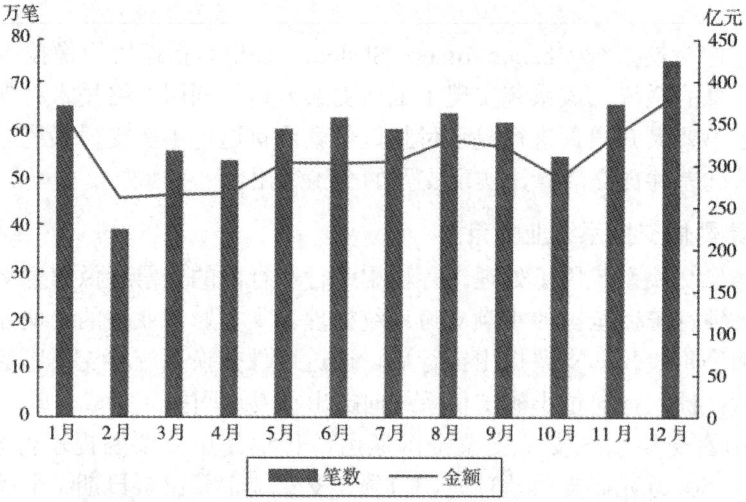

图 2-14　2016 年全国支票影像交换系统业务量变动趋势图

2.2.4　电子商业汇票系统

电子商业汇票系统(Electronic Commercial Draft System，ECDS)是由中国人民银行批准建立的，依托网络和计算机技术，接收、登记、转发电子商业汇票数据电文，提供与电子商业汇票货币给付、资金清算行为相关服务的综合性业务处理平台，纸质商业汇票登记查询和商业汇票转贴现公开报价也通过电子商业汇票系统办理。

目前，电子商业汇票系统各类业务的运行时间与大额支付系统运行时间相同。

2.2.5　网上支付跨行清算系统

网上支付跨行清算系统(Interne Banking Payment System，IBPS)俗称超级网银，是中

国人民银行建设的人民币跨行支付清算基础设施，也是中国人民银行现代化支付系统的重要组成部分。“超级网银”通过构建“一点接入、多点对接”的系统架构，实现企业“一站式”网上跨银行财务管理。2010 年 8 月 30 日，“超级网银”的央行第二代支付系统正式上线，具备统一身份验证、跨行账户管理、跨行资金汇划、跨行资金归集、统一直联平台、统一财务管理流程、统一数据格式等七种产品功能。

网上支付跨行清算系统主要处理网上跨行零售业务，业务指令逐笔发送、实时轧差、定时清算。客户可通过在线方式提交支付业务，并可实时获取业务处理结果。系统支持商业银行以及经中国人民银行批准的非金融支付服务机构接入，并向客户提供 7×24 小时全天候服务。

知识链接

2016 年，网上支付跨行清算系统业务量继续保持高速增长态势，全年共处理支付业务 44.53 亿笔，金额 37.46 万亿元，同比分别增长 50.16%和 34.96%；平均每笔金额 0.84 万元，同比减少 10.12%；日均处理业务 1220 万笔，金额 1026.30 亿元，如图 2-15 和图 2-16 所示。

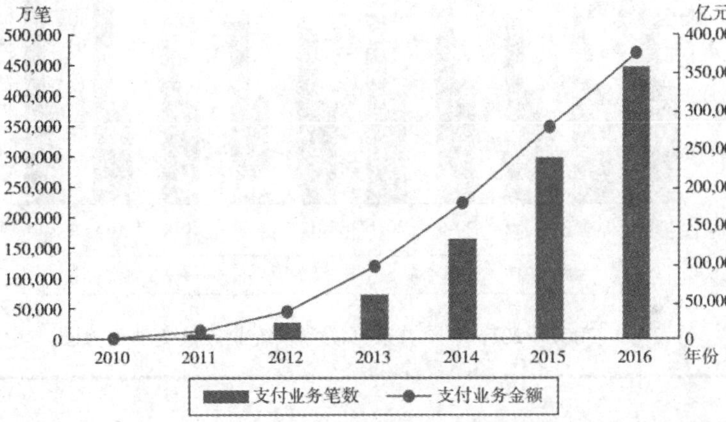

图 2-15　2010～2016 年网上支付跨行清算系统业务量变动趋势图

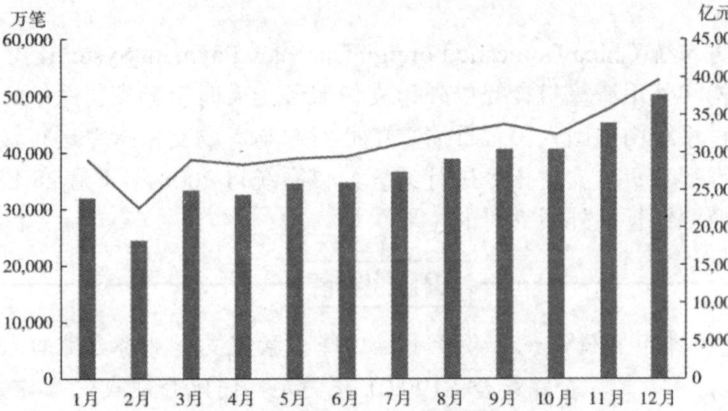

图 2-16　2016 年网上支付跨行清算系统业务量变动趋势图

2.2.6 同城票据清算系统

同城票据清算是指同一个城市(或区域)中的不同银行把相互代收代付的结算凭证按照规定时间集中到某一固定地点相互交换、轧计差额，并清算应收应付资金的一种清算方式。

知识链接

2016 年，同城票据清算系统业务小幅增长。全年共处理业务 3.72 亿笔，金额 130.80 万亿元，笔数同比减少 5.74%，金额同比增长 5.20%；日均处理业务 148.8 万笔，金额 5232 亿元。2007～2016 年同城票据清算系统业务量变动趋势如图 2-17 所示。

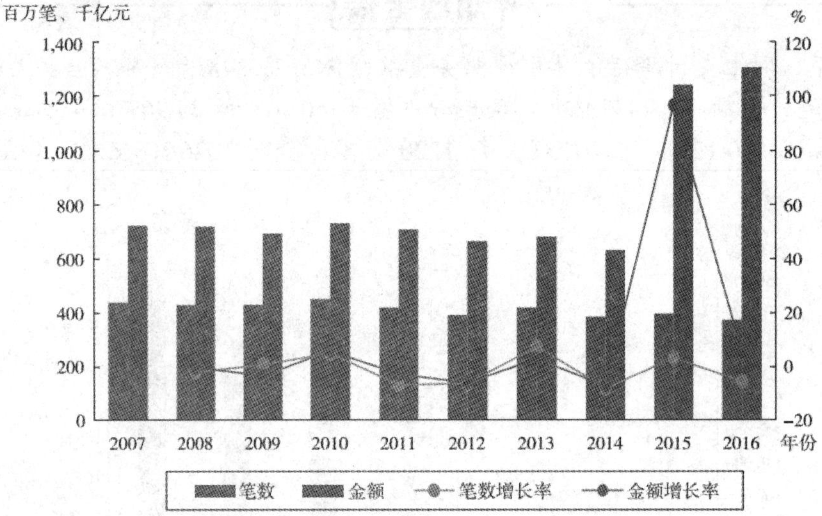

图 2-17 2007～2016 年同城票据清算系统业务量变动趋势图

2.2.7 境内外币支付系统

境内外币支付系统(China Domestic Foreign Currency Payment System，CDFCPS)是为我国境内银行业机构和外币清算机构提供外币支付服务的实时全额支付系统。

境内外币支付系统由中国人民银行清算中心对参与者的支付指令进行接收、清算和转发，由代理结算银行负责对支付指令进行结算。该系统自 2008 年 4 月 28 日投产以来，已经成为中国境内商业银行间外币支付的主要渠道。

知识链接

2016 年，境内外币支付系统业务量小幅下降。按照支付业务往账口径统计，全年共处理支付业务 198.58 万笔，金额折合 8199.01 亿美元，同比分别减少 4.47%和 9.52%；平均每笔金额 41.29 万美元，同比减少 4.78%；日均处理业务 0.79 万笔，金额折合 32.80 亿美元。境内外币支付系统业务量变动趋势如图 2-18 所示。

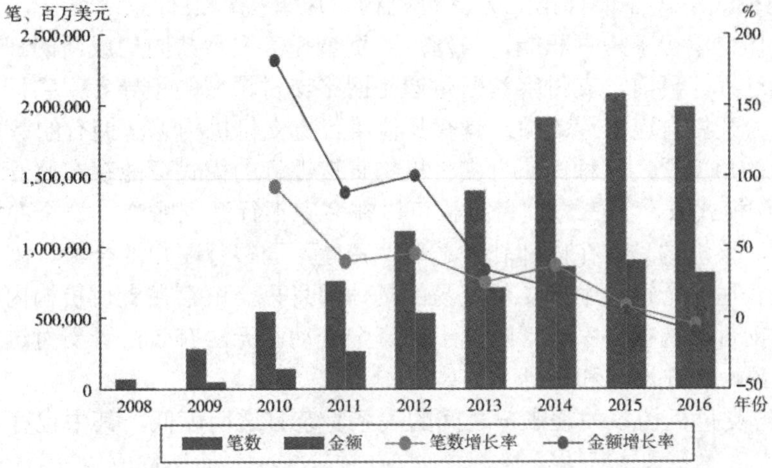

图 2-18　2008～2016 年境内外币支付系统业务量变动趋势图

2.3　网联清算平台

2017 年 8 月，央行支付结算司印发《中国人民银行支付结算司关于将非银行支付机构网络支付业务由直连模式迁移至网联平台处理的通知》。通知表示，自 2018 年 6 月 30 日起，支付机构受理的涉及银行账户的网络支付业务全部通过网联平台处理。

网联清算有限公司(NetsUnion Clearing Corporation，NUCC)是经中国人民银行批准成立的非银行支付机构网络支付清算平台的运营机构(机构 logo 如图 2-19 所示)。该公司是在中国人民银行指导下，由中国支付清算协会按照市场化方式组织非银行支付机构以“共建、共有、共享”原则共同参股出资，于 2017 年 8 月在北京注册成立的，为公司制企业法人。

网联清算有限公司

NETSUNION CLEARING CORPORATION

网联清算平台

图 2-19　网联清算有限公司 logo

在网联平台出现之前，中国第三方支付机构主要采用直连银行模式，如图 2-20 所示。

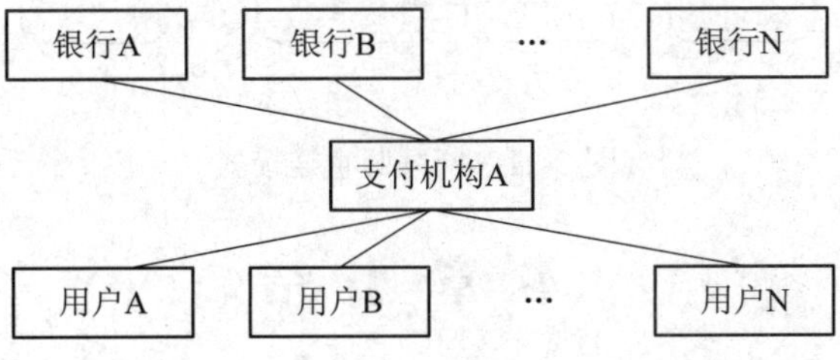

图 2-20　第三方支付机构直连模式

这种直连模式下，非银行第三方支付机构一边直接和银行系统连接，一边和用户连接，在实际操作中承担了清算职能，与商户、资金托管银行共同构成新的三方模式，从而完成整个支付过程。目前，支付宝和财付通是网络支付领域的领导者，它们具有较强的议价能力，能大力开拓直连银行范围，具有其他第三方支付机构无法拥有的费率优势。

从监管者的角度看，这种第三方支付机构直连银行的模式可能存在监管方面的漏洞：

(1) 在直连模式下，第三方支付机构可以在多家银行开立账户，资金在同一家支付机构内部流转时，该机构只需在内部轧差之后，调整不同银行账户的金额，就完成了所有支付交易的流程。在这个过程中，支付交易的具体信息只会留存在支付机构内部，而监管机构只能够看到支付机构在各家银行账户上的资金变动，无法有效监管支付过程中可能存在的违法违规现象，存在洗钱和税务上的风险。

(2) 第三方支付机构各关联账户之间的关系复杂且透明度低，其中也存在一些违规的账户。

(3) 给第三方支付机构发放的是支付牌照，但拿到牌照后，这些机构“银证保”的工作都在做，可以说部分行使了央行的职责。

从某种意义上看，以支付宝和财付通为代表的大量第三方支付机构各自构建支付清算体系，却游离在现有金融系统之外。如今第三方支付业务已达万亿级，其中的风险隐忧自然引起监管者的关注。

网联正式投入运营后的网联断直连模式如图 2-21 所示。该模式将一改监管上的被动局面，并有望打破资金交易案件“事后追查”这一现状，转向更为积极的“事中及时处置”乃至“事前预警”，线上支付领域金融监管的效率将得到质的提升。此外，网联平台切断了第三方支付机构直连银行的清算模式，解决了困扰已久的备付金集中管理难题：由网联统一托管备付金，理论上第三方支付机构将不再享有对沉淀资金的支配和收益，这就减少了第三方支付机构的隐性收入，激励着第三方支付机构进行产品和服务方面的更多创新。而类似支付宝和财付通等体量较大的第三方支付机构，其网关优势将因为网联的存在而逐渐边缘化。

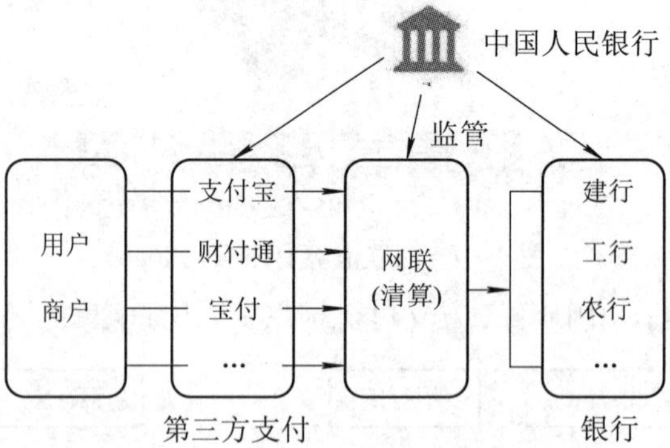

图 2-21　网联断直连模式

本 章 小 结

通过本章的学习，读者应当了解：

- ✧ 支付清算系统(Payment and Clearing System)也称支付系统(Payment System)，是中央银行向金融机构及社会经济活动提供资金清算服务的综合体系。支付清算体系的组成要素包括支付服务组织、支付系统、支付工具和支付系统监管。
- ✧ 中国人民银行现代化支付系统(China Nation Advanced Payment System，CNAPS)是按照我国支付清算的需要，利用现代化计算机技术和通信网络开发建设的，能够高效、安全地处理各银行办理的异地、同城各种支付业务及其资金清算和货币市场交易资金清算的应用系统。
- ✧ 中国人民银行现代化支付系统主要包括五大部分：人民银行支付系统、银行卡跨行支付系统、银行业金融机构内支付系统、城市商业银行资金清算系统和农信银支付清算系统。
- ✧ 人民银行支付系统包含大额实时支付系统、小额批量支付系统、全国支票影像交换系统、电子商业汇票系统、网上支付跨行清算系统、同城票据清算系统、境内外币支付系统等。
- ✧ 网联平台切断了第三方支付机构直连银行的清算模式，解决了困扰已久的备付金集中管理难题：由网联统一托管备付金，理论上第三方支付机构将不再享有对沉淀资金的支配和收益，这就减少了第三方支付机构的隐性收入，激励着第三方支付机构进行产品和服务方面的更多创新。

本 章 练 习

一、简答题

1．简述大额实时支付和小额批量支付的联系与区别。

2．简述网联清算平台的作用。

二、案例分析

储户为办大额信用卡泄露账户信息，却被不法分子利用，致使银行卡被盗 20 万元。法院判决，银行承担次要责任，赔偿 6 万元。

55 岁的张女士想办一张大额信用卡，可一直未能如愿。20××年 7 月初，一名自称是“银联客户经理”的人声称，可以为她开通 50 万元额度的信用卡，前提是先要办理一张某商业银行的借记卡。张女士根据这名“客户经理”的指示，到该银行上海金桥支行办了一张借记卡，开通了包括网上银行、电话银行、手机银行在内的电子银行套餐和对外转账功能。

开户后，“银联客户经理”以要帮张女士“刷信誉”为由，获取了她的账户密码等信息。此后，“银联客户经理”称，只需张女士在办理的借记卡中存入 25 万元，就可开通信用卡。谨慎起见，张女士到银行进行咨询，并在银行工作人员指导下，当场修改了网银登录密码、交易密码，然后将 25 万元钱款存入涉案借记卡。

7 月 20 日，张女士的银行账户被通过令牌版网银进行了两笔付款授权签约业务的操作，且均为资金归集业务的签约。张女士借记卡中的 20 万元被分成 4 笔，每笔 5 万元取走，银行查询明细显示为“收网银支付借记”。

跨行资金归集是超级网银的特色之一，即个人客户将分散在不同银行、不同账户之中的资金，通过网银等方式，归集到一个中心账户。不法分子在获取张女士的账户密码后，将张女士账户的资金归集功能授权给了别的账户。因此，即使张女士修改了密码，不法分子还是可以把钱转走。

法院审理后认为，张女士的泄密行为直接导致案外人通过登录其网银完成了资金归集被扣款的签约，最终导致账户资金被划走，张女士对此损失承担主要责任。

根据案例回答以下问题：

1．与普通网银相比，超级网银的主要特点是什么？

2．在日常生活中，怎样防范超级网银的安全风险？

本章能力拓展

小额批量支付系统主要处理与居民日常生活密切相关的各种支付业务，一般具有金额小、业务频繁等特点。试概括小额批量支付在现实中的应用具体分为哪几类，并举例说明。

第3章　网上银行支付

本章目标

■ 掌握网上银行的概念

■ 理解网上银行支付的基本系统

■ 掌握网上银行支付的一般流程及风险

■ 了解网上银行支付在网上购物中的应用

■ 了解光大·云缴费业务模式

学习导航

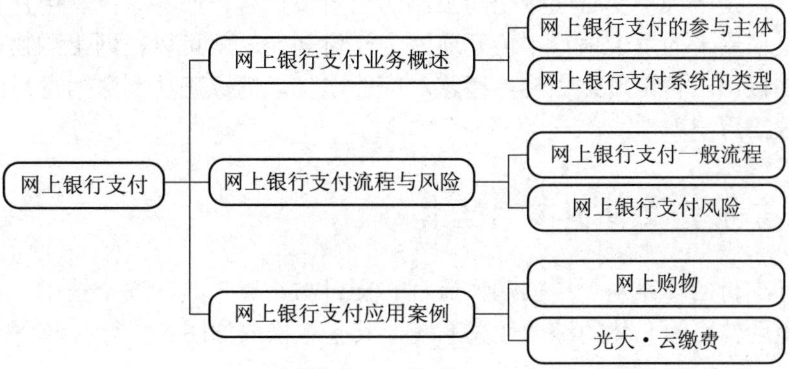

案例导入

随着电子商务和网络银行的发展，网上银行支付已经成为电子商务必不可少的重要组成部分。人们在购物网站上挑选商品后，更乐意选择“网上银行支付”方式进行付款，完成购物的全过程。此外，如果居民的水、电、燃气等供应商(不必考虑他们分别在哪家银行开户)与银行签订支付协议，并授权居民的开户银行代理支付，那么水、电、燃气等供应商就可以根据居民的使用情况向开户银行发起扣款指令，居民的开户银行则根据居民的授权协议，自动扣减居民的账户金额，从而足不出户就能完成缴费，并打印缴费凭证供居民核对。网上银行支付满足了百姓在节假日和夜间的消费支付需求，越来越贴近人们的生活。

3.1 网上银行支付业务概述

电子商务的发展，要求实现信息流、资金流和物流三流之间的畅通。其中，资金流主要是指资金的转移过程，包括付款、转账、兑换等。在互联网上经营电子商务，支付方式可以采用在线的电子支付，也可以采用离线的传统支付，即“网上贸易，网下结算”。传统支付方式最大的优点是人们较为熟悉，感觉安全可靠，但缺点也比较突出，譬如效率低下，大大影响了电子商务的快捷性和便利性。因此，网上银行支付的便利性成为电子商务能否走向成功的关键制约因素。

网上银行又称网络银行、在线银行，是金融机构利用计算机和互联网技术在 Internet 上开设的银行，是一种不受时间、空间限制的全新银行客户服务系统。用户首先向自己拥有的借记卡、信用卡的发卡银行申请开通网上支付功能，就可以在网上购物或消费时，通过网站提供的接口，将消费金额转入商家对应的账户，商家确认到账信息后，再将用户购买的商品发放给用户。

3.1.1 网上银行支付的参与主体

网上银行支付的体系是一个融购物流程、支付与结算工具、安全技术、认证体系、信用体系以及金融体系为一体的综合性大系统，其基本构成如图 3-1 所示。

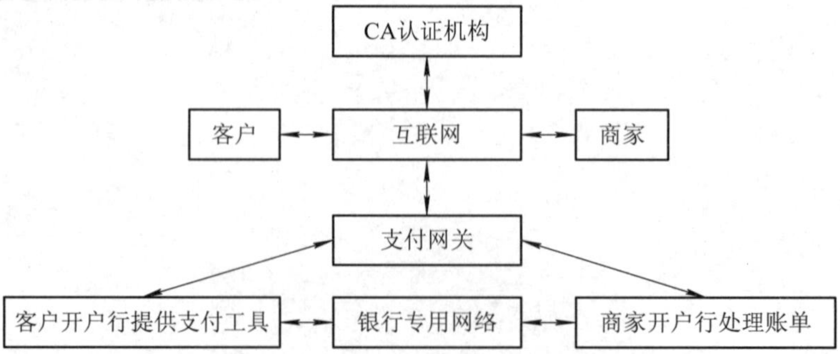

图 3-1　网上银行支付体系构成

如图 3-1 所示，一个完整的网上银行支付过程的参与主体包括客户、商家、客户开户行、商家开户行和认证机构。除此之外，还需要互联网、银行网络和支付网关的支撑和协作。

1．客户

一般情况下，网上银行支付需要涉及两个存在交易关系的主体，客户是其中之一，指与某商家有交易关系并存在未清偿的债权债务关系(一般是债务)的一方。要完成网上银行支付的运作，其起点就是客户必须用自己拥有的支付工具(如信用卡、电子钱包等)来发送支付指令。

2．商家

商家与客户相对应，是指拥有债权的商品交易的另一方，与客户通常构成交易关系。因此，当交易达成时，商家便可以根据客户发起的指令向金融体系请求获取相应的货币。一般情况下，商家需要准备性能优良的服务器来处理这一过程，包括对认证以及不同支付工具的处理。

3．客户开户行

完整的网上银行支付必须涉及相应的金融机构，而在网上银行支付过程中，根据归属的不同，银行又可分为客户开户行和商家开户行。其中，客户开户行是指客户在其中拥有账户的银行，客户所拥有的支付工具是由开户行来提供的，客户开户行在提供支付工具的同时也提供了一种银行信用，即保证支付工具的兑付。在银行卡支付体系中，客户开户行又称为发卡行或者付款行。

4．商家开户行

商家开户行是指商家在其中开设账户的银行。在整个支付过程中，商家开户行账户是资金流向的地方，扮演着收款行的角色。商家将客户的指令提交给其开户行后，就由其开户行来进行支付授权的请求，并进行银行与银行之间的清算等工作。商家开户行是依据商家提供的合法账单(客户的指令)来工作的，因此又称为收单行。

5．支付网关

支付网关是指公用网和金融专用网之间的接口，用来保护银行的内部网络，主要完成通信、协议转换和数据加/解密工作。客户与商家的支付信息必须通过支付网关才能进入银行支付系统，从而完成支付的授权和获取。因此，支付网关的建设对支付结算、银行自身安全及规避金融系统风险起着至关重要的作用。

支付网关的主要工作流程如下：

(1) 将从 Internet 传来的支付数据包进行解密，按照银行系统内部的通信协议将数据重新打包，完成协议转换，发送给银行内部业务处理服务器。

(2) 接受从银行内部业务处理服务器传回的反馈消息，将支付数据转换为外面 Internet 网络使用的数据格式(TCP/IP 包)，对其进行加密，防止失密。

(3) 支付网关将加密的 Internet 数据包转发相关的商户或客户，这样一次支付结算的信息处理流程就结束了。后面继续这个处理流程，直至客户的一次网上支付结算业务处理完毕。

电子商务交易中同时传输了两种信息，即交易信息与支付信息，必须保证这两种信息在传输过程中不被无关的第三者阅读，即商家不能看到其中的支付信息(如信用卡号、授权密码等)，银行不能看到其中的交易信息(如商品种类、商品总价等)。这就要求支付网关一方面必须由商家以外的银行或其他委托信用卡组织来建设，另一方面只能传输交易信息，而不能对其进行分析。

6．银行网络

银行网络是指银行内部及银行与银行之间进行通信的网络，具有较高的安全性。在我国，银行网络指的是中国人民银行现代化支付系统。

7．认证机构(CA 认证中心)

认证机构负责为参与网上支付商务活动的各方(包括客户、商家与支付网关)发放数字证书，以确认各方的身份，保证电子商务支付的安全性。认证机构必须确认参与者的资信情况(如在银行的账户状况、与银行交往的信用历史记录等)，因此认证过程离不开银行的参与。

在 Internet 网络支付平台中，CA 认证中心是一个很重要的角色，它是安全支付的控制与管理中心。在完成网上支付结算时，客户、商家、支付网关甚至银行服务器均需频繁地与 CA 认证中心进行信息交互，如进行数字证书的验证与数字签名的辅助运作等。因此，可以说 CA 认证中心是安全可靠的网络支付结算的核心。

除上述各方外，电子商务支付系统的参与主体还包括支付中使用的支付工具(银行卡、电子现金、电子支票、网上银行)以及遵循的支付协议(SET 协议、SSL 协议)。

3.1.2 网上银行支付系统的类型

以互联网为主要运作平台的网上支付有多种分类标准，如表 3-1 所示。未来，随着电子商务的发展与技术进步，更多、更新的网络支付工具将不断被研发出来并投入使用，还会产生一些新的分类标准。

表 3-1 网上银行支付分类

分类标准	分　类
基于网上支付工具的不同	基于账号的支付和基于代币的支付
基于电子货币不同	银行卡支付、电子支票支付、电子现金支付
基于网上支付的安全通信与控制协议不同	基于 SSL 协议的信用卡网上支付、基于 SET 协议的银行卡网上支付
基于支付信息传递路径不同	间接支付模式、直接支付模式和基于第三方(非银行)支付模式
基于客户实际付款的时间不同	提前支付模式、后支付模式和即时支付模式
基于实体性质不同	B2C 型网络支付方式和 B2B 型网络支付方式等

下面主要介绍最常见的几种分类形式。

1．按照网上银行支付的工具进行分类

按照支付工具的不同，网上银行支付可以分为两类：基于账号的支付和基于代币的支付。基于账号的网上支付工具主要有银行卡、电子支票和电子汇票等；基于代币的网上支付工具主要有电子现金等。

2．按照网上银行支付的安全通信与控制协议分类

按照网上银行支付的安全通信与控制协议，可以将网上支付模式分为两类：基于SSL(Secure Sockets Layer，安全套接层)协议的信用卡网上银行支付和基于 SET(Secure Electronic Transaction，安全电子交易)协议的银行卡网上银行支付。

SSL 协议及其继任者传输层安全(Transport Layer Security，TLS)协议是为网络通信提供安全及数据完整性的一种安全协议，在传输层对网络连接进行加密。

SET 协议是由 Master Card 和 Visa 联合 Netscape、Microsoft 等公司，于 1997 年 6 月 1 日推出的一种新的电子支付模型。SET 协议是为实现更加完善的即时电子支付而产生的。

3．按照支付信息传递路径分类

按照支付信息的传递路径，可以将网上支付模式分为三类：间接支付模式、直接支付模式和基于第三方(非银行)支付模式。

(1) 间接支付模式是指客户将支付信息传给商家，商家再将支付信息传给银行支付的处理网络。

(2) 直接支付模式是指客户在银行网址发出支付指令，银行再将支付结果发给商家。

(3) 第三方支付模式是指客户和商家间的支付业务由第三方支付公司来完成，它是目前发展最为迅速的新型支付模式，如支付宝。

4．按照客户实际付款的时间不同分类

按照客户实际付款的时间不同，可以将网上银行支付模式分为三类：提前支付模式、后支付模式和即时支付模式。

所谓“提前支付”，就是先付款，然后才能购买到产品或服务。提前支付系统通过将电子货币保存到支付机构的硬盘或智能卡上的方式来工作，这些包含该电子货币的数据载体叫虚拟钱包。提前支付系统是银行和在线商店首选的解决方案，由于它们要求用户提前支付，所以不再需要为这些钱支付利息，而且可以在购买产品的瞬间将电子货币传送给在线商店以防止数字欺骗。

所谓“后支付”，就是指支付系统允许用户购买商品之后再进行支付。无论是在传统支付还是电子支付中，信用卡都是一种最为普遍的后支付工具，但信用卡安全措施级别较低，容易因受欺骗而增加费用，而且交易处理费用也很高。与信用卡相比，借记卡相对比较安全，因为它要求顾客验证那些只有卡所有者才知道的信息，例如个人识别号(Personal Identification Number，PIN)。目前，后支付系统是网上银行支付比较常用的方式。

所谓“即时支付”，是指交易与支付同步，即在交易发生的同时，钱从买方的银行账户转入到卖方账户。即时支付系统实现起来是最复杂的，因为该系统的账号为了立即支付，必须直接访问银行的内部数据库，因而需要执行比其他系统更严格的安全措施，也是最强大的系统。商家可以从即时支付模式中获益，因为货款与订单是同时到达的，在一定程度上减少了发生欺骗行为的可能。

5. 按照电子商务的实体性质分类

按照开展电子商务的实体性质不同，可以将电子商务分为 B2B、B2C、C2C、B2G、G2G 等类型。考虑到这些不同类型电子商务实体的实力、资金流通量大小及一般支付结算习惯等因素，可以把当前的网上银行支付模式分为 B2C 和 B2B 这两种最主要的类型。

B2C 型网上银行支付模式是企业与个人进行网络交易时采用的网上支付模式，比如前面介绍的信用卡网上支付、IC 卡网上支付、电子现金支付、电子钱包支付以及个人网络银行支付等。这种支付模式的特点是可用于较小金额的网络交易支付结算，应用方便灵活，实施也比较简单，风险较小。

B2B 型网上支付模式是企业与企业进行网络交易时采用的网上支付模式，比如网络银行服务等。这种支付模式的特点是适用于较大金额的网络交易支付结算。

3.2 网上银行支付流程与风险

随着信息化与传统银行业的深度融合，近年来网上银行支付发展突飞猛进，呈现出用户规模不断扩大、交易规模阶跃式增长的态势，但用户在网上银行支付的过程中也面临着诸多风险。下面介绍网上银行支付的一般流程和主要步骤，并总结网上银行支付的相关风险。

3.2.1 网上银行支付一般流程

基于互联网平台的网上银行支付一般流程如图 3-2 所示。

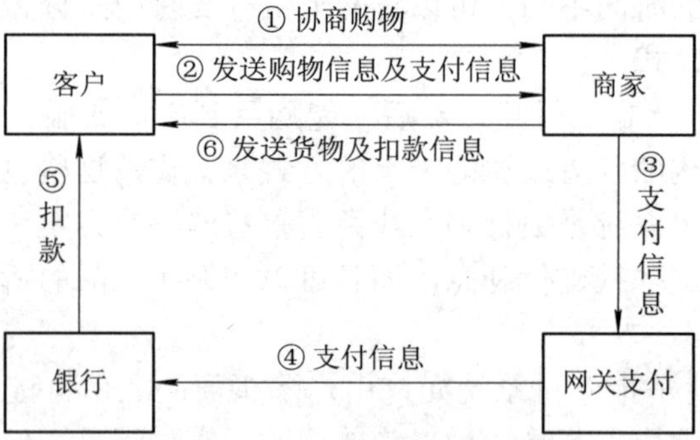

图 3-2 网上银行支付流程示意图

① 客户在连接互联网后，用 Web 浏览器浏览商品，在选定某商品并决定订购时，需要在网络上填写订单，选择所使用的网络支付结算工具，如信用卡、电子钱包、电子现金、电子支票或网络银行账号，并且得到银行的使用授权。

② 客户需要对相关的订单信息(如支付信息)进行加密，然后在网上提交订单。

③ 商家服务器对客户的订购信息进行检查，确定无误后，再把相关的、经过加密的客户支付信息等转发给支付网关，直至银行专用网络的银行后台业务服务器进行确认，以期从银行等电子货币反向机构验证得到支付资金的授权。

④ 银行验证确认后，通过建立起来的经由支付网关的加密通信通道，再将确认及支付结算信息回送给商家服务器，为了进一步的安全，还可以给客户回送支付授权要求。

⑤ 银行得到客户传来的进一步授权结算信息后，再将资金从客户的账号转拨到开展电子商务的商家的银行账号上，同时，利用金融专用网进行结算，并将支付结算成功的信息分别发送给商家和客户。

⑥ 商家在收到银行发来的结算成功的消息后，将网络付款成功的信息和发货通知发送给客户。这时，一次典型的网上支付结算流程就结束了。商家和客户可以借助金融网络系统分别查询自己的资金余额信息，以便进一步核对账户余额。

上述网上银行支付的一般流程只是对目前各种网上银行支付方式应用流程的普遍归纳，并不代表所有网上银行支付方式的应用流程都与其相同。在实际应用中，由于技术上、资金数量上、管理机制上的不同，许多网上支付方式的应用流程还是存在区别的，但大致遵循图 3-2 中所示的流程。该流程还有一个特点，就是可以实现资金的立即支付，特别适合笔数众多且额度较小的电子商务支付业务，对客户与商家来说都很方便。

3.2.2 网上银行支付风险

网上银行支付的优点在于其便捷性，交易双方足不出户，通过简捷的信息流或是转换成信息流的操作就能实现交易，但这种便捷同时也导致了安全上的风险。对网上银行支付风险的总结如表 3-2 所示。

表 3-2　网上银行支付风险

类　型	说　明
操作风险	非客户本人未经过明确授权而使用客户账户，可能导致客户直接经济损失的风险
信誉风险	负面的舆论导致网上支付剩余受损、顾客减少、盈利下降而产生的风险
信用风险	由于交易对手不能履行责任而造成的风险，又称对手风险
流动性风险	由于其无法保证任何时间都有足够的资金满足客户兑现或结算要求而面临的风险，也称为挤兑风险
法律风险	自违反或不遵守法律、法规、约定的惯例，或者没有完善地建立有关交易各方在法律上的权利和义务的风险
管理风险	网上银行支付的管理水平与网上支付业务快速发展的现状不协调而造成的风险
系统安全风险	网上支付以互联网为载体，使得其天生具有系统安全风险，如黑客攻击、电信诈骗、骗取客户信息的假网站等。网上支付的系统安全风险主要存在于数据传输的安全性、网站建设的可靠性以及客户操作的安全环境等方面
业务运行连续性风险	网上支付业务中断或系统失败给银行带来的损失和风险，它会给银行带来巨大的经济损失，同时还可能危及银行信誉，最终引发信誉风险
外包管理风险	银行为满足业务服务的技术需要，会借助外部研发团队的力量来开发软件系统，实现其功能，这种同第三方服务提供商的合作虽然节约了一定的银行资源，但是同时带来了潜在的风险，有可能导致银行重要信息的泄露

3.3 网上银行支付应用案例

网上购物已经被大众接受，而网上银行支付作为网上购物的支付手段也已被广泛应用。面对第三方支付的冲击，各大银行相继对网上银行业务进行升级，以打造便民、快捷的网上支付平台。

3.3.1 网上购物

一般来说，电子商务的经营实体大致可分为两种类型：一类是电子商店，即提供网上购物或网上服务的经营者，通过自己的网站直接对用户出售商品或者提供服务，例如海尔商城；另一种是电子商场，它将许多提供不同商品或者服务的营业者集中在一个网站中，用户可以在该网站购买不同公司所提供的商品或服务(在这种情况下，网站经营者扮演的角色更像是商店经营者与消费者的中介)，例如淘宝网。

一个电子商务网站要开通网上支付功能，通常可通过两种途径实现：一是通过第三方支付平台，如支付宝、网银等，这种方法比较简单快捷；二是与银行协商获得一个支付接口，从而实现网上银行直接支付，这种方法需要商户与开通网上支付功能的银行签署协议，办理相关手续，获取一个银行提供的商户编号，然后通过购物网站把这个编号和支付信息等内容提交给银行处理系统即可。

下面以中信银行网上支付为例，介绍网上银行支付在网上购物中的应用：

(1) 用户在商户网站上浏览商品信息，签订订单。这里以当当网为例，首先登录当当网，搜索并选择要购买的商品，然后单击【立即购买】按钮，如图 3-3 所示。

图 3-3 选择商品并购买

(2) 在出现的页面中单击【结算】按钮，提交结算订单，选择支付方式为【网上支付】，如图 3-4 所示。

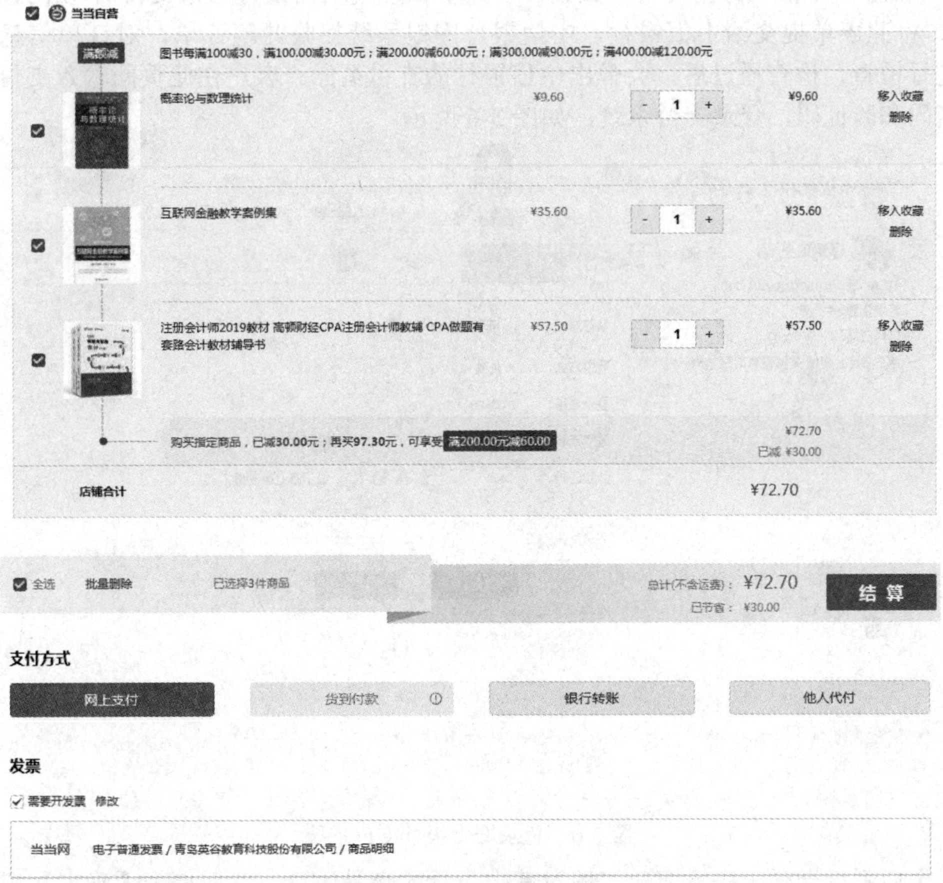

图 3-4　提交订单并选择付款方式

在随后出现的页面中，选择【中信银行】，如图 3-5 所示。

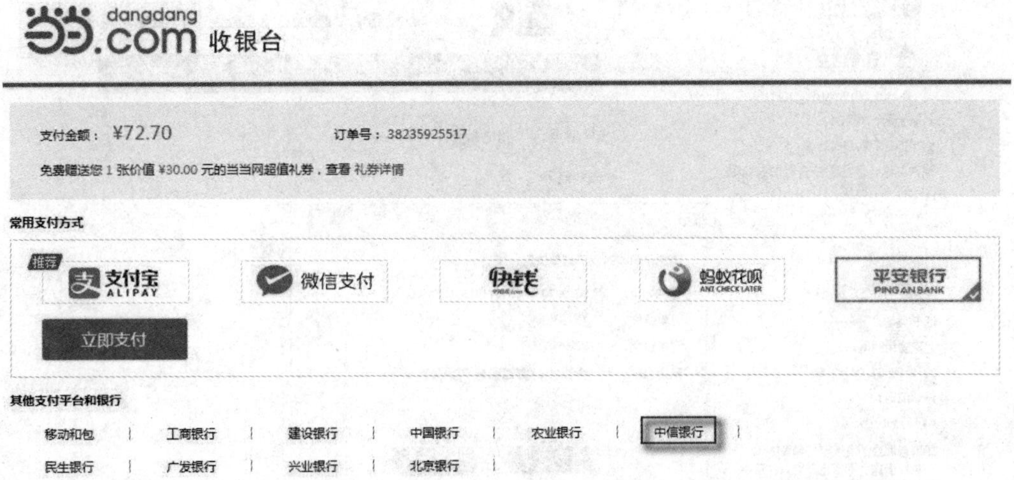

图 3-5　选择付款银行

(3) 商户向中信银行提交订单数据。客户确认使用中信银行网银支付后(以网银无证书为例)，将此表单提交给中信银行，中信银行网银系统接收此笔订单，对订单信息和商户信息进行检查，检查通过后，会弹出中信银行的支付页面。客户在此页面输入支付卡号、支付密码和验证码，登录支付系统，如图 3-6 所示。

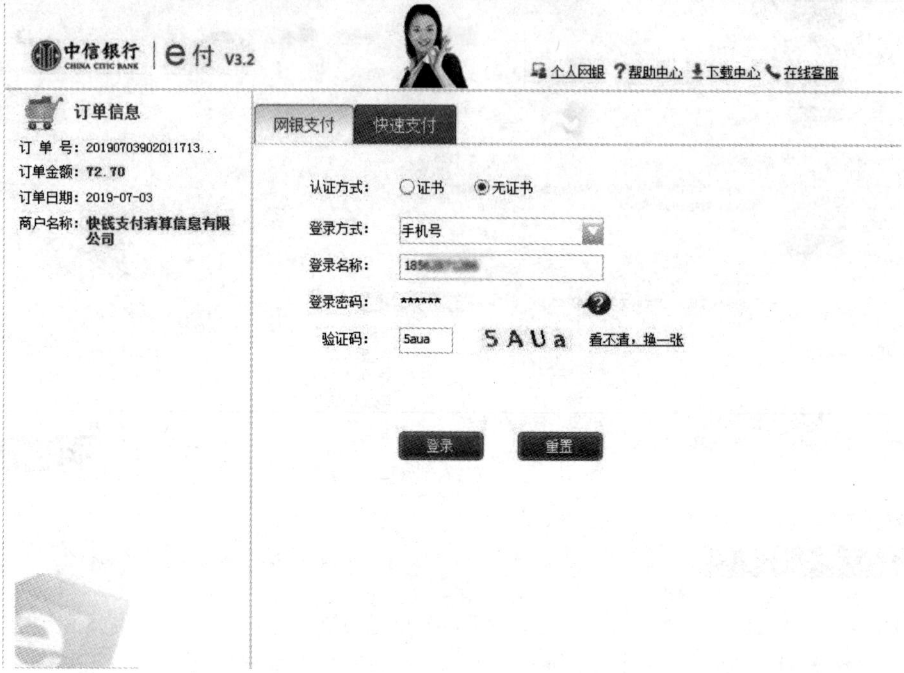

图 3-6　登录网上银行支付系统

登录后系统会弹出提示窗口，核对其中显示的交易信息，然后单击【确定】按钮，确认支付，即可完成交易，如图 3-7 所示。

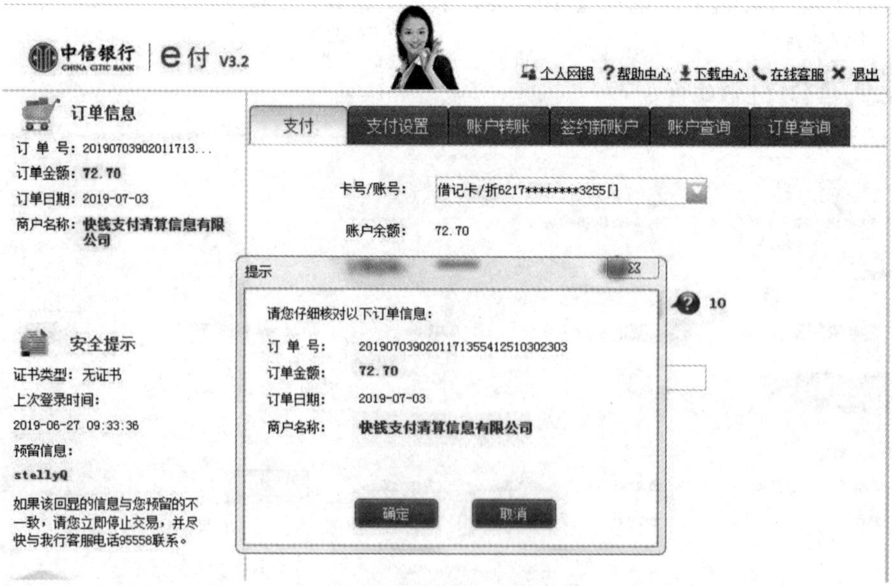

图 3-7　确认交易信息并支付

(4) 支付成功后，系统会弹出提示，如图 3-8 所示。

图 3-8　网银支付成功

知识链接

网银安全小贴士

一、网络防范篇

(1) 不安装或运行来历不明的软件和程序，不打开陌生人发送的电子邮件的附件或网站链接，不在不明网站输入银行账号、密码等个人资料，坚决抵制任何不明来历索要账号密码的电子邮件。

(2) 及时更新杀毒软件、防火墙，每次使用网上银行后，及时退出并拔出银行 U 盾。

(3) 认清银行门户网站，防范钓鱼网站。

二、密码防范篇

网上银行的安全是由客户和银行共同维护来实现的。银行使用数字签名技术和基于证书的强加密通讯管道，确保客户身份认证、数据传输以及密码输入的安全。黑客突破银行系统的难度较大，所以多数金融网络犯罪选择从客户入手，常见手段为盗取或骗取客户的账号和密码信息。因此，个人账号和密码的保管更需依赖您的安全风险意识和良好的操作习惯。

为保护个人账号密码信息，使用网上银行时应注意：

(1) 切勿向他人透露您的用户名、银行卡密码、短信验证码或任何个人身份识别资料。

(2) 请采用由数字和字母(大小写)组成的不易被破译的密码，避免使用生日、电话、身份证、账号、有规则数字等易被猜测的密码。

(3) 使用不同的银行查询密码、取款密码和网上支付密码，不定期更换密码，并将您平时在其他网站使用的各类密码与银行账户密码相区别。

(4) 如果您不小心透露了相关账户信息，请尽快通过拨打银行全国统一客户服务电话、前往营业网点、登录网上银行等途径办理紧急挂失或修改密码业务。

(5) 如果您的个人资料有任何更改(例如联系电话或地址等有变动)，请及时通知银行修改相关资料，并定期检查您的交易记录。

(6) 不要在网吧、图书馆等公共场所的网络上使用网上银行，防止他人通过录像和键盘监控设备等手段窃取账号和密码。

(7) 在 ATM、自助终端等渠道进行交易时，注意输入密码时的保护措施，防止他人通过录像等方式窃取到您的账号和密码。

(8) 定期查看您的交易，核对对账单。

三、电脑保护篇

(1) 尽量不要在网吧、图书馆的公用电脑上使用网上银行。若在公用电脑上使用网上银行，请务必确认所有信息都被清除后再关闭电脑浏览器，并收妥 U 盾。

(2) 应避免让太多人使用您的个人电脑，并设置开机登录密码。使用 Windows 操作系统的用户，请打开 Windows 系统自带的防火墙，关闭共享和远程功能，以防止恶意程序入侵您的电脑。

(3) 定期下载安装最新的操作系统和浏览器安全补丁，使用正版软件，并养成定期更新杀毒软件的习惯。

3.3.2 光大·云缴费

随着民众消费日益实现网络化，移动金融逐渐成为更具潜力的市场领域，如何搭建一个集开放性、便捷性和延伸性于一身的金融平台，已经成为眼下各大银行非常看重的市场争夺点之一，而光大银行旗下的光大·云缴费平台就是其中的佼佼者。

2018 年，光大·云缴费平台年交易金额突破千亿大关。作为目前中国最大的开放式网络缴费平台，光大·云缴费秉承开放、平等、协作、分享的互联网精神，向第三方支付、同业伙伴等多方开放，打通了 PC 端、手机端、线下 POS 等各类缴费方式，搭建了一个兼具开放性及延展性的金融服务平台新模式，业务覆盖范围如图 3-9 所示。光大·云缴费能在激烈的市场竞争中脱颖而出，足以证明市场对这一普惠金融创新尝试的充分认可。

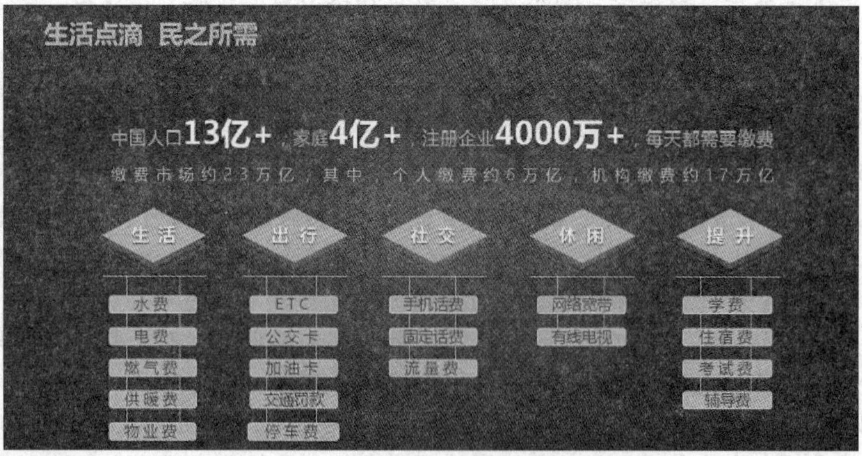

图 3-9 光大·云缴费业务范围

1. 开放金融

光大银行开放金融是一个纽带，连接着两个开放端：一端向客户端开放，原本银行只服务本行客户的理念已经逐渐转化为服务广泛的互联网客户，渠道与场景是重要的手段；另一端向产品端功能服务开放，基于牌照拥有的产品、功能与服务，如贷款、支付、账户等，通过金融服务开放平台，将银行体系内的产品、功能与服务进行集中管理和共享，实现资源整合，如图 3-10 所示。

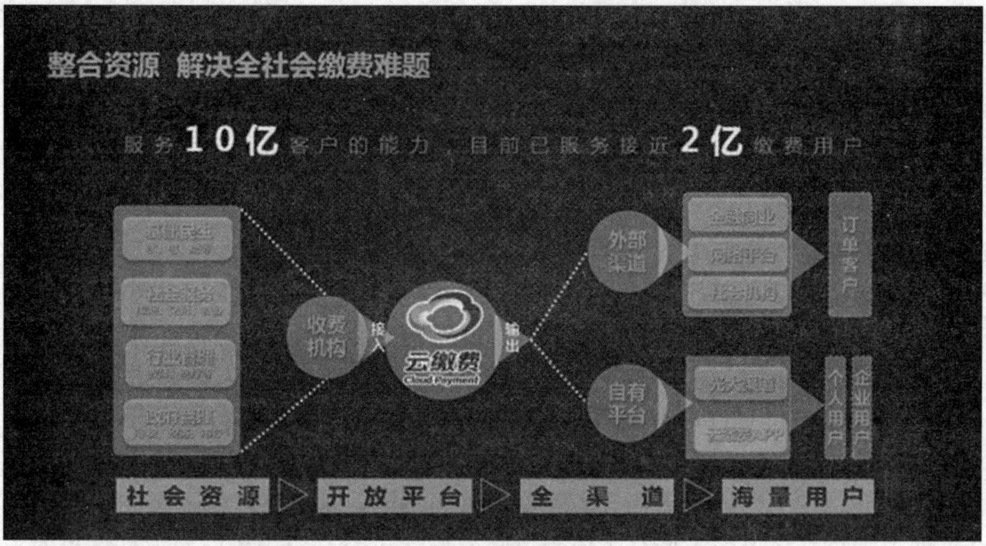

图 3-10　光大・云缴费平台整合资源示意图

光大・云缴费平台的参与方有四个：缴费客户、缴费单位、光大合作伙伴和光大银行。

光大・云缴费平台特点如下：

(1) 对于缴费客户来说，随着互联网的发展，人们的缴费方式也正在发生着巨大的变化，无论是网络、手机、POS 机、自助设备还是超市便利店，都可以通过接入光大・云缴费平台享受便捷的一站式缴费服务。

(2) 对于缴费单位来说，通过接入光大・云缴费平台，可以迅速拓展缴费渠道。缴费单位不用自己去建网点，也不用一家一家地联系渠道，光大银行所有合作伙伴的渠道都可为其所用，从而最大限度地整合社会资源，在方便社会缴费的同时，还能加快资金回笼，降低成本投入。

(3) 对于合作银行来说，通过接入光大・云缴费平台，不仅可以完善服务功能，还可以增强客户黏性，增加交叉营销机会，提升企业的社会形象。

2．电子商务＋金融

光大银行为企业提供电子商务+金融一体化解决方案，该方案包括三种模式：

(1) 为企业做商品代销，该模式和目前主流的银行系电商平台模式类似。银行系电商在经营理念上并非普遍意义的电商，而是金融化的电商，其本质是让客户在自有平台上完成电商交易，形成资金流动的闭环，并通过积累客户的真实交易数据，为金融服务提供决策。光大银行依托集团的全牌照优势，为客户提供了 IPO、租赁、信托、贷款等一系列全方位的金融服务，并在 2017 年上线了 B2B 业务。

(2) 针对希望建设自己平台的客户，光大银行为其输出解决方案。该模式的好处是：

一方面，采取银、企、政三方合作的方式，有助于加强客户信心；另一方面，在当地设立运营商负责电商运营，数据、资金、税收、交易额均留在本地，对当地税收有帮助，因此当地政府推介的态度更为积极。光大将同多省合作，将银、政、企三方合作模式扩展至全国。

(3) 针对已有电商对接金融服务，输出“云缴费”“云支付”，以此增加平台流量和提高客户黏性。其中，云缴费是目前光大银行互联网金融布局的亮点，其商业模式的核心是“整合与共享”。

本 章 小 结

通过本章的学习，读者应当了解：

✧ 一个完整的网上银行支付过程的参与主体包括客户、商家、客户开户行、商家开户行和认证机构。除此之外，还需要互联网、银行网络和支付网关的支持和协作。

✧ 网上银行支付有许多分类标准，常见的分类标准主要有：基于网上支付工具不同、基于电子货币不同、基于网上支付的安全通信与控制协议不同、基于支付信息传递路径不同、基于客户实际付款时间不同、基于实体性质不同。

✧ 网上银行支付风险主要有：信誉风险、操作风险、信用风险、流动性风险、法律风险、管理风险、系统安全风险、业务运行连续性风险和外包管理风险。

✧ 一个电子商务网站要开通网上支付功能，通常可通过两种途径实现：一是通过第三方支付平台，如支付宝、网银等，这种方法比较简单快捷；二是与银行协商获得一个支付接口，从而实现网上银行直接支付。

本 章 练 习

一、简答题

1．简述网上银行支付的参与主体。

2．简述网上银行支付的风险。

二、案例分析

仔细阅读光大·云缴费案例，分析以下问题：

1．云缴费平台有哪些参与方？

2．分析云缴费平台对于践行普惠金融的意义。

本章能力拓展

请分别站在消费者和商家的立场上，具体分析网上银行支付存在的问题。

第4章　第三方支付

本章目标

- 掌握第三方支付、第三方支付平台的含义及两者的区别
- 掌握第三方支付分类
- 理解第三方支付牌照
- 掌握支付宝支付方式及盈利模式
- 掌握商户接入支付程序要点
- 理解银联在线支付、财付通、快钱支付和PayPal业务模式

学习导航

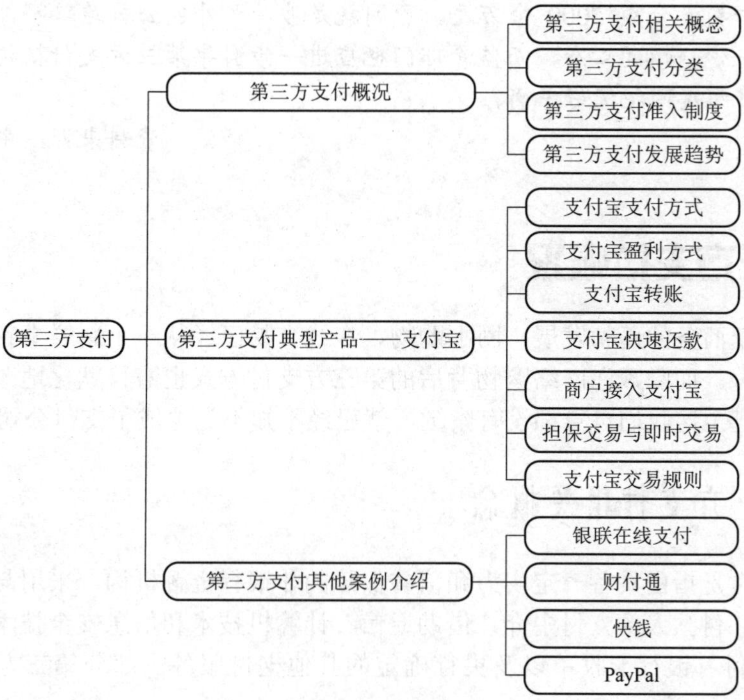

案例导入

在互联网产业布局加速、智能移动设备日新月异的背景下，第三方支付因具有不受地域与时间限制、便于整合碎片化时间等特点而广受市场推崇。然而，这种新兴支付方式的基础业务的盈利空间却乏善可陈：一方面，我国已实施 POS 费率价改，收单服务费由政府指导价改为收单机构与商户协议决定，未来费率下行将成为趋势，而随着“网贷平台资金须由银行存管”的政策落地，第三方支付机构资金存管业务也遭受了“断臂”之痛；另一方面，许多公司意识到，对支付渠道资源的深入挖掘可以有的放矢地提升客户的忠诚度与黏着性，提高旗下各业务间的互动与融合。

可见，仅靠通道服务并不能带来理想的回报。近年来，第三方支付机构不断对业务进行深耕，向各交易环节延展，并创新增值服务，以期能树立在业内的强势地位。例如，支付宝借助阿里系下电商平台，将支付业务触角伸向了美国、新加坡等众多国家。而大数据监测、互联网营销等领域也频现第三方支付机构的身影。“大数据”时代，支付机构正在争先恐后地将互联网基因植入到社会活动的各个节点之中，由此培育出新的增长动力。

不可否认，第三方支付应用市场将会日趋多样化，而广大消费者则可从中享受愈加便捷的生活体验，这是技术红利所创造的社会福祉。但需要指出的是，新兴支付手段需以移动终端、APP 应用等为载体，难以完全规避传统网络木马病毒与黑客恶意攻击的风险，需要金融、工信等多个部门联手进行监管。同时，第三方支付机构的趋利行为也可能引发信用风险，给正常的金融秩序带来冲击。例如，当许多短视的第三方支付机构转卖支付通道，通过外包公司快速做大特约商户规模，但由于这些外包公司时常游走在监管范畴之外，一旦面临资金周转困难往往就会携款潜逃，导致商家的财产损失。2016 年，易宝支付被处以警告并罚没金额 5000 余万元，原因就是涉及了外包公司跑路事件。对此，广大用户应当保持一份谨慎的心态，而监管部门也应进一步引导第三方支付机构在创新力度、速度和质量等多维度间把握好平衡。

资料来源：中国数据分析网

4.1 第三方支付概况

得益于电子商务的蓬勃发展，网上购物、在线交易已经从一个新鲜事物变成了人们日常生活的一部分。而隐藏在网络购物背后的第三方支付方式也潜移默化地改变了社会大众的生活习惯，甚至连我们自身都没有察觉，就已经不知不觉地成了支付公司的资深客户。

4.1.1 第三方支付相关概念

第三方支付是指由具备一定实力和信誉保障的非银行金融机构，采用与各大银行签约的方式作为收、付款人的支付中介，借助通信、计算机技术和信息安全技术所提供的网络支付、移动支付、银行卡收单以及央行确定的其他支付服务。部分第三方支付品牌如图

4-1 所示。

图 4-1　部分第三方支付品牌

第三方支付平台是指平台提供商通过通信、计算机和信息安全技术，在商家和银行之间建立连接，从而实现消费者、金融机构以及商家之间的货币支付、现金流转、资金清算、查询统计的一个平台。

要点提示

第三方支付与第三方支付平台不是同一概念，但存在密切的联系：一方面，第三方支付是一种支付方式，或者说是一种支付渠道，在这种支付方式中，由第三方机构担当买卖双方的“信用中介”，而第三方支付平台则是由后台的网络、技术、软件、服务等构成的，用来实现第三方支付的平台系统；另一方面，第三方支付平台是第三方支付这种支付方式得以实现所必需的媒介，没有第三方支付平台，第三方支付业就只能停留在理论层面，而不能真正实现。

严格意义上的支付组织有金融机构类支付组织和非金融机构类支付组织两类。前者主要是指银行类，其代表为各家银行的网银；后者是指众多的第三方支付公司，其代表支付工具有支付宝、财付通。支付组织分类如图 4-2 所示。

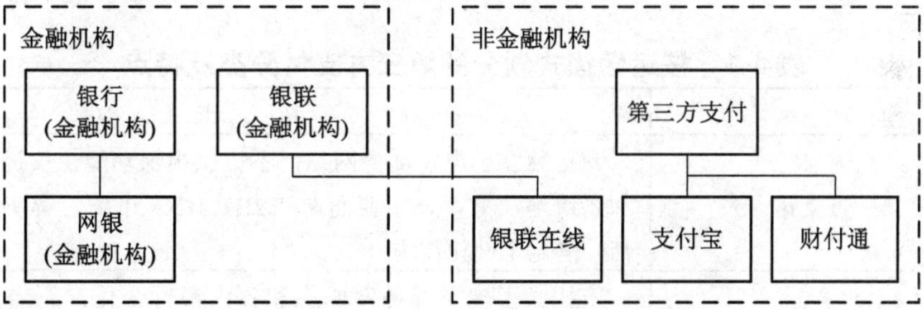

图 4-2　支付组织分类

2010 年 6 月，中国人民银行出台《非金融机构支付服务管理办法》，首次对非金融机构从事网络支付、预付卡发行与管理、银行卡收单等支付服务的市场准入、行政许可、监督管理等作出明确规定。根据管理办法，非金融机构支付业务是指非金融机构在收付款人之间作为中介机构，提供下列部分或全部货币资金转移服务：

- ✧ 网络支付。
- ✧ 预付卡的发行与受理。
- ✧ 银行卡收单。
- ✧ 中国人民银行确定的其他支付服务。

同年 12 月，中国人民银行又发布了《非金融机构支付服务管理办法实施细则》。

网络支付是指依托公共网络或专用网络在收付款人之间转移货币资金的行为，包括货币汇兑、互联网支付、移动电话支付、固定电话支付、数字电视支付等。

预付卡是指以营利为目的，在发行机构之外购买商品或服务的预付价值，通常采取磁条、芯片等技术，以卡片、密码等形式发行。

银行卡收单指通过销售点(POS)终端等为银行卡特约商户代收货币资金的行为。

4.1.2 第三方支付分类

第三方支付分类

目前，市场上的第三方支付可以进行如图 4-3 所示的分类。

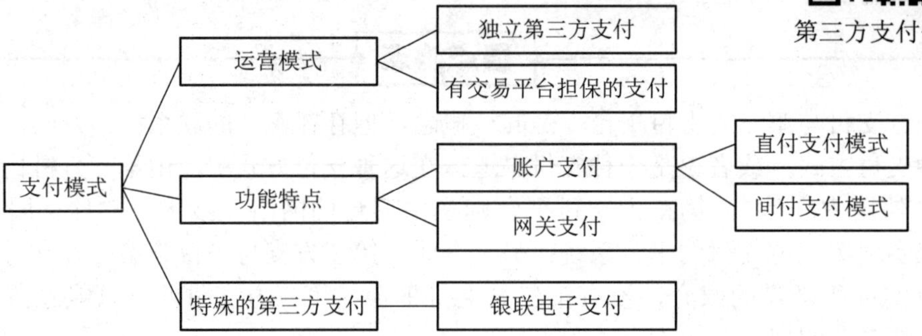

图 4-3 第三方支付分类

1. 按运营模式划分

根据运营模式，可将第三方支付分为独立第三方支付和有交易平台担保的支付两类，如表 4-1 所示。

表 4-1 按运营模式划分的第三方支付分类及特点

模　式	特　点
独立第三方支付	完全独立于电子商务网站，不提供担保功能，仅提供支付服务和系统解决方案，主要面向 B2B、B2C 市场，解决方案比较灵活，满足个性化需求
有交易平台担保的支付	依托大型电子商务网站，和各大银行合作，充当信用中介角色，如支付宝、财付通等

2. 按功能特点划分

根据功能特点，可将第三方支付分为账户支付与网关支付两类。其中，账户支付指用户在支付平台上用 E-mail 或手机号开设虚拟账户，然后对该虚拟账户进行充值或提现，并用虚拟账户中的资金进行支付。

1) 账户支付

按照是否具有担保功能，账户支付可分为不具有担保的账户支付模式(直付支付模式)和具有担保的账户支付模式(间付支付模式)两类。

(1) 直付支付模式。

直付支付模式的支付流程与传统转账、汇款流程类似，只是屏蔽了银行账户，交易双方使用虚拟账户资金进行支付。这种模式的典型应用有易宝支付、快钱支付等，具体支付流程如图 4-4 所示。

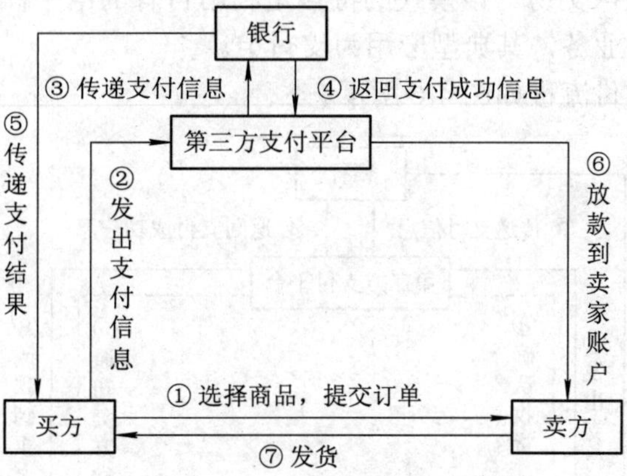

图 4-4　直付支付模式流程图

直付支付模式的资金流向如图 4-5 所示。

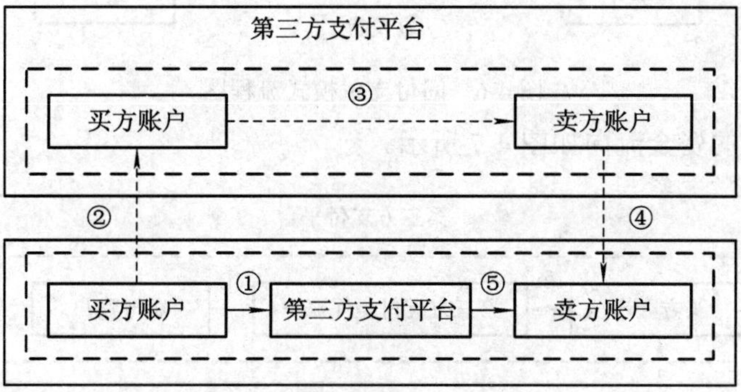

图 4-5　直付支付模式资金流向图

对图 4-5 中的各步骤说明如下：

① 买方向支付平台账户充值时，实体资金流向——此时实体资金是从买方银行账户转移到第三方支付平台用户清算银行账户。

② 买方向支付平台账户充值时，平台虚拟资金流向——买方充值成功后，第三方平台增加买方虚拟账户资金。

③ 进行交易时，买方向卖方支付货款资金流向——在买方向卖方支付货款时，实体资金不会发生变化，只是平台虚拟资金发生转移，平台减少买方虚拟账户资金，增加卖方虚拟账户资金。

④ 卖方取现时，平台虚拟资金流向——卖方取现成功后，第三方支付平台减少卖方虚拟账户资金。

⑤ 卖方取现时，实体资金流向——卖方发出取现指令时，实体资金从第三方支付平台用户清算银行账户转移到卖方银行账户。

(2) 间付支付模式。

间付支付模式是指电子商务平台独立或者联手与各大银行建立合作关系，凭借实力和信誉承担买卖双方的担保交易。该模式的特点是利用自有的电子商务平台和中介担保支付平台吸引商家开展经营业务，其典型应用为支付宝。

间付支付模式的支付流程如图 4-6 所示。

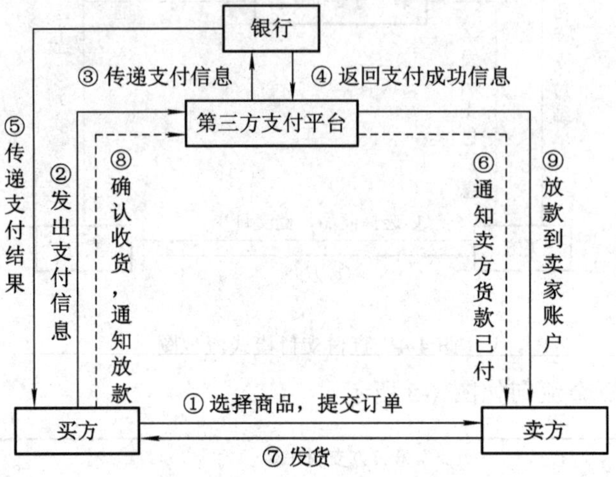

图 4-6　间付支付模式流程图

间付支付模式的资金流向如图 4-7 所示。

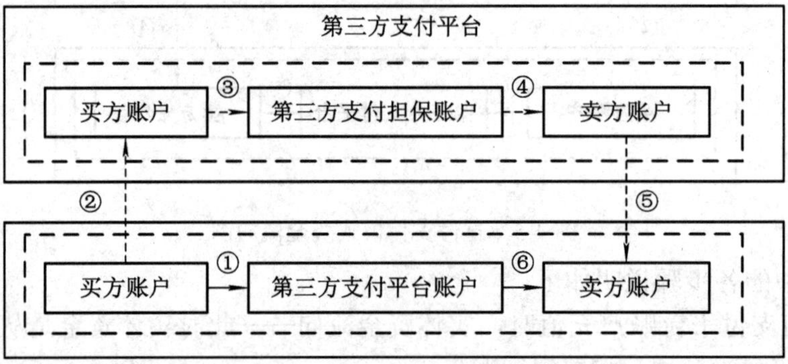

图 4-7　间付支付模式资金流向图

对图 4-7 中的各步骤说明如下：

① 买方向支付平台账户充值时，实体资金流向——此时实体资金从买方银行账户转移到第三方支付平台用户清算银行账户。

② 买方向支付平台账户充值时，平台虚拟资金流向——买方充值成功后，第三方平台增加买方虚拟账户资金。

③ 进行交易时，买方向卖方支付货款资金流向——在买方向卖方支付货款时，实体资金不发生变化，而是支付平台虚拟资金发生转移，平台减少买方虚拟账户资金，增加第三方支付平台担保账户虚拟账户资金。

④ 当买方收到货物，通知第三方支付平台放款时，实体资金不会发生变化，只是虚

拟资金从第三方支付担保账户转移至卖方虚拟账户。

⑤ 卖方取现时，平台虚拟资金流向——卖方取现成功后，第三方支付平台减少卖方虚拟账户资金。

⑥ 卖方取现时，实体资金流向——卖方发出取现指令时，实体资金从第三方支付平台用户清算银行账户转移到卖方银行账户。

2) 网关支付

网关支付模式是指完全独立于电子商务网站，由第三方支付平台为网上签约商户提供围绕订单和支付的多种增值服务的支付模式。第三方支付平台仅仅提供支付产品和支付系统解决方案——平台前端提供各种支付方法供网上商户和消费者进行选择，同时平台后端则连接众多银行。第三方支付平台还负责与银行之间的账户清算，同时为商户提供订单管理及账户查询功能。这种模式以首信易支付、百付通为典型代表。

网关支付模式的支付流程如图 4-8 所示。

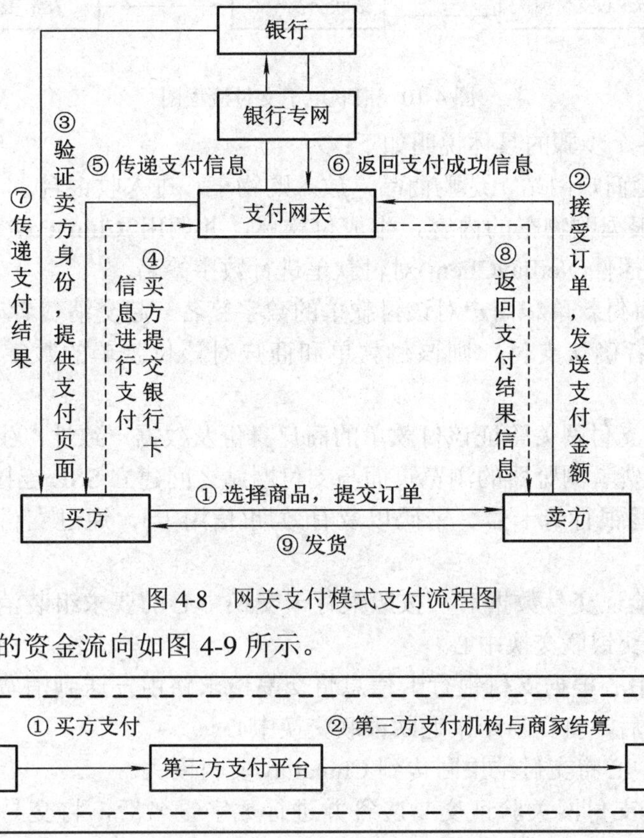

图 4-8　网关支付模式支付流程图

网关支付模式的资金流向如图 4-9 所示。

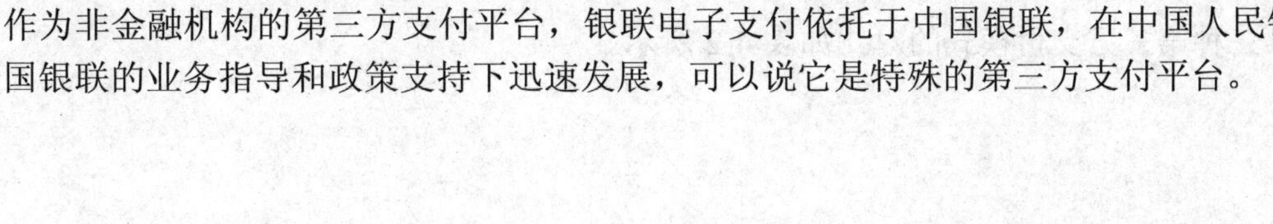

图 4-9　网关支付模式资金流向图

3. 特殊的第三方支付——银联电子支付

银联电子支付是中国银联旗下的上海银联电子支付服务有限公司提供的第三方支付平台。作为非金融机构的第三方支付平台，银联电子支付依托于中国银联，在中国人民银行及中国银联的业务指导和政策支持下迅速发展，可以说它是特殊的第三方支付平台。

银联电子支付拥有面向全国的统一支付平台，主要从事以互联网等新兴渠道为基础的网上支付、企业 B2B 账户支付、电话支付、网上跨行转账、网上基金交易、企业公对私资金代付、自主终端支付等银行卡网上支付与增值服务。银联电子支付可一次性连接多家商业银行和金融机构，支持境内主要商业银行发行的各类银行卡，能够实现跨银行、跨地区的实时支付。

银联电子支付的支付流程如图 4-10 所示。

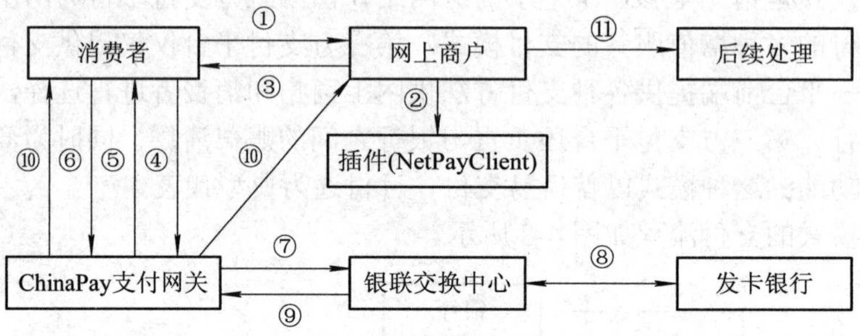

图 4-10　银联电子支付流程图

对图 4-10 中各个步骤的具体说明如下：

① 消费者浏览商户网站，选购商品，放入购物车，进入收银台。

② 网上商户根据购物车的内容，生成付款单，并调用 ChinaPay(银联电子支付)支付网关的商户端接口插件(NetPayClient)对付款单进行数字签名。

③ 网上商户将付款单和商户对该付款单的数字签名一起交消费者确认。

④ 一旦消费者确认支付，则该付款单和商户对该付款单的数字签名将自动转发至 ChinaPay 支付网关。

⑤ ChinaPay 支付网关验证该付款单的商户身份及数据一致性，生成支付页面显示给消费者，同时在消费者浏览器的浏览页面与支付网站之间建立 SSL 连接。

⑥ 消费者填写银行卡卡号、密码以及有效期(信用卡)，通过支付页面将支付消息加密后提交支付网关。

⑦ 支付网关验证交易数据后，按照银行卡交换中心的要求组装消费交易，并通过硬件加密机加密后提交银联交换中心。

⑧ 银联交换中心根据支付银行卡信息将交易请求路由发送到消费者发卡银行，银行系统进行交易处理后，将交易结果返回银联交换中心。

⑨ 银联交换中心将支付结果回传到 ChinaPay 支付网关。

⑩ ChinaPay 支付网关验证交易应答并进行数字签名后，将交易应答报文发送给商户，同时向消费者显示支付结果。

⑪ 网上商户接受交易应答报文，并根据交易状态码进行后续处理。

要点提示

三种第三方支付模式的对比如表 4-2 所示。

表 4-2　支付模式对比分析

账户类型	特　点	优　势	劣　势
账户支付	(1) 通过与银行卡绑定的虚拟账号进行交易； (2) 交易资金是银行卡中的电子货币(以法定货币为基础)	(1) 第三方支付平台保障了交易中资金的安全性； (2) 支付成本较低，方便省时； (3) 支付担保业务可以在很大程度上保障付款人的利益	(1) 消费者账户中的“电子货币”是虚拟的，无法得到保障； (2) 若第三方支付平台的信用度及保密手段存在问题，则会给付款人带来极大的风险； (3) 大量资金寄存在虚拟账户平台上，存在资金寄存风险
网关支付	(1) 没有账户属性，仅为银行和商户提供服务； (2) 扮演“通道”角色，不涉及银行的支付与结算； (3) 独立的支付网关，验证交易双方身份信息	(1) 各方职责分明，各司其职； (2) 交易双方的身份验证大大提高了其真实性； (3) 对数据的加/解密大大提高了交易信息的真实性、安全性、可靠性	(1) 第三方支付机构没有完善的信用评价体系，抵御信用风险的能力较弱； (2) 交易流程复杂，支付时间较长； (3) 增值服务开发空间小
银联电子支付	(1) 非金融机构的第三方支付平台，有中国人民银行的业务指导和政策支持； (2) 整合各方资源，实现优势互补	(1) 多元化的支付服务体系； (2) 提供安全有效的网络连接、多样化的支付操作平台和支付工具； (3) 采用个性化订单与自动分账系统，使用户体验大为改善	(1) 交易集中时对系统的安全稳定性要求更高； (2) 交易集中时易引起网络拥挤和堵塞，可能造成订单的重复支付

4.1.3 第三方支付准入制度

中国对第三方支付公司实行准入许可证制度。依据《非金融机构支付服务管理办法》规定，第三方支付企业(也就是管理办法中界定的在收付款人之间作为中介机构提供三类主要货币转移服务的企业)已被正式纳入央行的监管范围，需由中国人民银行依据《非金融机构支付服务管理办法》负责为其办理《支付业务许可证》牌照。

央行可发放的支付牌照有三种：① 网络支付牌照，即依托大型 B2C、C2C 网站开展网关支付的牌照；② 预付卡牌照，即开展储值卡等预付卡服务的牌照；③ 收单牌照，即通过 POS 终端开展线下支付收单业务的牌照。支付企业可申请一张或多张牌照。

4.1.4 第三方支付发展趋势

目前，中国第三方支付市场发展呈现五大趋势。

1．第三方支付竞争进入深水区，技术、模式、生态层层演进

第三方支付机构间的竞争已经从单纯的产品形态竞争逐渐演变为商业模式的竞争，未来还会演变为生态建设上的竞争。从密码支付、生物指纹识别到刷脸支付，支付创新不断提速，但作为支付企业来讲，仅仅依靠通道业务本身是不够的，还需要在支付服务基础上叠加信贷、账户、营销等多种增值服务，为客户提供基于场景的无缝高效服务体验。同时，越来越多的第三方支付企业开始将产业链上下游的不同金融机构融合，构建自己的生态系统，以打造企业的核心竞争力。

2．监管升级，牌照壁垒铸就行业护城河

牌照已成为第三方支付机构的必备品，持有牌照不等于合规，但无牌照一定不合规。2019 年以来，央行已经多次要求第三方支付机构自查无牌照支付业务，在监管升级的要求下，支付业务市场份额会更多地向持牌企业倾斜，第三方支付的监管方式越来越向传统金融业看齐，控制牌照数量、进行业务备案、调整备付金比例等监管手段将成为常态，牌照数量将日益成为第三方支付行业的入行壁垒。同时，防范风险仍将是未来监管的主旋律。

3．消费升级将继续成为第三方支付行业发展的最大动力

移动互联网时代，电子商务是人们获取商品服务的重要来源之一。用户更加注重体验，大额消费的比重不断上升。同时，在中青年群体逐渐成为消费主力军的当下，新型服务性消费比重提升，消费升级将继续成为第三方支付行业发展的最大动力。

4．C 端支付逐渐饱和，B 端支付潜力仍待挖掘

第三方支付一直存在 2B/2C 两大模式之争。支付宝和微信领头的 C 端支付由于直接触达消费者，在移动互联网时代享受到了空前的红利；以易宝支付为代表的 B 端支付则一直隐藏在各个行业背后，默默承接起了交易通道的职能。相比 C 端支付，B 端支付更了解企业在经营上的核心诉求，更能够帮助企业建立起基于支付的交易闭环。

虽然当前 C 端支付占据了第三方支付市场的绝大部分，但行业新增用户流量已经遇到了天花板，未来几年极有可能演变为微信、支付宝两大巨头的 C 端存量用户黏性之争。而 B 端支付伴随着互联网 + 赋能传统产业的改革，则有望迎来新生。

5．独立第三方支付公司将成为稀缺资源

目前，市面上从事第三方支付业务的企业主要有三种：以支付宝、京东支付为代表的第三方支付企业，拥有电子商务这一核心业务场景，谋求在自建业务体系中把控支付渠道，这类企业的第三方支付业务主要是配合自身主营业务的需求，获取用户交易数据；以壹钱包为代表的银行系第三方支付企业，力图通过整合支付渠道打通金融产业链，将第三方支付业务作为拓展自身金融业务的手段；而以易宝支付为代表的独立第三方支付企业，长期以来深耕不同行业，形成了对各个领域支付经验的积累，通过输出各类定制化的解决方案，能够更好地为不同类型的企业提供第三方支付服务，但因为对综合能力需求较高，这类独立的第三方支付企业目前较少，因而成为稀缺资源。

4.2　第三方支付典型产品——支付宝

2003 年 10 月 18 日，淘宝网首次推出支付宝服务。2004 年 12 月 8 日，浙江支付宝网络科技有限公司成立，随后支付宝网正式上线并独立运营。十几年来，支付宝积极寻求战略合作伙伴，先后同建设银行、工商银行、中国银行合作推出快捷支付服务。与此同时，支付宝也不断扩充服务范围，提高服务水准，加强安全保障，为客户交易保驾护航。2018 年第四季度，支付宝以 53.78%的市场份额蝉联中国第三方支付企业排行榜首位，是目前中国最大的第三方支付企业。

支付宝主要提供支付和理财服务，业务涵盖网购担保交易、网络支付、转账、信用卡还款、手机充值、水电煤气缴费、个人理财等多个领域。进军移动支付之后，支付宝又将业务拓展至电影院线、公交车及零售百货等多个行业，并推出了余额宝、招财宝和基金理财服务。

要点提示

支付宝上线的最初目的，是解决淘宝网购物的支付安全问题——针对用户的需求，淘宝网推出了“担保交易”模式，允许淘宝买家在确认收货后再将货款转给淘宝卖家，从而降低淘宝购物的风险，而支付宝在其中充当了“资金转账中介”的角色。2004 年 12 月，支付宝从淘宝网中分离出来，正式成为一个独立的支付平台。

支付宝的购物支付流程大致分为 5 个环节，以网页版为例，具体如下：

(1) 选择商品。登录淘宝网或其他支付宝所支持的电子商务购物网站，选择需要购买的商品，然后单击【立即购买】按钮，进入商品支付流程。

(2) 付款到支付宝。正确填写买家的收货地址，核对需要购买商品的信息，单击【确定无误，购买】按钮，此时将货款打到支付宝中。

(3) 收货确认无误。卖家发货后，买家需注意查收商品，当买家收到货并确认无误后，单击【确认收货】按钮。

(4) 付款给卖家。买家在付款页面输入支付宝账户的支付密码，单击【同意付款】按钮，支付宝就会将货款转给卖家。

(5) 交易成功。买家根据购物体验给卖家评论，完成整个交易过程。

4.2.1　支付宝支付方式

支付宝作为最具代表性的第三方支付产品，有多种支付方式，下面予以简要介绍。

1. 快捷支付(含卡通)

快捷支付是指用户只需有一张储蓄卡或信用卡，无须开通网银及网上支付功能，即可完成网购付款。主要包括储蓄卡快捷支付、信用卡快捷支付(小额)、信用卡大额支付与信用卡分期支付。

使用快捷支付时，付款是通过与银行直连通道来进行的，所以无须办理网银。用户可以将支付宝账户与借记卡或者信用卡关联起来，付款时只需输入支付宝的支付密码即可，一个账户可以绑定多张卡，支付方便快捷。

扫一扫

【微思考】在 2010 年年底之前，支付宝的资金渠道是网银，充值、消费、转账、还款都需使用网银，结果发现支付成功率太低，只有 60%～65%左右，于是支付宝研发了快捷支付，打通了一条直连银行的专线。到 2011 年 6 月，支付宝快捷支付已经接通了 120 多家银行和金融机构，支付成功率达到 95%。思考一下快捷支付为什么会在短时间内发展这么迅速？

有两种方法可以开通支付宝快捷支付功能：柜台办理和线上自助办理。柜台办理比较简单，只需年满 18 周岁，并拥有有效身份证即可办理；而线上自助办理稍微麻烦一些，具体操作如下：

(1) 登录支付宝账户，进入账户设置页面，单击【付款方式和额度】链接，在打开的页面中查看各种支付功能，然后单击【快捷支付】一栏中的【管理】链接，在打开的账户通页面中，单击【添加银行卡】链接，如图 4-11 所示。

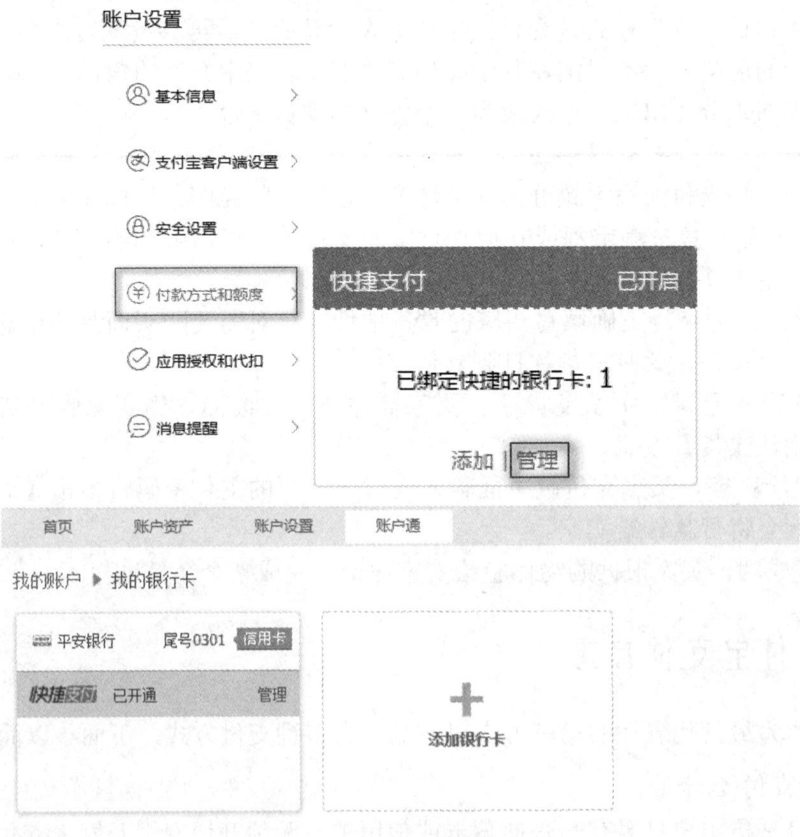

图 4-11　添加银行卡

(2) 在随后出现的【添加银行卡】页面中，输入银行卡卡号和手机号码，然后单击【同意协议并确定】按钮，如图 4-12 所示。

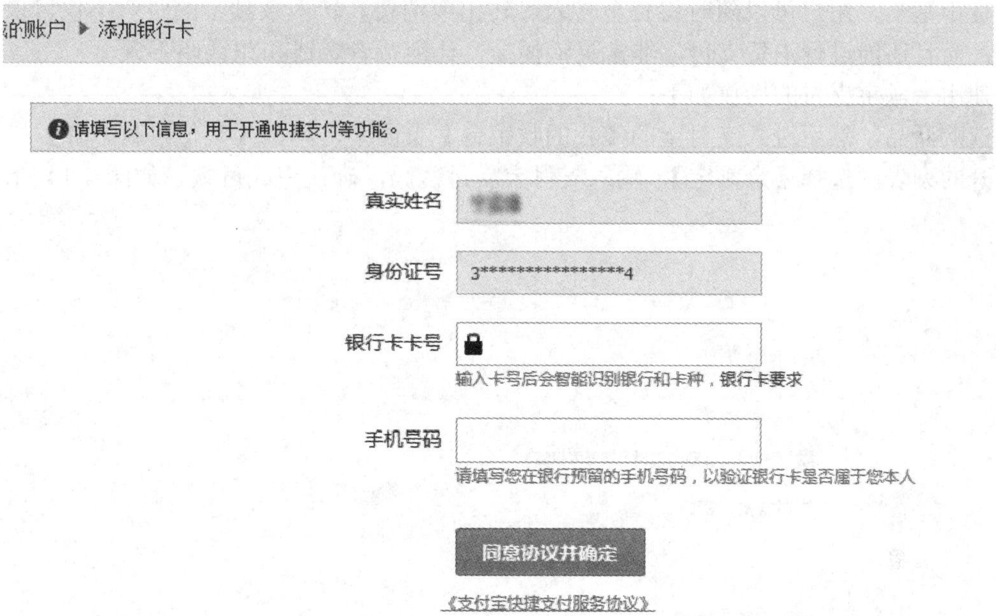

图 4-12　设置银行卡信息

(3) 在出现的页面中填写手机收到的短信验证码，然后单击【同意协议并开通】按钮，即可成功将手机卡设置为快捷支付，如图 4-13 所示。

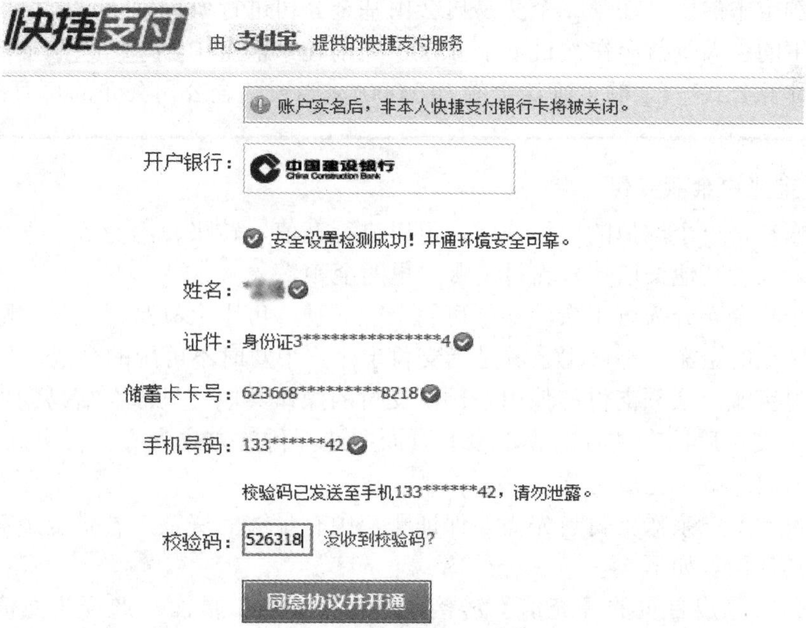

图 4-13　输入验证码开通快捷支付

2. 余额宝支付

余额宝是支付宝推出的一款余额理财产品，用户把资金转入余额宝，实际上是购买了一款货币基金，用户可以随时将资金转入、转出或消费。转入余额宝的资金不仅可以获得收益，而且还能进行消费支付，非常灵活便捷，让消费者赚钱和花钱两不误。

使用余额宝支付的操作如下：

选购商品，然后进入支付宝的【我的收银台】页面中，单击【其他付款方式】按钮，在展开的列表中选择【余额宝】，输入支付宝支付密码，确认完成付款，如图 4-14 所示。

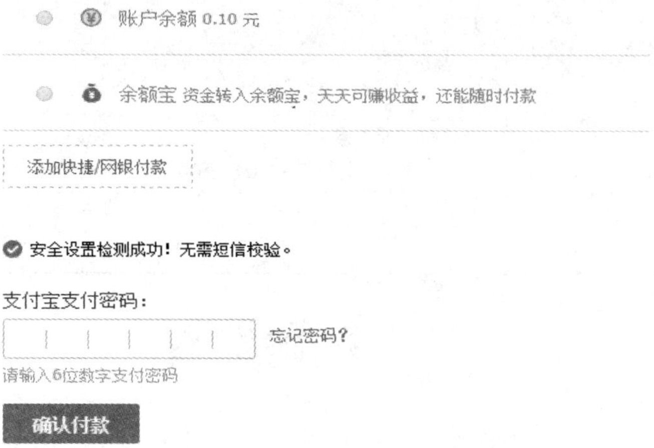

图 4-14　使用余额宝付款

要点提示

转入余额宝中的资金在第二个交易日会由基金公司进行份额确认，对已确定的份额，基金公司产生的当天收益会在次日下午 15:00 之前在余额宝中显示。余额宝每天的收益都不同，收益计算公式 = (余额宝确认金额 / 10 000) × 当天基金公司公布的每万份收益。

3. 支付宝账户余额支付

支付宝账户是一个虚拟的电子钱包，可以进行充值、转账、消费等。支付宝账户余额即为从银行卡或者其他渠道转入支付宝账户里的金额。

支付宝账户余额分为可用余额和不可用余额两种。可用余额是指支付宝账户中可随时用于消费和转账的金额；不可用余额是指支付宝账户中暂时不可用的余额。

使用支付宝账户余额支付与使用余额宝支付的操作类似，只需在交易创建成功时，选择使用支付宝支付后，在【我的收银台】页面中选择付款方式为【支付宝账户余额】，然后输入支付密码，即可完成付款。

使用支付宝账户余额支付首先需要保证账户中有足够的资金，若资金余额不足，可以进行充值，具体操作如下：

单击支付宝账户首页的【充值】链接，进入【充值】页面，选择【充值到余额】选项，在打开的页面中选择充值方式(如【快捷支付】)，然后单击【下一步】按钮，如图 4-15 所示。在出现的页面中输入卡号、金额等资料，最后单击【同意协议并充值】按钮，即可完成支付宝余额充值，如图 4-16 所示。

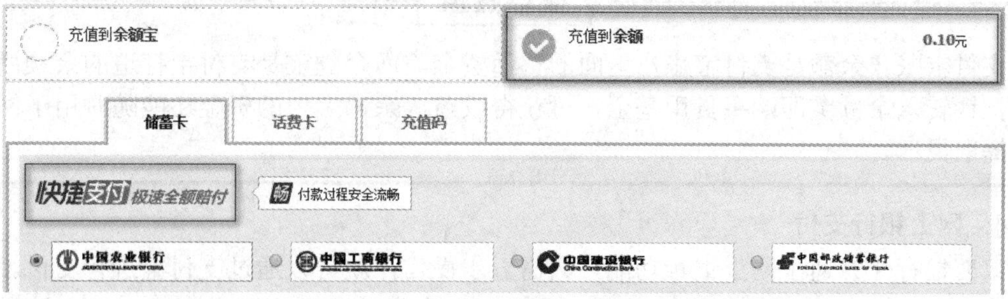

图 4-15　选择充值到支付宝账户余额

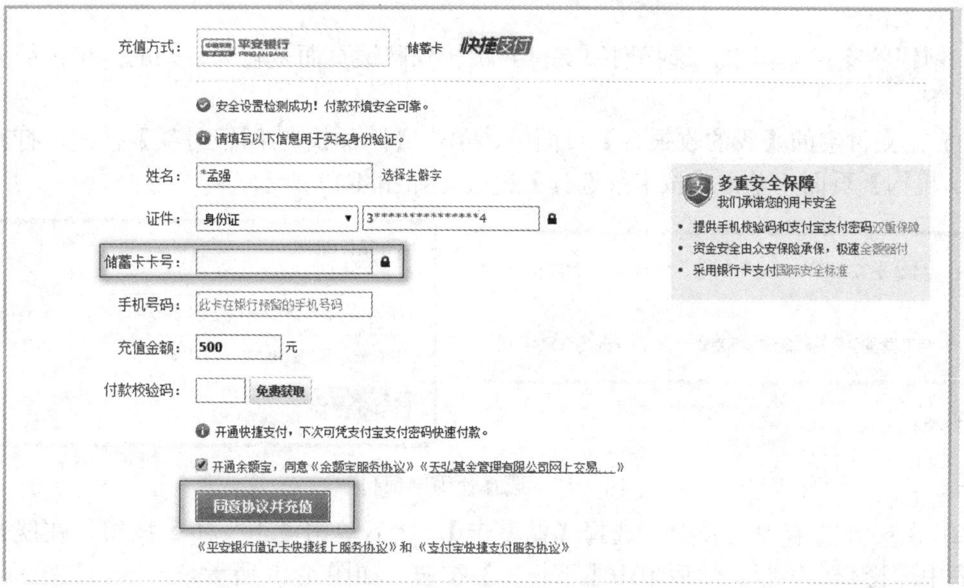

图 4-16　确认充值

支付宝余额的充值方式有 7 种，如表 4-3 所示，用户可根据实际情况选择充值方式。

表 4-3　支付宝余额充值

充值渠道	介　绍
网上银行	支持多家银行充值，充值前需先开通网上银行
储蓄卡快捷支付	付款时无须登录网上银行，凭支付宝支付密码和手机校验码即可完成付款，提供双重保障，付款方无须付手续费
卡通充值	支付宝账户和银行卡连通，只需输入一个支付密码就能完成充值
话费充值卡	将卡(全国神州行卡、联通一卡充)内的金额，通过支付宝提供的充值渠道转充至支付宝账户内
网汇 e	无须网银，只需用现金或邮政绿卡在邮政汇兑联网网点办理汇款业务，并设定汇款密码，即可凭汇票收据和设置好的汇款密码给任意支付宝账户充值
网点充值	需先到与支付宝合作的营业网点(如便利店、药店、邮局等)，用现金或银行卡购买充值码，然后登录支付宝充值
找朋友代充值	如果朋友拥有支付宝账户并开通了网上银行或卡通，可以把自己的支付宝账户和充值金额告诉他，请朋友代充

要点提示

支付宝账户余额是支付宝账户里面的货币资金，而余额宝是支付宝打造的余额增值服务。把钱转入余额宝即购买货币基金，可获得收益。余额宝内的资金还能随时用于网购支付，提取灵活。

4．网上银行支付

只要银行卡开通了网上银行功能，只需五步操作，就可以通过支付宝进行支付。这五步操作分别是：开通网银、挑选商品、选择网银支付并跳转到网银页面、填写银行卡信息、成功支付。

在网银的支付流程中，选择网银支付并跳转到网银页面是较为复杂的一步，简要操作步骤如下：

(1) 在支付宝的【我的收银台】页面中，单击【添加快捷/网银付款】按钮，打开【合作银行/机构】页面，单击【按卡种选择】链接，如图 4-17 所示。

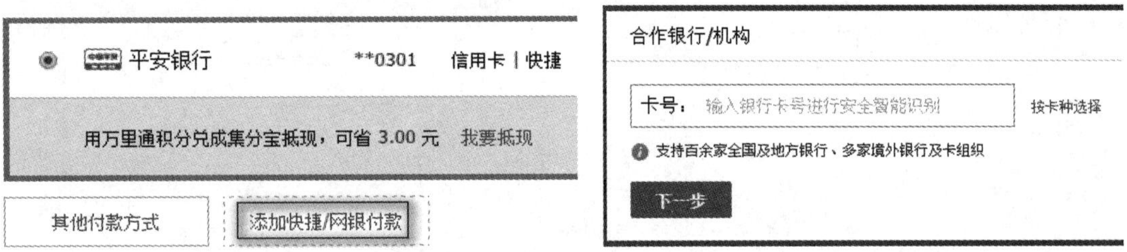

图 4-17　选择使用网银付款

(2) 在展开的卡种列表中，选择【储蓄卡】，然后单击【下一步】按钮，在展开的银行列表中选择开户银行，然后单击【下一步】按钮，如图 4-18 所示。

图 4-18　选择开户银行

(3) 在【支持付款方式】栏目下选择【网上银行】，然后单击【登录到网上银行付款】按钮，即可进入所选开户银行的网上银行页面，按照提示完成操作即可，如图 4-19 所示。

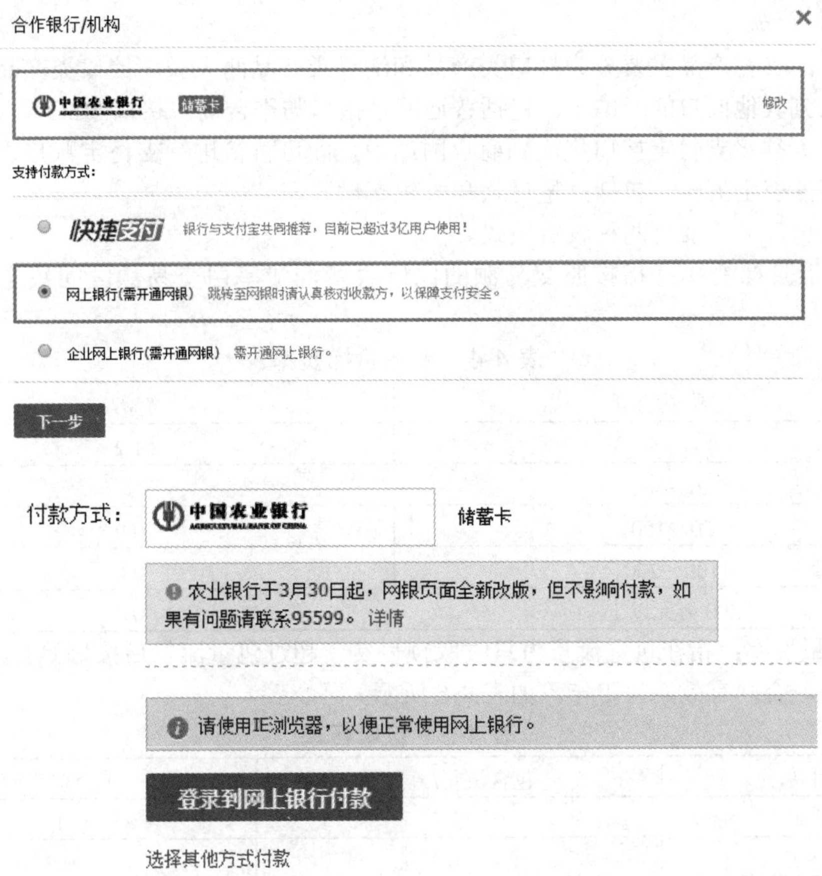

图 4-19　登录网上银行

4.2.2　支付宝盈利方式

目前，支付宝服务分为个人服务和商家服务两种类型。支付宝对个人用户提供的服务大部分是免费的，而对商家用户提供的服务基本都要收费。

扫一扫

【微思考】王女士的女儿在外省上大学，她每月都会通过支付宝的转账服务给女儿 500 元的生活费，这样既不用花时间去银行排队，也省去了异地转账的手续费。但从 2013 年 12 月 3 日开始，她就不能享受这种免费服务了，因为支付宝将对电脑端转账全面收费。请思考：支付宝以前能免费，为何现在不能？支付宝收费后，靠什么吸引用户？

除了针对个人用户逐步推出的收费服务以外，支付宝主要的营业收入来源是面向商家的收费服务。支付宝向商家提供的收费服务有多种，具体有支付产品、行业解决方案、第三方服务以及其他业务等，每种服务的收费各不相同。

1．支付产品

支付宝的支付产品主要分为接口类产品和清算类产品两大类。接口类产品是指将支付宝接口集成到其他商户的网站中，包括普通网站接口与平台商户接口(B2C 或 C2C 模式)；清算类产品无须将支付宝接口集成到商户网站中，即可直接进行支付宝账户之间、支付宝与银行之间的资金流转，包括批量付款和大额支付等。

上述支付产品主要有两种收费模式。

(1) 单笔阶梯费率：指按照交易额的比例收费，费率由交易额区间决定，如表 4-4 所示。

表 4-4　单笔阶梯费率

交易额/万元	资费/%
0～6	1.2
6～50	1
50～100	0.9
100～200	0.8
200 万元以上	0.7

(2) 包量费率：指在包量流量内只收取预付费，超过包量流量后按每笔交易额的 1.2%收取服务费，合同有效期为 1 年，如表 4-5 所示。

表 4-5　包量费率

预付费/元	包含流量/万元	折合费率/%
600	6	1
1800	20	0.9
4600	45	0.8

2．行业解决方案

支付宝的行业解决方案是指针对航空、旅行、B2C、物流、保险以及公益性捐赠等行业需求而开发的个性化解决方案。例如，支付宝针对中小 B2C 商户推出了货到付款业务管理平台，商户可以通过该平台向指定的物流公司发送代收货款的请求，获得代收的货款与运费等资金，并获得发货回单。

支付宝的行业解决方案针对不同的行业与不同的服务合作模式会采用不同的收费标准，首先扣除相应的成本(包括与商户共同进行的营销推广成本)，然后形成最终的利润。

3．第三方服务

支付宝为商户搭建了第三方服务平台，进驻第三方服务平台的主要是域名、空间、主机、网站建设软件与系统、网站管理工具等互联网基础服务提供商，这些服务提供商将会为电子商务网站提供与“水电气”类似的基础服务。

4．其他业务

除了前面介绍的三种主要收费业务外，支付宝还有一些其他的盈利方式。

(1) 沉淀资金。

消费者使用支付宝进行网上购物时是实时付款，而支付宝支付给网店的货款则是按照周甚至月度结算。以平均结算周期为半个月计算，沉淀资金将高达 60 亿元以上，也就是说，随时都会有超过 60 亿元的资金供支付宝使用，单是这些资金的利息收入每年就超过 2 亿元人民币。而且随着电子商务的发展，网购规模不断扩大，可以预见支付宝能够使用的沉淀资金亦会随之增加。

(2) 服务佣金。

支付宝首先和银行签订协议，确定给银行缴纳的手续费率，然后在这个费率上加上毛利润，即为向客户收取的服务佣金。

(3) 广告收入。

支付宝主页上发布的广告包括横幅广告、按钮广告、插页广告等。总体来看，广告所占空间较少，布局设计较为合理，体现出内容简捷、可视性强、针对性强的特点。而且主页上也还有若干公益广告，可以让用户了解更多的技术行业信息。广告收入是支付宝的重要盈利来源之一。

(4) 金融增值服务。

支付宝提供多种收费的金融增值服务，主要涉及的领域如下：

- ✧ 转账服务，包括转账付款、AA 收款、担保收款、担保付款、团队收款、交房租、我要收款等。
- ✧ 快速提现服务。
- ✧ 缴费服务，包括交通罚款代办、话费卡转让等。
- ✧ 安全类产品，如短信校验服务，费用 0.6 元/月，单笔付款金额超过 500 元或每日累计付款超过 1000 元免费。
- ✧ 信用卡服务，包括信用卡分期付款、信用卡即时支付等。
- ✧ 国际支付服务，即允许用户使用在非中国大陆地区发行的信用卡、借记卡、预付卡或在非中国大陆地区开立的银行账户等进行支付的服务，包括中国香港 PPS、境外信用卡支付或境外信用卡快捷支付等。
- ✧ 支付宝推出的其他收费服务。

4.2.3　支付宝转账

许多人都有给别人转账的经历，如果每次都跑去银行柜台申请办理，或者通过网上银行转账，过程都比较烦琐，若是跨行转账，还会收取一定的手续费。下面将介绍如何使用支付宝进行手续费低且快速的银行转账。

1. 转账至自己银行卡

支付宝支持实时转出(提现)到自己的任意银行卡中(实际可支付额度以页面提示为准)，许多银行还支持在固定时间段内两小时到账，具体操作如下：

(1) 登录支付宝账户，单击账户首页中的【转出(提现)】链接，在出现的【提取余额到银行卡】页面中，单击【添加银行卡】链接，如图 4-20 所示。

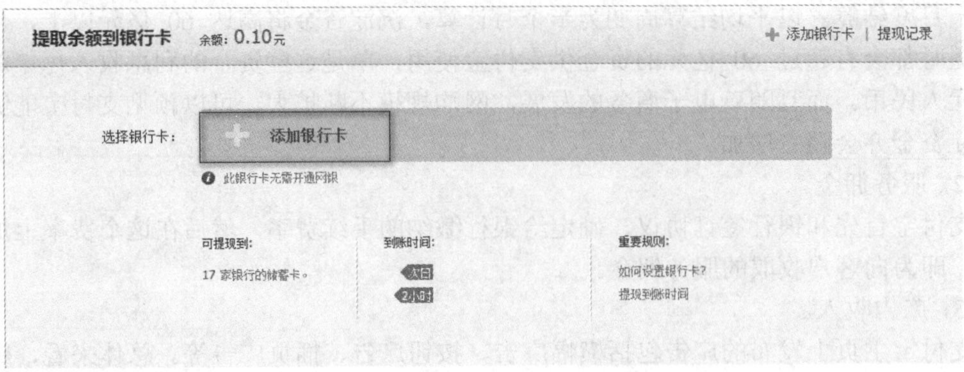

图 4-20　添加提现银行卡

(2) 在【添加新银行卡】页面中，选择需要添加的提现银行卡所属银行，然后单击【下一步】按钮，如图 4-21 所示。

图 4-21　选择提现银行卡所属银行

(3) 参考图 4-11～图 4-13 所示步骤，添加提现银行卡，并开通快捷支付功能。之后返回【提取余额到银行卡】页面，选择刚才添加的提现银行卡，输入提取金额，然后单击【下一步】按钮，如图 4-22 所示。

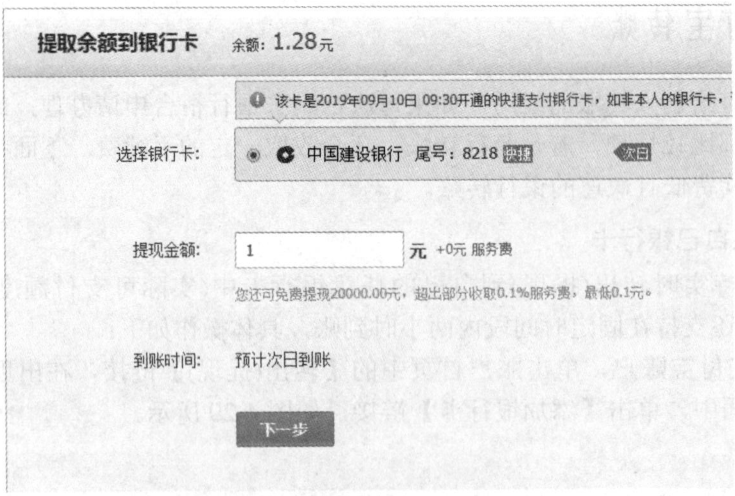

图 4-22　选择提现银行卡和提现金额

(4) 在出现的【确认提现信息】页面中，输入支付密码，然后单击【确认提现】按钮，如图 4-23 所示。

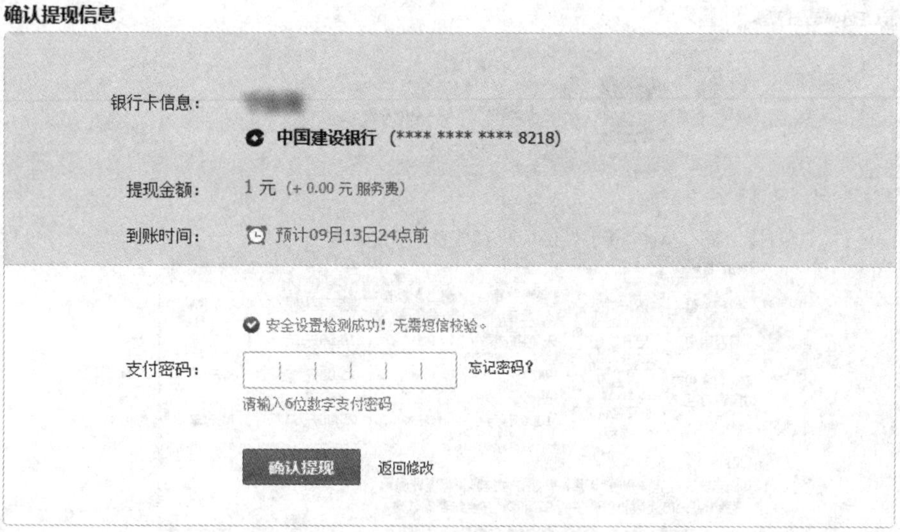

图 4-23　确认提现操作

这样，提现操作就完成了，会出现提现申请已提交的页面，等待银行进行处理即可。

2．转账到支付宝账户

转账到支付宝账户是在交易双方相互信任的基础上，自愿通过支付宝给对方账户转款的行为。转账到支付宝账户属于即时到账转款，可以向一人转款，也可以向多人转款。

(1) 向一人转款。

登录支付宝账户，单击账户首页的【转账到支付宝】链接，在出现的【转账到支付宝】选项卡中的对应位置输入收款人、付款金额和付款说明信息，如图 4-24 所示。

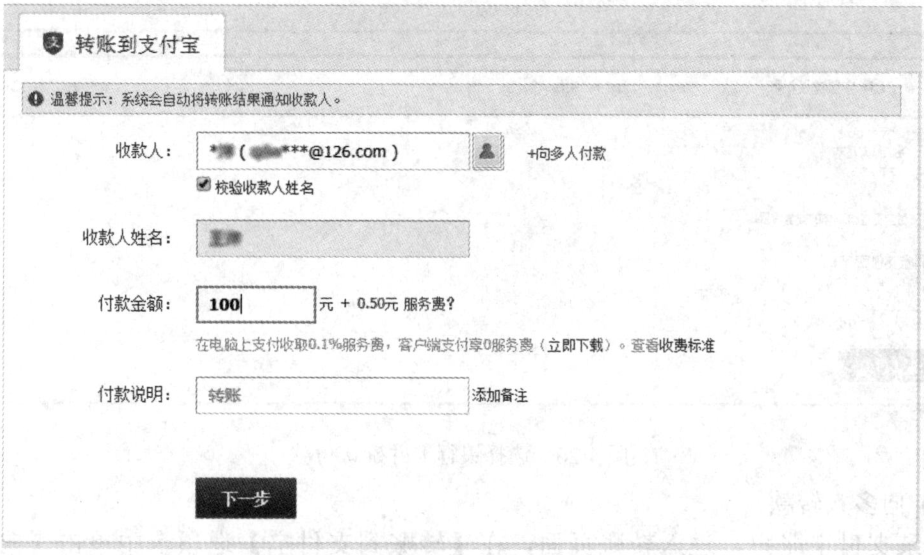

图 4-24　设置收款人与付款金额等信息

在打开的【确认您的转账信息】页面中，核对收款人、付款金额和付款说明是否有误，确认无误后，单击【确认信息并付款】按钮，如图 4-25 所示。

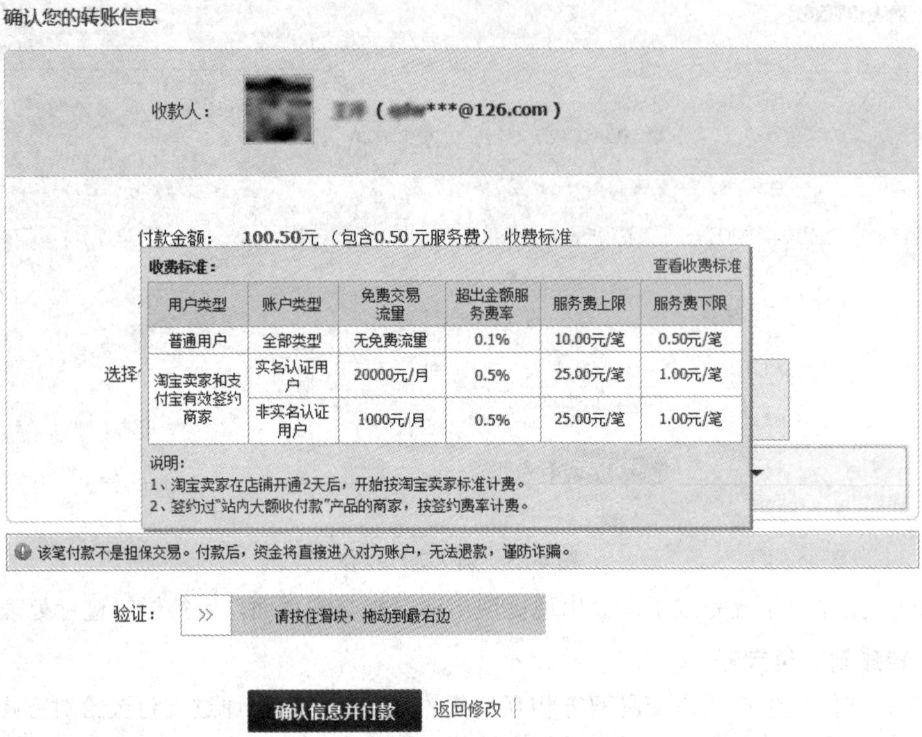

图 4-25　确认收款人与付款金额等信息

在打开的【付款-还款】页面中，选择支付方式，这里直接选择刚才添加的快捷支付银行卡，输入支付宝支付密码，单击【确认付款】按钮，即可完成付款操作，如图 4-26 所示。

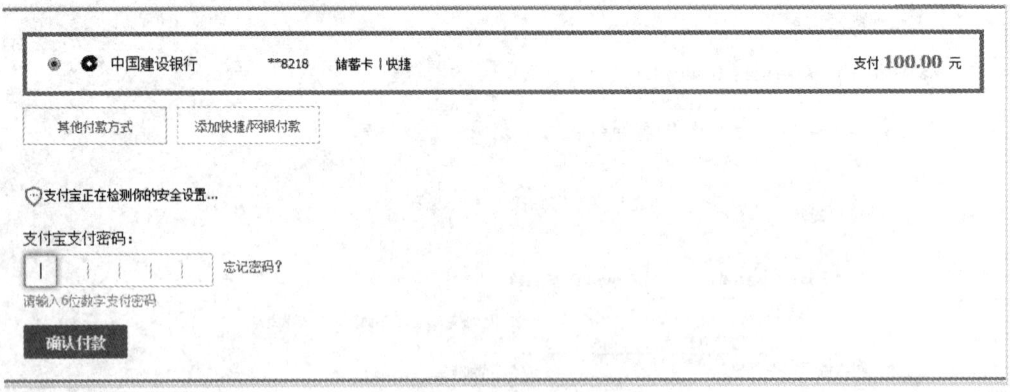

图 4-26　选择银行卡并确认付款

(2) 向多人转款。

登录支付宝账户，进入转账页面，在【转账到支付宝】选项卡中单击【向多人付款】，输入多个收款的支付宝账户信息，如需给多人转入等额款项，则单击【付款等额设置】按钮，如图 4-27 所示。

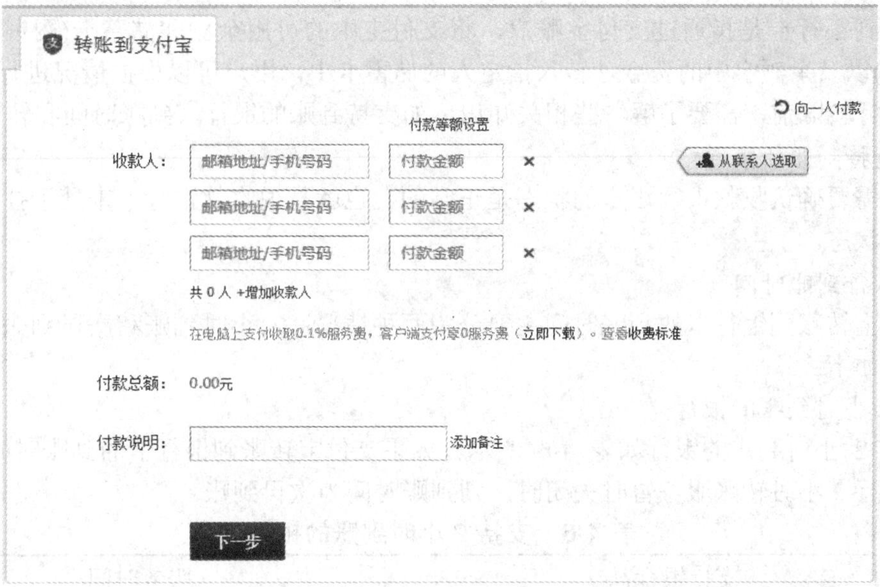

图 4-27　设置多个收款人

在打开的【等额设置】页面中输入转账金额，单击【确定】按钮，然后在页面中输入付款说明，单击【下一步】按钮，以向一人转账相同的方式完成付款，如图 4-28 所示。

图 4-28　设置付款金额

3．转账到银行卡

转账到银行卡是指通过支付宝账户，将支付宝中的可用余额和储蓄卡(网银、快捷方式或卡通)以及余额宝中的资金，转入指定人的储蓄卡中，用户可以根据情况进行选择。

在进行转账前，需要了解一些相关知识，如支持到账的银行、到账时间和转账限额。

1) 支持到账的银行

首先需要确认收款银行账户的状态是正常的，也就是说收款银行卡未处于挂失、冻结或注销的状态。

2) 银行到账时间

支付宝转账到银行卡的到账时间主要分为两种情况：2 小时到账和次日到账。各自适用的银行如下：

(1) 2 小时到账的银行。

支持 2 小时到账的银行如表 4-6 所示。如果支付宝转账到银行卡的到账时间为 2 小时，而银行 2 小时转账服务暂时关闭时，则到账时间为次日到账。

表 4-6　支持 2 小时到账的银行

支持银行	服务时间
农业银行	00:00-24:00
建设银行	00:00-24:00
中国银行	04:00-21:00
交通银行	00:00-24:00
兴业银行	00:00-24:00
杭州银行	00:00-24:00
浦发银行	00:00-24:00
广发银行	00:00-24:00
中信银行	00:00-24:00
民生银行	00:00-24:00
上海银行	00:00-24:00
宁波银行	00:00-24:00
光大银行	00:00-24:00
招商银行	00:00-24:00
工商银行	00:00-24:00
邮储银行	00:00-24:00
平安银行	00:00-24:00
华夏银行	00:00-24:00
网商银行	00:00-24:00

(2) 次日到账的银行。

次日到账的服务时间是 00:00～23:59，而到账时间为次日 24 点前到账，目前大部分银行都支持次日到账。次日到账的具体时间是根据系统处理时效来确定的，会有快慢之分。常见的次日到账的银行如表 4-7 所示。

表 4-7　支持次日到账的常见的部分银行

中国银行	工商银行	建设银行	农业银行	招商银行
民生银行	华夏银行	兴业银行	邮储银行	光大银行
广发银行	交通银行	平安银行	北京银行	成都银行
上海银行	中信银行	厦门银行	青岛银行	青海银行
重庆银行	河北银行	烟台银行	邯郸银行	渤海银行
广州银行	鄞州银行	包商银行		

3) 转账到银行卡的限额

支付宝账户转账到银行卡有转账额度限制，不同支付方式的额度也不同，如表 4-8 所示。

表 4-8　转账到银行卡的额度限制

支付方式	电脑端限额	无线端限额
余额	单笔 5 万元、单日 20 万元、单月 20 万元	单笔 5 万元、单日 20 万元、单月 20 万元
余额宝	不支持	无限额
储蓄卡快捷	见表 4-9 所示	见表 4-9 所示
储蓄卡卡通	有证书：最大为每家银行卡通本身的支付额度	具体以收银台显示额度为准
	无证书：不支持，收银台页面不显示账户中绑定的卡通	
	具体以收银台显示额度为准	
储蓄卡网银	不支持	不支持

其中，各银行内部的储蓄卡快捷支付(电脑端、无线端)和储蓄卡卡通无线端的限额也不同，如表 4-9 所示。

表 4-9　储蓄卡快捷支付和储蓄卡卡通无线端限额总表

行	额度
中国银行	单笔 3 万、单日 5 万、单月 31 万
农业银行	单笔 3 万、单日 5 万、单月 60 万
交通银行	单笔 1 万、单日 1 万、单月 10 万
建设银行	单笔 3 万，单日 5 万，单月 30 万
平安银行	单笔 5 万、单日 5 万、单月无限额
中信银行	单笔 5 万、单日 5 万、单月无限额
光大银行	单笔 10 万、单日 10 万、单月无限额
浦发银行	单笔 50 万、单日 50 万、单月无限额
招商银行	单笔 5 万、单日 5 万、单月无限额
广发银行	单笔 3 万、单日 3 万、单月无限额
邮储银行	单笔 3 万、单日 5 万、单月 30 万
民生银行	单笔 5 万、单日 5 万、单月无限额
兴业银行	单笔 10 万、单日 10 万、单月无限额
华夏银行	单笔 50 万、单日 50 万、单月无限额
上海银行	单笔 5 万、单日 5 万、单月 10 万
网商银行	50 万/日、500 万/年，具体请以页面提示为准
甘肃银行	单笔 5 万、单日 5 万、单月无限额
武汉农村商业银行	单笔 2 万、单日 5 万、单月无限额
宁波银行	单笔 10 万、单日 10 万、单月无限额
各城市商业银行	以收银台显示额度为准
	若支付时收银台页面无限额提示，超限后会进行提示

了解上述信息以后，即可通过支付宝向银行卡转账，具体操作如下：

在支付宝账户首页的【生活服务】栏目中，单击【转账到银行卡】选项卡中【收款方】下拉列表后面的下拉按钮，选择收款银行卡所属银行，这里选择【青岛银行】，如图 4-29 所示。

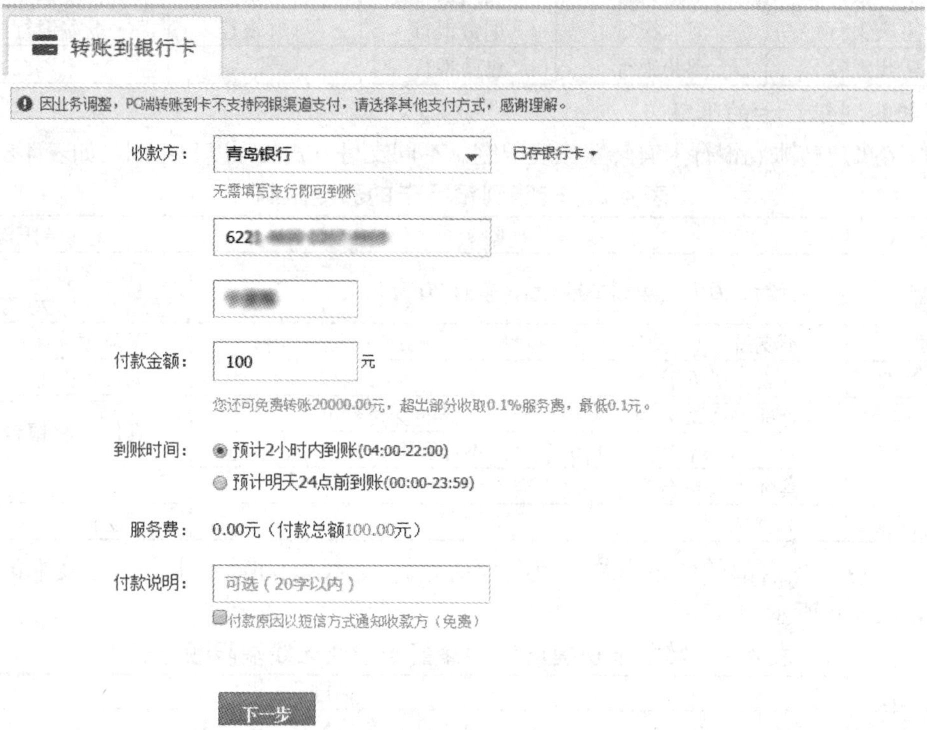

图 4-29　选择收款银行卡所属银行

在打开的页面中，依次输入银行卡号、开户人姓名、付款金额和付款说明信息，单击【下一步】按钮。在打开的【确认您的付款信息】页面中，核对对方银行信息、付款总额、到款时间和付款说明，确认无误后，单击【确认信息并付款】按钮，如图 4-30 所示。

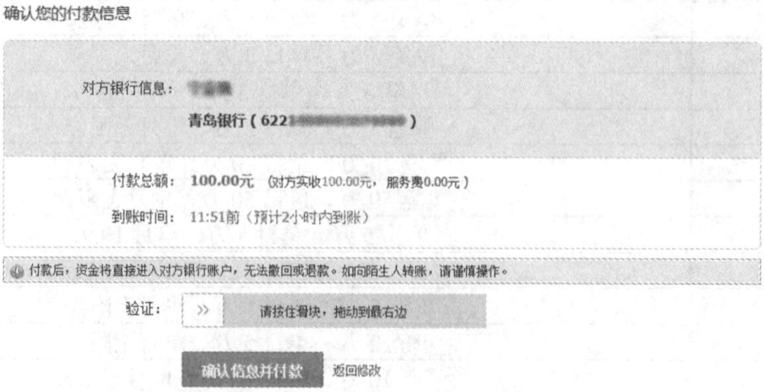

图 4-30　填写对方银行信息和付款金额

参考图 4-26 所示，在打开的【我的收银台】页面中，选择付款方式，这里选择储蓄卡快捷支付方式，在出现的页面中输入支付宝支付密码，单击【确认付款】按钮，即可完成转账到银行卡的操作。

4.2.4　支付宝快速还款

使用支付宝不仅可以实现便捷转账，而且还能帮助用户为各种借款业务快速划款，如信用卡还款、助学贷款还款、天猫与花呗分期还款等。

1. 信用卡还款

信用卡还款是支付宝公司推出的在线还款服务，用户可以使用支付宝账户中的可用余额、快捷支付和网上银行，轻松实现跨行、跨区域为自己和他人的信用卡还款，简要操作如下：

单击支付宝账户首页导航栏的【应用中心】链接，在打开的页面中单击【信用卡还款】按钮，在打开的【信用卡还款】页面中，依次设置需还款的信用卡发卡银行、卡号以及还款金额，然后单击【提交还款申请】按钮，如图 4-31 所示。然后进入付款页面，参考图 4-26 所示，选择支付方式，完成还款。

图 4-31　设置需还款的信用卡信息

提示：为他人还款时，只需在【信用卡还款】页面中单击【为他人还款】链接，即可对他人需还款的信用卡进行设置，但此时不仅需要设置他人信用卡的发卡银行、卡号和还款金额，还需要输入持卡人姓名，并选择付款终端。

2. 国家开发银行助学贷款还款

支付宝已与国家开发银行签署《国家开发银行助学贷款支付结算合同》，将支付宝网上支付平台作为国家开发银行的助学贷款项目的新通道，从而为学生贷款提供更便捷的服务。

在支付宝账户生活服务首页中，单击【教育公益】栏中的【助学贷款还款】超链接，在打开的【助学贷款还款】页面中，单击【我要还款】按钮，依次输入借款人的支付宝账户、身份证号和验证码，然后单击【查询还款信息】按钮，如图 4-32 所示。

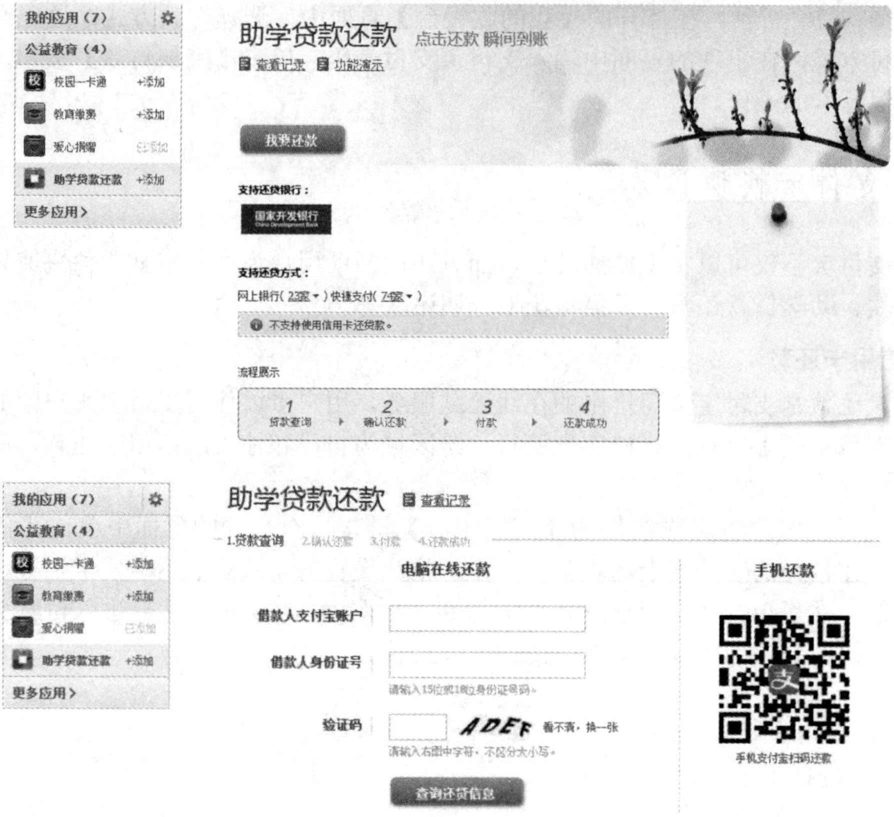

图 4-32　助学贷款还款

在随后打开的页面中，核实助学贷款还款的信息，确认无误后，单击【下一步】按钮，然后参考图 4-26 所示，选择支付方式并输入支付密码，即可完成助学贷款的还款操作。

提示：为他人助学贷款还款时，只需在【助学贷款还款】页面中输入借款人在借款时所指定的支付宝账户和身份证，进行贷款查询，确认无误后，再进行支付即可。

3．蚂蚁花呗和蚂蚁借呗

1) 蚂蚁花呗

蚂蚁花呗是支付宝旗下蚂蚁微贷提供的新网购服务，允许消费者购物时无须立即付款，而是在确认收货后的次月 9 日或 10 日再还款。

蚂蚁花呗既是支付宝的一种支付方式，也是一种还款方式，它具有三个比较明显的特点：

(1) 当月买，下月再还款。淘宝交易时，除了部分淘宝旅行、充值和电影票等特定类目为确认收货后下月还款外，其他平台交易都是下单付款后下月还款。

(2) 分期购服务。在淘宝部分商家购物时，可使用花呗分期购服务来分期付款，买家需按商家设定的费率，承担指定费用。

(3) 还款方便。蚂蚁花呗支持使用快捷支付或其他支付方式自动还款。

在使用蚂蚁花呗分期还款时，需要注意两个重要日期：

(1) 账单日。账单日是蚂蚁花呗的出账日期，账单即当月应还账单(汇总消费明细和费用明细)。

(2) 还款日。还款日是蚂蚁花呗在协议上约定的最后还款时间，若超过该日期还款，则收取一定的逾期费用，且可能对个人征信有影响。

开通蚂蚁花呗的具体操作如下：

进入支付宝移动端首页，点击【花呗】图标，在打开的页面中单击【开通蚂蚁花呗】按钮。进入【身份验证】页面，输入支付密码，单击【下一步】按钮，即可完成花呗开通，在打开的页面中可查看花呗信用额度，如图 4-33 所示。

图 4-33　开通蚂蚁花呗

知识链接

花呗分期付款可选期数为 4 期、6 期、9 期和 12 期，对应的费率分别为 2.5%、4.5%、6.5%和 8.8%。

花呗提供了免息分期购的服务，只要是在分期购中购买到的商品都可以享受免息分期的活动，比如 3 期免息和 9 期免息等。

用户在使用花呗消费时需要注意，不管是选择分期付款还是全额付款，都要按照规定按时还款，逾期还款会产生相应的逾期利息，逾期利息按当期末未还金额的 0.05%按日计息。

2) 蚂蚁借呗

当支付宝用户急需用钱时，可以通过支付宝旗下的蚂蚁借呗借钱。开通蚂蚁借呗功能需要满足以下条件：

(1) 支付宝账户需完成实名认证。

(2) 支付宝账号状态正常，未被申诉。

(3) 支付宝账号已经绑定个人手机号码。

用户蚂蚁借呗的可贷额度与芝麻信用有关。通常情况下，芝麻信用分越高，可贷额度便越高，下面简单介绍如何开通蚂蚁借呗。

进入支付宝移动端首页，单击底部导航栏中的【我的】图标，在出现的页面中单击【借呗】按钮，在打开的页面中单击【同意协议并借钱】按钮，然后按照提示完成开通即可，如图 4-34 所示。

图 4-34　开通借呗

在蚂蚁借呗中申请贷款后，资金到账的时间很快，通常 4 分钟内即可到账，到账时会有短信通知，同时用户也可进入支付宝账户中查看贷款记录。

蚂蚁借呗采用的是等额本金还款方式，每月会自动从支付宝账户中扣款。当然，用户也可以提前还款。自动扣款的还款日为申请日的前一天，由于 2 月只有 28 天或 29 天，如果第一次是在 30 日、31 日和 1 日申请的贷款，还款日会统一为 28 日。如果用户逾期还款，则会产生以下影响：

(1) 逾期记录会记录在芝麻信用中，并且会影响个人信用记录。

(2) 会对用户收取 1.5 倍正常利率的罚息。

(3) 系统会自动从账户中扣款并催收。

4．芝麻信用

芝麻信用是对支付宝用户个人信用的综合评价，能够为用户在消费信贷、出行和住宿等场景享受服务或产品时提供信用评价。商家则可以通过芝麻信用了解用户的信用状况，以此为依据提供各种服务。

进入支付宝移动端首页，单击【芝麻信用】图标，即可进入芝麻信用首页查看个人的芝麻信用分，如图 4-35 所示。

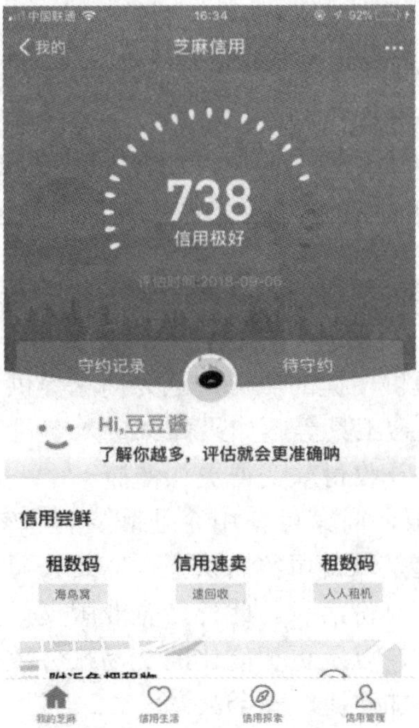

图 4-35　芝麻信用分

每一位用户的芝麻信用分都是不同的，这是因为芝麻信用是由 5 个维度综合评估而来，而每位用户在这 5 个维度所发生的行为也是不同的。芝麻评分 5 维度所包括的内容如图 4-36 所示。

图 4-36　芝麻信用分维度

✧　身份特质：基本信息的真实性以及学历、职业等。

✧　履约能力：综合资产信息判断客户履约能力，如社保公积金的缴纳及不动产。

✧　信用历史：过往的还款记录及信用账户历史。

✧　人脉关系：以授信用户为中心辐射出的社交信息。

✧　行为偏好：用户购物、缴费、转账等活动体现出的行为特点及稳定性。

如果用户拥有较高的芝麻信用分，可以使自己获得更优质的金融和生活服务，如免押金租车、消费分期、酒店先住后付和在金融机构获得快速放贷等。因此，获得较高的芝麻信用分无疑能为用户带来很多好处。

芝麻信用分是动态的，而不是一成不变的。用户可通过个人努力来提高信用分，具体做法如下：

(1) 在日常生活中适度进行消费并按时还款，避免过度消费，养成良好的信用习惯。

(2) 及时偿还信用卡账单并缴纳水电气费等。

(3) 适度进行互联网消费和线下支付，比如网上订餐或在超市购物时使用支付宝支付等。

(4) 完成芝麻信用中的芝麻任务也可以提高芝麻信用分。

4.2.5 商户接入支付宝

支付宝不仅为个人用户提供便捷的服务，也为商家提供了许多实用的工具，比如无线收款工具、PC 收款工具和付款工具等。如果商家接入支付宝，可以获得支付宝提供的这些实用工具和广大用户资源，让收付款变得更加便捷。

支付宝有个人版和企业版，商家可使用企业版支付宝获得支付宝提供的各项商家服务。一般来说，企业版支付宝是以公司实名认证，需要公司相关证件；而个人版是以个人名字实名认证，提供的是个人身份信息。此外，企业版支付宝还增加了交易管理、财务管理、批量资金结算服务等功能，以及更智能化的交易账务数据下载、批量收付款、语音支付等服务，让支付宝的使用更加便捷、安全。

1．注册企业版支付宝账户

(1) 商家要使用企业版支付宝，首先需要注册一个支付宝企业账户：进入支付宝企业版网址 https://enterpriseportal.alipay.com/，单击【免费注册】按钮，在打开的页面中选择【企业账户】，然后输入账户名(电子邮箱)，单击【下一步】按钮，如图 4-37 所示。

图 4-37　填写企业账户信息

(2) 在出现的【验证手机】页面中输入手机号，单击【点此免费获取】按钮，输入获取的手机短信检验码，然后单击【下一步】按钮，如图 4-38 所示。

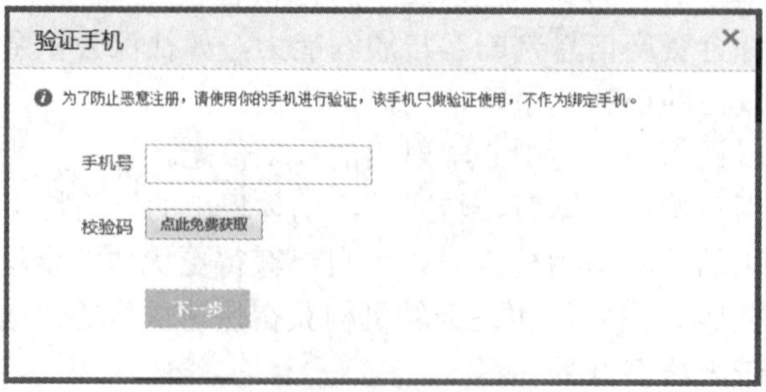

图 4-38　验证手机

(3) 在打开的【验证账户名】页面中单击【立即查收邮件】按钮，会自动跳转至接收验证邮件的邮箱中，如图 4-39 所示。

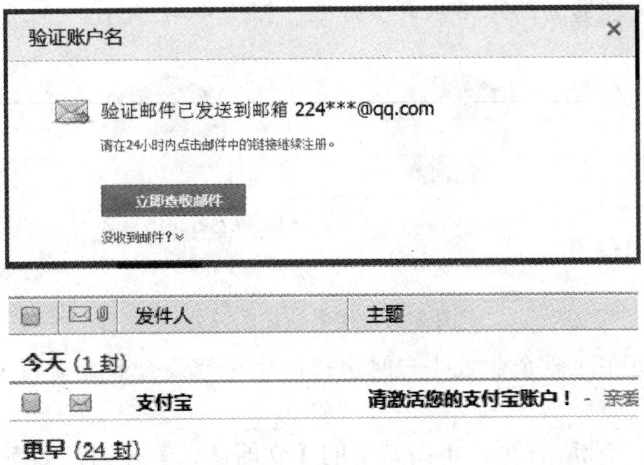

图 4-39　验证并激活账户

(4) 打开接收到的验证邮件，单击邮件内容中的【继续注册】按钮，在打开的页面中单击【继续访问】按钮，进入账户信息设置页面，在其中设置登录密码、支付密码和安全保护问题，然后单击【下一步】按钮，如图 4-40 所示。

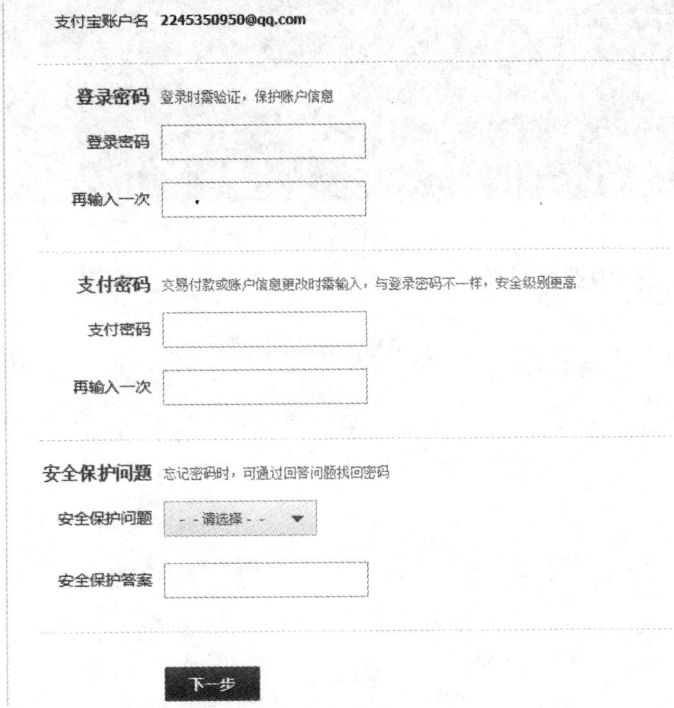

图 4-40　设置账户信息

以上操作完成后，支付宝企业账户就注册成功了，可登录账户查看企业版支付宝的各种商家服务。

2．进行商家实名认证

企业单位、事业单位、社会团体、民办非企业单位、党政及国家机关等单位需要申请实名认证，实名认证能够为商家带来许多好处，如图 4-41 所示。

图 4-41　实名认证的好处

申请实名认证可在注册企业版账户时进行，也可登录企业版支付宝账户后再进行，申请操作如下：

(1) 登录支付宝企业版首页，单击其中的【立即认证】按钮，如图 4-42 所示。

图 4-42　支付宝实名认证入口

(2) 在出现的页面中选择单位类型，然后单击【下一步】按钮，如图 4-43 所示。

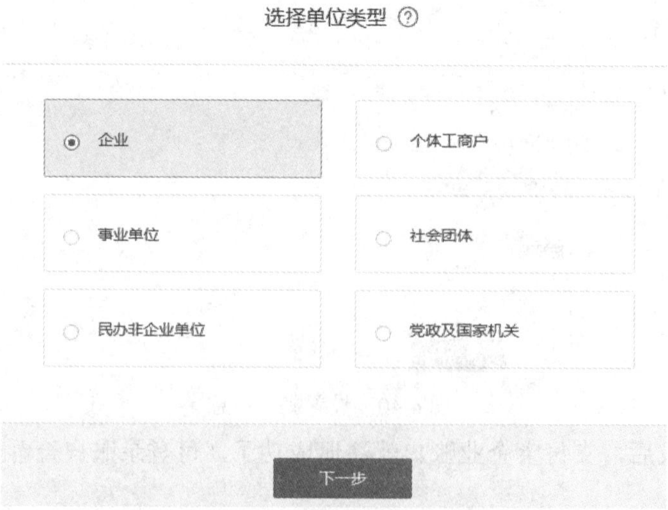

图 4-43　选择单位类型

(3) 在打开的基本信息填写页面中，填写企业证件、法定代表人证件等信息，并上传企业法人营业执照、组织机构代码证及法定代表人证件照片，然后单击【下一步】按钮，如图 4-44 所示。

图 4-44　填写实名认证基本信息

(4) 在打开的银行卡信息填写页面中选择开户银行，输入对公银行账号，然后单击【下一步】按钮，如图 4-45 所示。

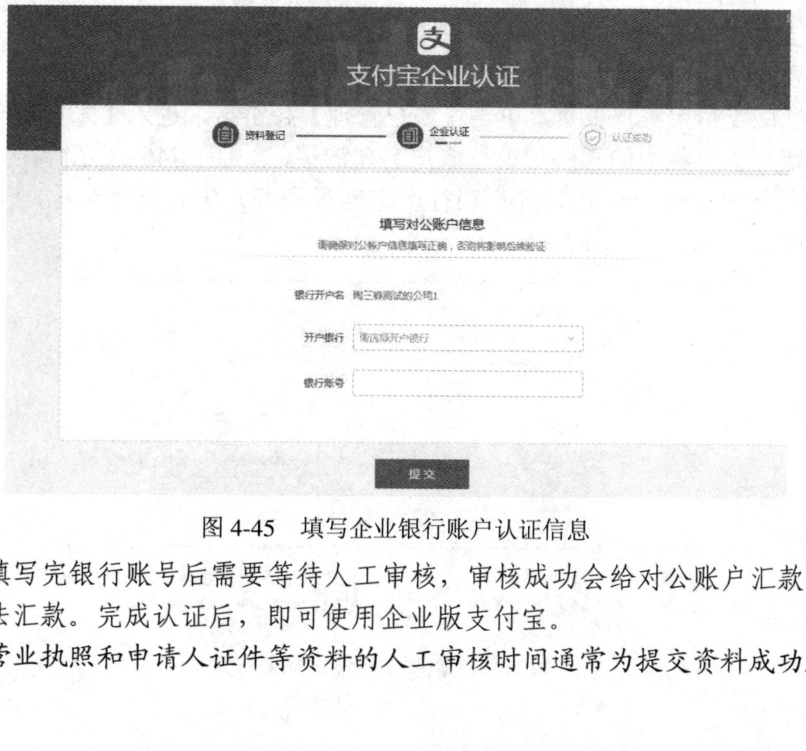

图 4-45　填写企业银行账户认证信息

注意：填写完银行账号后需要等待人工审核，审核成功会给对公账户汇款，如果审核未成功则无法汇款。完成认证后，即可使用企业版支付宝。

提示：营业执照和申请人证件等资料的人工审核时间通常为提交资料成功后的 24 小

时，银行打款到账时间为申请提交(含)的第二天，其中中国邮政储蓄银行为申请提交(含)2个工作日。

要点提示

注册前需要准备以下资料，注意所有影印件必须为彩色原件的扫描件或数码照：

✧ 营业执照影印件。

✧ 对公银行账户，可以是基本户或一般户。

✧ 法定代表人的身份证影印件。

如果你是代理人，除以上资料，还需准备：

✧ 你的身份证影印件。

✧ 企业委托书，必须盖有公司公章或者财务专用章，不能是合同/业务专用章。

3. 管理企业版支付宝账户

企业版支付宝账户和个人版支付宝账户都需要进行管理，这里介绍一下如何管理企业版支付宝账户。

(1) 查看账户基本信息。

想要查看企业支付宝账户的基本信息，可以登录企业版支付宝账户首页，单击【账户管理】超链接，在打开的页面中即可查看账户余额、日收支和月收支的情况。

在企业版支付宝账户中创建管理员账号，即可开启企业账户的人员管理功能，开启步骤如下：

在【账户基本信息】页面中，单击【开启人员管理】超链接，在打开的【提示】对话框中选择【阅读并同意】，然后单击【创建管理员账号】按钮，按照页面提示完成操作即可。

(2) 管理银行卡。

企业版支付宝账户也可以对银行卡进行管理，包括添加银行卡和转入/转出资金等操作，下面简要介绍如何为企业支付宝账户添加银行卡：

登录企业版支付宝账户首页，单击【账户管理】超链接，进入【账户管理】页面后，单击【银行账户】一栏中的【添加银行账户】超链接，如图 4-46 所示。在打开的页面中填写提现银行账号、开户银行、开户银行所在地区和开户银行支行名称，然后单击【确定】按钮即可。

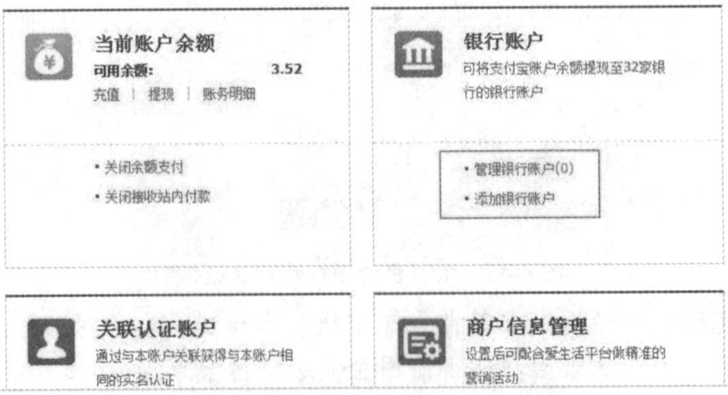

图 4-46　管理企业支付宝提现银行账户

4．商户签约支付宝产品

支付宝为不同需求的商家提供了不同的产品，包括收款、清算和其他增值服务等，很多产品都可以进行自主签约，基本步骤如下。

1) 签约前要做的准备

商家签约支付宝提供的产品时要提交一些资料，对自建网站或是通过手机客户端申请接口合同的商户来说，需满足的申请条件如下：

(1) 支付宝账户已完成银行卡绑定和实名认证。

(2) 提供能够反映主营业务的门头照片和内景照片各一张。

(3) 提供公司营业执照。

(4) 如果是从事餐饮行业的商户，需要提供餐饮服务许可证。

2) 填写并提交签约申请

自建网站的商户在签约时需要提交申请表单，在填写表单时需要注意以下事项，以确保签约能够成功：

(1) 使用 IE 浏览器申请提交。

(2) 在申请时确保公司网站已建成，并能够正常打开，有真实的产品展现。

(3) 在填写信息时(比如网站信息和联系信息)，要确保信息填写正确。

提交签约申请后并不能马上签约成功，需要等待支付宝的审核。通常情况下，接口订单审核时间为 5 个工作日内。

3) 进行服务产品签约

登录企业版支付宝账户首页，单击【商家服务】超链接，在打开的页面中选择要签约的产品，按照业务流程完成签约。签约订单提交后，支付宝会在 5 个工作日内进行审核，审核通过后会进入下一待集成环节。

申请完成后，用户可以单击支付宝账户首页中的【产品中心】链接，进入【我的产品】页面中查看所有已申请成功的服务产品，如图 4-47 所示。

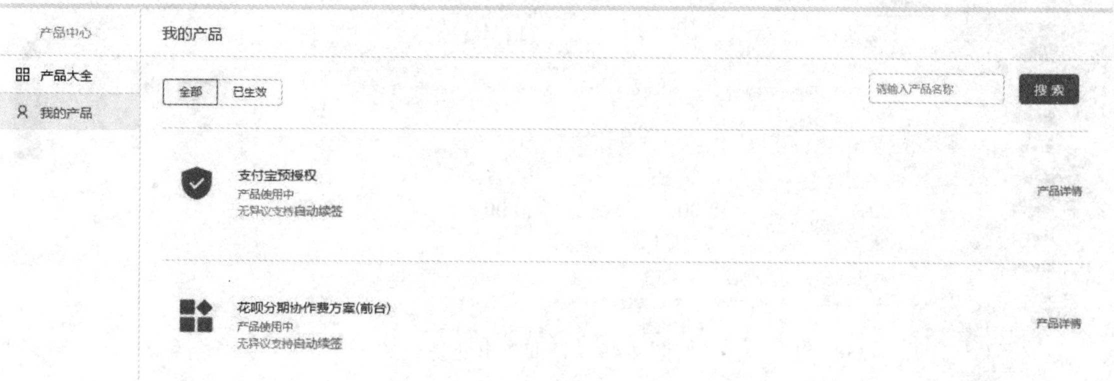

图 4-47　查看已生效的服务产品

5. 查询买卖交易

商户接入支付宝后，可以查询支付宝中进行的每一笔交易，以了解交易情况。

商户如果要查询买入的交易情况，可以在【买入交易】页面中通过搜索的方式来查询最近 18 个月的买入交易信息，它能够帮助商户分析不同时间段买入交易数量的多少。具体操作如下：

单击企业版支付宝账户首页中的【交易】超链接，在打开的页面中，单击【买入交易】项目，在出现的页面上方选择交易查询的起止日期，然后单击【搜索】按钮即可，如图 4-48 所示。

图 4-48　查询买入交易

支付宝企业版除了可以查询买入交易的数据，也可以查询卖出交易的数据，只需单击【卖出交易】项目，在页面上方进行条件筛选，然后单击【搜索】按钮即可，如图 4-49 所示。

图 4-49　查询卖出交易

4.2.6　担保交易与即时交易

通过支付宝进行的交易主要有担保交易和即时到账交易两种方式。可通过查看图标的方法来区别这两种交易方式，如图 4-50 所示。

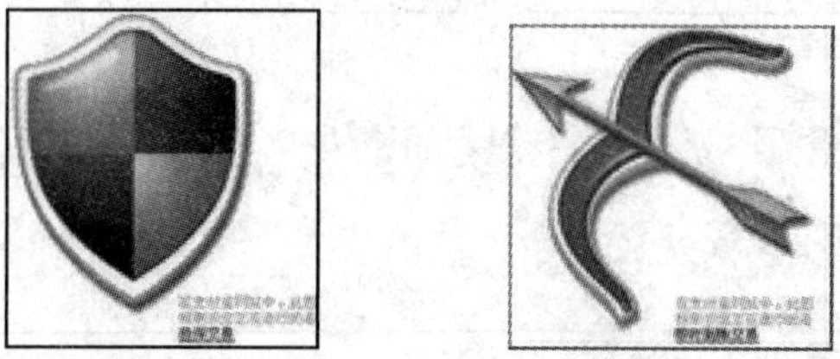

担保交易　　　　即时到账交易

图 4-50　两种支付宝交易类型的图标

许多喜欢在淘宝购物的消费者会将即时到账的转账付款理解为担保交易，但两者其实存在本质上的区别：

(1) 担保交易。消费者需要先付款到支付宝，收货并满意后，可以在规定的时间内确认收货，或者超出规定时间后由支付宝直接打款给卖家，流程如图 4-51 所示。

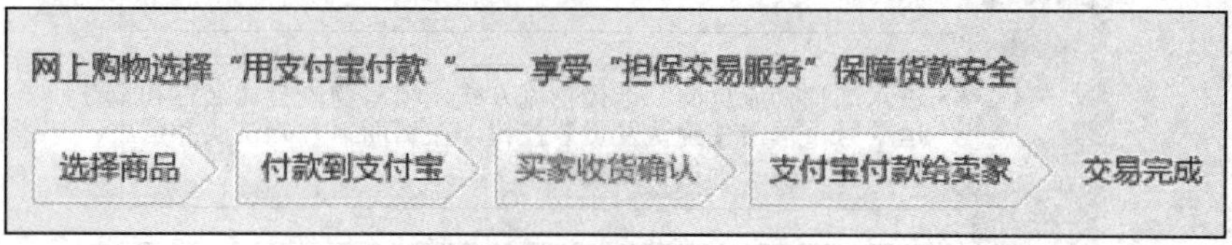

图 4-51　担保交易流程

(2) 即时到账交易。向他人转账时，操作成功后资金会立即打到对方的账户中，实时到账，没有确认收货的环节，因此消费者需要谨慎操作。

在转账之前，一定要确认对方的支付宝账户，避免打错账户，因为一旦转错账户，将无法撤销打款，但可以尝试给对方留言，或者按照打款账户预留信息(电话或电子邮件)联系对方协商处理。

使用电脑端登录支付宝账户(www.alipay.com)，单击支付宝账户首页中的【交易记录】链接，然后单击交易记录条目中的【详情】按钮，即可查看交易记录详情。交易记录详情中的图标若为盾牌标志，则为担保交易；若为箭头标志，则为即时到账交易，如图 4-52 所示。

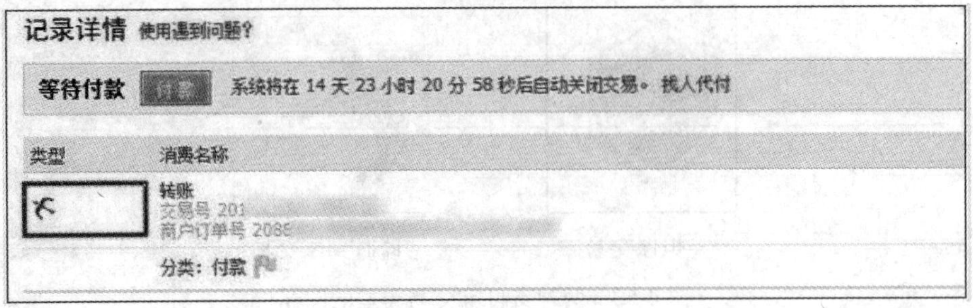

图 4-52　查看交易记录详情

担保交易发货的具体流程如图 4-53 所示。

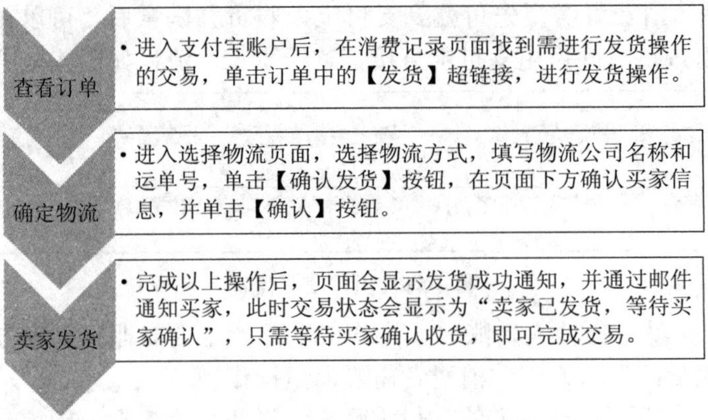

图 4-53　担保交易发货流程

4.2.7　支付宝交易规则

下面简要介绍一下支付宝的交易规则及常用的纠纷解决方案。

1．支付宝交易规则

前面介绍的与交易有关的操作，都是在支付宝提供的平台上进行的，因此，商家需要遵循支付宝的交易规则，违反交易规则会给商家带来不良的影响。支付宝为了防范商户的欺诈行为，制定了一系列交易规则，其中涉及的反欺诈措施内容如下：

(1) 填写虚假的发货信息。如果商家填写虚假的发货信息，支付宝会建议淘宝网或其他网站给予卖家永久性的警告处罚，且卖家应对其后果承担全部责任。

(2) 提交虚假证明材料。商家若向支付宝提供虚假的证明材料，如身份证影印件、营业执照影印件和质量鉴定书等，当支付宝核实后，会对该商家账户内的资金进行冻结。

(3) 虚假交易。商家若创建虚假交易，支付宝会对该商家账户内的资金进行冻结，涉嫌犯罪的，会移交公安机关进行处理。

(4) 交易超时。支付宝针对交易超时的各种情况制定了一定的应对规则，部分内容如表 4-10 所示。

表 4-10　交易超时规则

交易状态	超 时 时 间	超时规则	超 时 提 醒
等待买家付款	自双方对交易内容达成一致，即买家创建交易或卖家最后修改交易条件之日起 7 天(例外情况：阿里巴巴网站上的交易自创建交易时或卖家最后修改交易条件起 15 天；淘宝网交易自创建交易时起 4 天；自动发货的商品，自创建交易期或卖家最后修改交易条款期起 24 小时)	买家逾期不付款，默认关闭交易(如果卖家修改交易价格，或买家操作过网银但没有付款成功，则会重新计算超时时间)	提前 4 天、1 天提醒
买家已付款，等待卖家发货	自支付宝收到买家付款起 24 小时(例外情况：淘宝网上的交易自付款之时起即可申请退款)	卖家如果不发货，买家可以申请退款	打开买家退款入口，无提醒

2．交易纠纷解决

商户在使用支付宝的过程中会遇到交易纠纷，比如无法选择物流公司、交易超时和买家申请退款等情况，面对这些纠纷难题，商户可采取以下的解决方案应对：

(1) 买家收货后不确认。当遇到买家购买并收到货后不确认收货的情况，商家可通过留言或者电话提醒的方式告知买家，若联系不上买家可等待交易超时后，通过系统自动代买家完成付款。

(2) 未发货前买家申请退款。商家未进行发货操作时，买家申请退款，这时商家可联系买家询问是否还需要货物，若不需要可登录支付宝完成退款操作。

(3) 货物在运输过程中受损。如果货物在运输过程中受损，商家可以联系买家和承运商，要求承运商赔偿，并告知买家在确认收货前验收货物，以避免造成不必要的麻烦。

(4) 货物签收人不是本人，买家说没收到货。若是收货人不能亲自签收而是委托第三方签收，此时第三方应当提供收货人的授权，即出示收货人和第三方本人的身份证。不属于第三方签收的，商家需与承运商沟通，由承运商出具快件合法进行签收的相应凭证，将凭证提交给支付宝进行审核。

在出现交易纠纷时，提供有效凭证是让纠纷尽快得到解决的有效措施，因此，在交易过程中保管好各种凭证可防范纠纷的发生。交易过程中会用到的凭证主要有以下几种：

(1) 发货凭证。商家给买家寄出货物后会有发货单，商家要保管好发货单，在发货后将发货信息告知买家，并将快递单号和物流信息等截图保留。

(2) 签收凭证。签收凭证是处理买家未收到货而产生纠纷的重要凭证，商家可到承运商官方网站上查看物流记录并截图，或者向承运商要求提供签收凭证。

(3) 聊天记录。聊天记录也是处理纠纷的重要凭证，当遇到买卖双方已有约定，但是买家却不承认有约定而产生纠纷时，可提供聊天记录作为凭证。

4.3　第三方支付其他案例介绍

纵观中国第三方支付发展的十余年，第三方支付取得了令人瞩目的成就，产生了许多优秀的第三方支付平台，本节将对目前市场上占主流地位的第三方支付平台进行一个简要介绍。

4.3.1 银联在线支付

银联在线支付服务有限公司(ChinaPay)是中国银联旗下互联网业务的专营公司，也是中国首个具有金融级预授权担保交易功能，且全面支持所有类型银联卡的集成化、综合性网上支付平台。银联在线支付涵盖认证支付、快捷支付、小额支付、储蓄卡支付、网银支付等多种支付方式，可为用户境内外网上购物，水、电、燃气缴费，商旅预定，转账还款，基金申购，慈善捐款以及企业代收付等业务提供支付服务，如图 4-54 所示。

互联网业务	自助终端业务
• 网上支付 • 网上代付 • 网付宝 • 企业账户支付 • 银联通网上基金 • 跨行转账 • 国际汇入	• 水、电、燃气缴费 • 电话、宽带缴费 • 移动、联通手机缴费 • 银行卡转账业务 • 航空电子客票服务 • 慈善刷卡募捐 • 公交卡充值业务 • 信用卡还款业务

图 4-54　银联在线支付业务

经过数年的开拓发展，中国银联拥有了雄厚的技术开发力量和丰富的业务拓展经验，为网上银行购物、金融、民航、旅游、彩票、移动通信等行业领域提供了先进的支付系统解决方案，如表 4-11 所示。

表 4-11　银联在线支付系统解决方案

产品名称	功能概述	渠道支持	适用行业	指导报价(未含接入费、年费)
银行卡在线支付	个人银行卡在线实时支付	支持所有全国性商业银行及部分区域商业银行	航空、教育、通信、网购、网游、客运、彩票、演出票务、公共事业缴费	0.8%～1%
企业账户在线支付	企业账户在线大额、实时支付	工、农、建、招、浦发、交通、光大、微商、中行	企业内部资金归集、贸易平台买卖双方资金往来	20 元/笔
代付业务	企业批量代发款项	所有银行贷记卡(除邮政储蓄外)	保险理赔、代发工资及劳务费、彩票返奖	1.5 元～2 元/笔
代扣业务	借记卡批量扣款	工、农、建、招、交通、民生、兴业、平安、广大、中心、广发、东亚	保险上缴、通信行业话费扣除、资金归集	1 元～3 元/笔

4.3.2 财付通

财付通是中国最大的互联网综合服务提供商之一，是腾讯公司于 2005 年 9 月正式推出的专业在线支付平台，致力于为互联网用户和企业提供安全、便捷、专业的在线支付服务。支付行业是未来的宝藏行业，因此财付通的发展得到了腾讯公司巨大的资金财力支持。

财付通的核心业务是帮助在互联网上进行交易的双方完成支付和收款，其服务范围如图 4-55 所示。

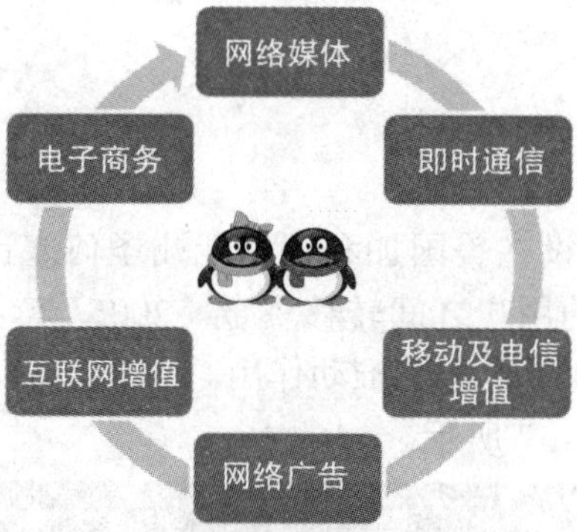

图 4-55　财付通的服务范围

目前，财付通的主要产品分为支付产品和服务产品两类。支付产品主要包括快捷支付、财付通余额支付、分期支付、委托代扣、epos 支付、微支付等；服务产品主要包括中介保护交易、即时到账交易、交易自动分账等 8 类。

4.3.3　快钱

上海快钱信息服务有限公司(以下简称快钱)是国内第一家提供基于电子邮件和手机号码的网上收付费平台的互联网企业，成立于 2005 年。2011 年 5 月获得央行颁发的第三方支付牌照，准许经营内容包括互联网支付、移动电话支付、固定电话支付、预付卡受理和银行卡收单业务，并获得基金牌照。

快钱的主要发展方向是为企业打造流动资金管理解决方案，核心特点是线上线下业务结合紧密，保险、零售连锁、直销为其优势领域。目前快钱的业务范围如图 4-56 所示。

图 4-56　快钱的业务范围

快钱产品和服务以其高度的安全性和严格的风险控制体系，深受业内专家和众多企业及消费者的好评。快钱在线支付平台采用了国际上最先进的应用服务器和数据库系统，支付信息的传输采用了 128 位 SSL 加密算法，整套安全体系完成了 PCI 安全标准委员会 PCI-SSC 的 PCI 数据安全标准 V1.2 的合规性评估，而美国 Oracle 公司、VerSigh 数字安全公司、McAfee 网络公司每天为快钱提供全面的安全服务，确保了数以亿计的交易资金往来安全。

4.3.4 PayPal

PayPal(贝宝)是一家总部设在美国加利福尼亚州圣何塞市的互联网服务商，主营业务为在使用电子邮件识别身份的用户之间转移资金。2005 年，PayPal 进入中国市场，对中国第三方支付平台的发展起到了巨大的推动作用。

PayPal 的账户首页如图 4-57 所示。

图 4-57　PayPal 页面

1．PayPal 基本定位

与国内的众多第三方支付供应商相同，PayPal 一贯把自己定位为网上用户与银行之间的中介方。在 PayPal 作为用户代理人处理网络支付相关事宜的时候，PayPal 的责任仅基于其在用户协议中的陈述和允诺，即以邮件形式履行经用户合法授权的付款通知和收款通知的义务。PayPal 并不保证买家和卖家之间是否真的全面履行完交易。当然作为代理人和资金管理人，PayPal 对用户的个人信息、账户的信息都具有一定的保密义务，并具有保证网络支付资金安全和顺畅的责任。

PayPal 对账户类型进行了细分，分为个人账户、高级个人账户和企业账户，并针对不同的账户类型收取不同的费用。在接受 PayPal 余额、PayPal 即时转账或 PayPal 电子支票付款的业务中，对个人账户采取免费的模式，对高级个人账户与企业账户的收费为 1.9%～2.9% + 0.3 美元。

2．PayPal 业务基本流程

从形式上看，PayPal 目前提供的基本模式是一种“基于电子邮件支付”的方式。但从本质上来看，PayPal 依然是一种基于其平台的虚拟银行账户的记账和转账系统。资金的转移是在付款人的银行账户、PayPal 账户以及收款人的账户之间进行，电子邮件只起到传递信息和通知作用，一般用户可使用 PayPal 通过以下步骤给商家付款：

(1) 付款人使用自己的电子邮件地址注册为 PayPal 账户，同时提供信用卡或者相关银行资料，并将一定数额的款项从其开户时登记的信用卡账户转移至 PayPal 账户下。

(2) 当付款人启动向商家付款的程序时，必须先进入 PayPal 账户，提供收款人的电子邮件账号给 PayPal，并指定汇出金额，如图 4-58～图 4-60 所示。

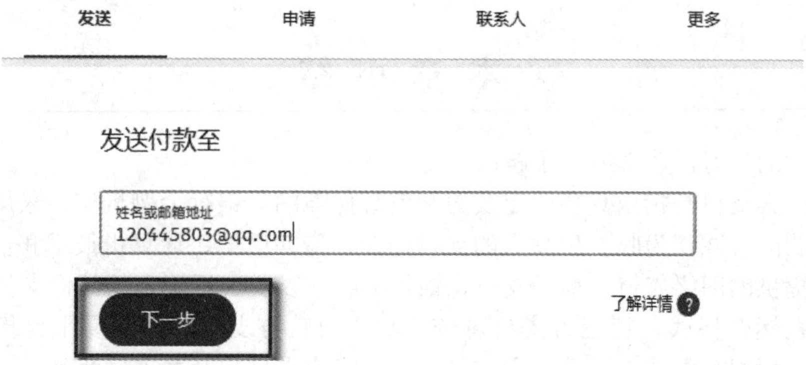

图 4-58　填写付款账号

图 4-59　填写付款金额

图 4-60　确认付款信息

提示：给收款人的消息最好全部留空，以免 PayPal 公司要求提供解释和凭证。

(3) PayPal 向商家或者收款人发出电子邮件，通知其有等待领取或转账的款项。

(4) 已经注册为 PayPal 用户的商家或者收款人对待收款进行确认后，付款人所指定款项即由 PayPal 转移给商家或收款人。

若商家或者收款人没有 PayPal 账户，收款人需要依照 PayPal 电子邮件内容的指示，点击链接进入相关网页，注册取得一个 PayPal 账户。收款人可以选择将取得的款项转换成支票邮寄到指定的地点、转入其个人的信用卡账户或者转入另一个银行账户。

PayPal 模式的特点在于：① 网络交易的收款人只需要将自己的电子邮件地址，即在 PayPal 上的用户名告知付款人，付款人就可以通过 PayPal 完成付款；② 付款人和收款人可以在两个不同的银行开户，也可以在两个相距甚远的国家或者地区的银行开户，只要他们都是 PayPal 的用户，就可以进行转账，从而减少跨行、跨地区甚至跨国之间的烦琐的转账操作。

本章小结

通过本章的学习，读者应当了解：

✧ 第三方支付是指由具备一定实力和信誉保障的非银行金融机构，采用与各大银行签约的方式作为收、付款人的支付中介，借助通信、计算机技术和信息安全技术所提供的网络支付、移动支付、银行卡收单以及央行确定的其他支付服务。

✧ 根据运营模式，第三方支付可分为独立第三方支付和有交易平台担保的支付两类；根据功能特点，第三方支付可分为账户支付与网关支付两类。

✧ 依据《非金融机构支付服务管理办法》规定，第三方支付企业也就是管理办法中界定的在收、付款人之间作为中介机构提供三类主要货币转移服务的企业，已被正式纳入央行的监管范围，需由中国人民银行依据《非金融机构支付服务管理办法》负责为其办理《支付业务许可证》牌照。

✧ 支付宝提供的服务分为个人服务和商家服务两种类型。支付宝对个人用户提供的服务大部分是免费的，而对商家用户提供的服务基本都要收费。

✧ 通过支付宝进行的交易主要有担保交易和即时到账交易两种方式。担保交易是指消费者需要先付款到支付宝，收货并满意后，可以在规定的时间内确认收货，或者超出规定时间后由支付宝直接打款给卖家；即时到账交易是指向他人转账时，操作成功后资金会立即打到对方的账户中，实时到账，没有确认收货的环节，因此消费者需要谨慎操作。

本章练习

一、简答题

1. 简述第三方支付和第三方支付平台的含义与区别。
2. 简述第三方支付模式分类。
3. 简述支付宝盈利方式。
4. 简述 PayPal 的基本定位。

二、案例分析

在中国银联业务管理委员会《2014 年上半年银行卡受理市场规范工作通报》中，银联一口气列举了支付受理市场 3 大项 9 条违规，涉及百余家银行和 40 多家支付机构。

“我们是收到了这份文件，但其中提出的部分问题，仍还有待商榷。”一家华北地区支付机构业务负责人说，银联发文指出的“违规”，的确在业内存在，但从银联的定位和支付市场的市场化两个角度来看，银联的一些说法和做法不尽合理。

银联作为国内唯一的提供银行卡清算的卡组织以及清算转接平台，毫无疑问是一家商业化的公司。银联是否有资格对其他商业化公司进行处罚，支付界对此颇有微词。

“我们请教过法律界人士，他们说，在国内，只有国家行政机关和国家执法机关，才能对商业公司行使处罚权”，中部地区一家第三方支付负责人说，不管银联对此的解释是“违规约束”，或是其他原因，这种做法都不具有法律意义。

就上述第三方支付机构对银联“违规约束”的吐槽，银联相关人士在接受证券时报记者采访时表示，“违规约束”是机构在加入银联网络时与银联达成的商业约定，而且费率标准是国家发改委拟定的，银联只是对各方应得的手续费进行还原。

“银联所谓的‘违规约束’文件，一般每季度、每半年都会发一次，算是行业常规内部文件”，上述支付机构业务负责人说，今年上半年违规机构及约束金额大幅增长，主要原因是 POS(销售点终端)机市场的高速发展。

该位负责人提供了一组数据：2012 年，全国仅有 POS 机 300 万台左右；2014 年，跃升至 1000 万台，增幅高达 3 倍之多。“我们不能只看到银联指出的违规现象，更应该看到第三方支付在收单受理环境建设方面发挥的重要作用”，该负责人说，国家一直要大力推广银行卡的普及和试用，但一个最重要的前提是受理环境的完善。

问题：

银联作为处罚主体地位是否成立？您怎么看待此事情？

本章能力拓展

通过以下案例，分别讨论第三方支付面临的三个问题。

1．第三方支付可以搜集大量的客户资料，这些资料是能够反映个体特征的、可识别性的符号系统，其中包括该用户的个人基本信息以及因从事网络活动而产生的相关信息和资料，如姓名、年龄、职业、个人文化程度、爱好、手机号码等信息，还有平时浏览网站和使用网络服务时所产生的相关记录等，这些个人信息有一定的商业价值，具备财产权和隐私权的双重属性。而网络第三方支付平台保有大量这样的客户个人资料，处于信息技术的优势地位，一旦信息资料泄露并为不法分子所利用，就有可能造成十分严重的经济损失。

思考：

(1) 如何在第三方支付中保障消费者的信息安全？

(2) 除了消费者信息安全问题，第三方支付还存在哪些问题？

2．在电子商务中，存在延时交付和延期清算的问题，大量在线交易前后暂存在平台里的资金和在线买卖双方的货款滞留于支付平台，就形成了沉淀资金。第三方支付沉淀资金的存在必定会带来诸多潜在的和现实的风险，具体包括以下几个方面：

第一，大量沉淀资金的集聚会使第三方支付平台的信用风险放大，第三方支付平台为电子商务提供了信用担保，来弥补“信用缺位”，但支付平台的信用却无人保证。沉淀资金量的增大，增加了其自身违法的可能性，如果得不到有效的监管，沉淀资金则有可能被侵占。然而在现行的法律中，并没有明确规定网上第三方支付平台自己的信用担保和评估问题。

第二，沉淀资金带来的利息归属问题的探讨。沉淀资金放在第三方支付平台在银行开立的账户中，自然会产生存款利息。伴随沉淀资金量的激增，利息的数值也随着扩大，这部分利息的归属权是第三方支付平台、用户，还是银行？现行法律中并没有做出明确规定。

第三，沉淀资金的风险管理。第三方支付平台如果私自挪用沉淀资金，又或者将沉淀资金与其自有资金混在一起，将会对用户资金的安全造成威胁。第三方支付平台能否拥有沉淀资金的使用权，又该怎样管理自由资金与沉淀资金，是现行法律需要明确规范的问题。

思考：

如何解决第三方支付平台资金的监管问题？

第 5 章　移动支付

本章目标

■ 掌握移动支付的含义、分类及应用场景

■ 掌握移动支付的产业链构成

■ 掌握移动支付的运营模式

■ 了解移动支付技术方案

■ 熟悉移动支付产品(微信支付)的主要支付方式

学习导航

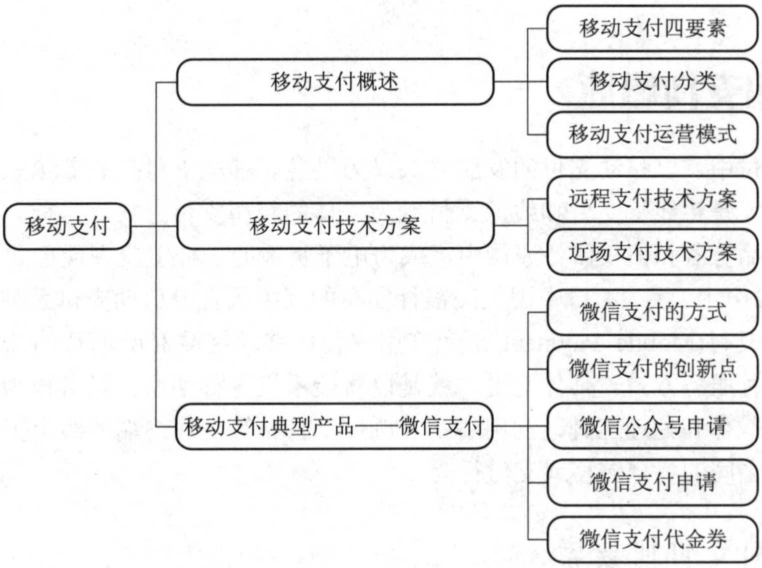

案例导入

购物消费、餐馆吃饭、打车出行、单车共享……大到连锁商超的买买买，小到早餐摊点的油条、豆浆，都可以扫二维码完成支付。不带钱包在中国已经被慢慢习惯。据工信部的统计数据，截至 2019 年第一季度，中国移动支付交易规模已超过 166 万亿元人民币。越来越多的人可以真正享受“一部手机行天下”的便利。

移动支付的便利离不开支付企业对支付方式的创新。一方面，以支付宝、微信支付为代表的企业发力账户端，大力推广线下的二维码支付；另一方面，以银联商务和拉卡拉为代表的企业则不断为多种支付方式统一受理端的收口，实现了“随时付，也能随时收”的便捷消费环境。账户端和受理端从而形成了完整的支付交易链条，进一步连接银联和网联所在的清算端，在合法合规的前提下分工协作、优势互补，推动整个支付行业的发展。

移动支付根植于中国的经济体量和民众活跃的消费能力。而随着科技的发展，移动支付不仅带来了消费体验的升级，同时也催生出新的经济形态，如光子支付、生物识别支付等。

目前，我国移动支付布局甚广，遍及城乡，覆盖线上与线下，服务于网络经济与实体经济。在不断的创新中，移动支付已经在人与人、人与商、人与金融机构之间搭建了完善的通路，拉动各地区均衡发展，成为国民经济发展必备的基础设施。

5.1 移动支付概述

互联网支付中，以移动支付的发展势头最为迅猛。移动支付代表着第三方支付行业最先进的生产力，是将线下支付和线上支付融为一体的新型支付方式。当前，移动支付被人们普遍用于商品劳务和债权债务清偿中，成为电子货币的一种主流表现形式。

根据 2012 年 12 月 14 日中国人民银行发布的《中国金融移动支付系列技术标准》中的定义，移动支付(Mobile Payment)是允许用户使用移动终端对所消费的商品或服务进行账务支付的一种服务方式。具体地说，就是以智能手机等移动通信设备作为用户账户和应用数据的存储载体和处理工具，利用线下 POS、ATM 等受理终端或线上无线通信网络，实现不同账户之间的资金转移或支付行为。

5.1.1 移动支付四要素

移动支付主要包括支付账户、应用场景、通信技术及业务安全四大要素，如图 5-1 所示。

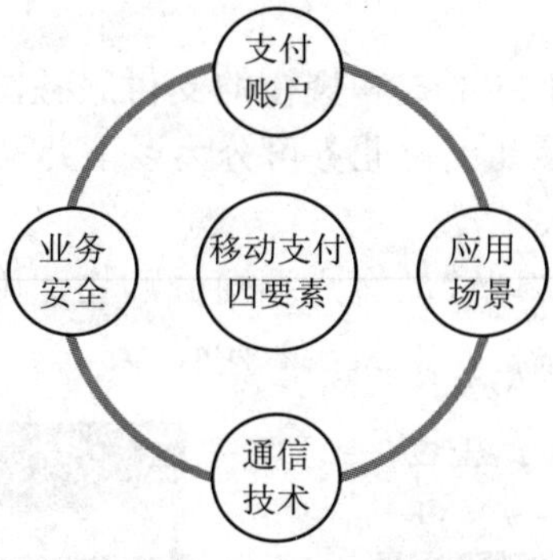

移动支付四要素

图 5-1　移动支付四要素

1．支付账户

移动支付所使用的支付账户，既可以是移动运营商提供的通信账户或专用账户，也可以是金融机构提供的账户，甚至可以是第三方支付机构提供的账户。移动支付账户的分类如表 5-1 所示。

表 5-1　移动支付账户分类

移动支付账户种类	定　义	特　点
银行账户	存款人在经办银行开立的办理资金收付结算的人民币活期存款账户，分为单位银行账户和个人银行账户	存款人账户通常以银行发放的借记卡、信用卡、存折等形式体现，其中的资金是支付业的资金来源
第三方支付账户	第三方支付机构建立的电子货币账户体系，可为商家提供交易支持平台，为用户提供交易支付方式，第三方支付账户的资金一般与人民币等值，具有全业务支付能力	第三方支付公司可以完全掌控自建的电子货币账户上的资金，有利于其提供灵活的支付业务模式，用户可将银行账户资金转账到第三方电子货币账户中进行消费，也可以将第三方支付账户的资金转回到银行卡中
通信账户	基于运营商账户系统的移动电子商务支付服务，如手机话费、固话、有线电视账户、宽带上网账户等	目前提供小额、无物流的数字化产品等支付服务，覆盖范围通常包括软件付费、邮箱付费、数字点卡购买、手机保险、电子杂志、视频、教育等领域
近场移动支付账户	不与后台账户系统实时交互，而是直接记录在某种载体上(如集成 NFC 芯片的手机或其他无线移动终端)的电子货币账户	能充分利用庞大的移动终端用户群与移动终端的随身携带特性快速发展支付用户，适用于门禁、公交、商店、电影票、手机支付等领域。
积分账户	电商公司、运营商或各类服务提供商为用户提供的一种消费奖励，当用户购买了商品或服务后，商家会将相应的积分赠送给用户，拥有积分的用户即拥有商家的某种权益，可以使用积分支付、获取商品和换取礼品，或在联盟商家购物时抵扣一定的金额等	积分不能直接作为现金使用，也不能兑现，且只能在特定的商家范围内使用，通常需要配合适当的营销策略

2. 应用场景

移动支付为不同行业提供不同形式和规模的支付服务，以满足各类应用场景的移动支付需求。按照应用场景划分，移动支付业务可分为以下几类：

(1) 移动商城。

目前，各大电商公司均已实现移动客户端商城购物，用户可通过移动商城应用随时随地选购商品，并完成交易支付流程，如图 5-2 所示。

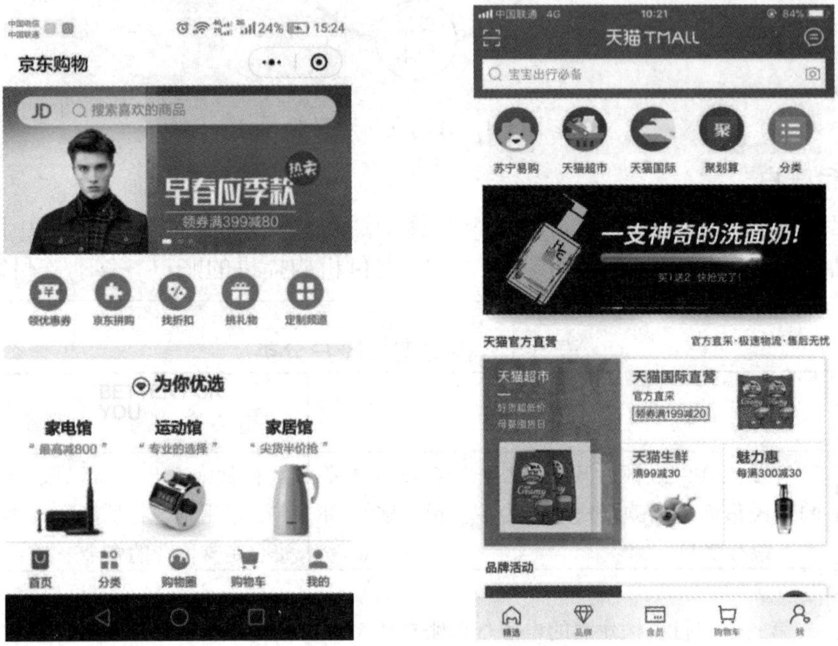

图 5-2　移动商城

(2) 餐饮点单。

用户可自助使用 PAD 设备进行点菜，然后使用银行卡的无线支付功能，在 PAD 或手机上直接付款，省时省力，如图 5-3 所示。

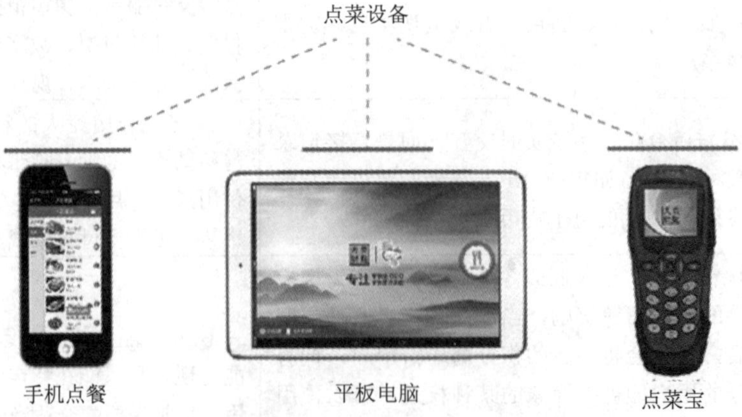

图 5-3　采用移动支付技术的点菜设备

(3) 虚拟商品购买。

虚拟商品通常为小额、无物流的商品，不涉及实物交易。典型的虚拟商品有数字点卡、视频、会员包月、软件、电子书等。通信账户支付方式是购买此类商品最佳的移动支付方式。

(4) 公共事业充值缴费(便民支付)。

用户向某个特定账户中转移一笔资金，用于清缴因使用某种业务或服务而已经发生的费用(缴费)；或预存一笔资金，为以后使用某种业务或服务付费(充值)。充值缴费类业务的资金用途明确，支付商户一般是服务面广泛、用户需要定期缴费的大型企事业单位。典型业务如话费充值缴费、公共事业缴费(水、电、煤气等)，如图 5-4 所示。

图 5-4　微信支付——生活缴费

(5) 电子优惠券。

商家结合文字、图片、条形码、二维码等形式发布商品促销信息，用户可通过无线设备扫码等方式获取商家促销信息，购买并支付完成后，商家就会将电子优惠券发送到用户手机上，用户获取电子优惠券后，可持券到实体店获取相应服务。

(6) 近场消费。

近场支付主要用于自助售货机、公交、票务等一些小额快速的现场支付场景，如图 5-5 所示。

图 5-5　使用近场支付技术的自动售货机

3．通信技术

随着移动互联网技术的发展，移动终端的通信方式日益增多，用户可以使用移动终端，通过 WAP、蓝牙、短信、IVR(语音)、无线网络、NFC 等通信技术操作支付账户，完成支付。此外，二维码技术也已被大规模应用于移动支付领域，例如微信、支付宝推出的扫码付，银联领域的拍拍付等，如图 5-6 所示。

图 5-6　二维码支付

【微思考】当前，二维码技术在互联网支付领域得到了大规模的应用。确切地说，二维码本是一种信息载体，并不具备通信功能，但借助移动设备的摄像头，通过近距离的扫码动作，就可以实现类似非接触扣款的功能。结合生活思考一下，二维码技术主要应用于哪些生活场景，优势是什么？

扫一扫

4．业务安全

移动支付涉及用户和商家资金的转移，因此保障资金安全是移动支付业务的首要前提。目前，移动支付常用的安全手段主要有支付密码、数字证书、终端认证(如 USB-key、实体卡、手机终端)等。

5.1.2 移动支付分类

移动支付分类

移动支付有多种分类标准，如图 5-7 所示。

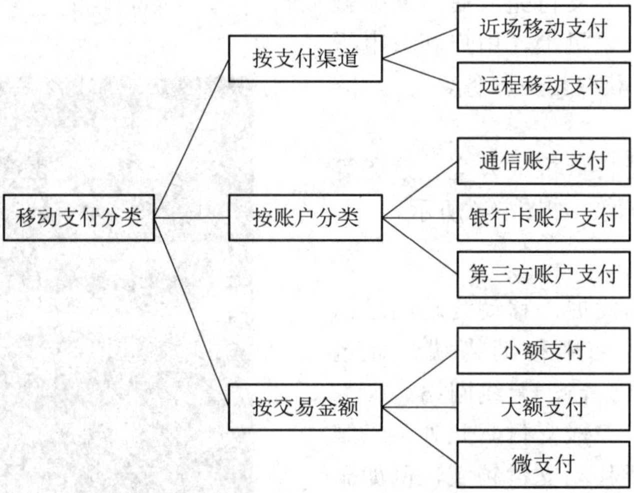

图 5-7 移动支付分类

移动支付分类涉及的主要概念如下：

(1) 近场移动支付是指通过安全的近距离通信技术(如 NFC、红外线或蓝牙技术)实现移动终端在近距离交换信息，实现货币支付或资金转移的支付方式。

(2) 远程移动支付是指利用移动网络，经由短信、GPRS 等空中接口与后台支付系统连接，实现转账、消费等支付功能。典型的场景是用户网上购物。

(3) 通信账户支付是基于移动话费账户系统的移动电子商务支付方式。

(4) 银行卡账户支付是将用户的银行卡账号、信用卡卡号与用户的手机号绑定，实现把支付金额从消费者指定的银行卡账户(借记卡或贷记卡)中直接或间接扣除的目的。例如商场消费时使用储蓄卡刷卡支付。

(5) 第三方账户支付是指消费者首先开通一个第三方支付账户，并给该账户充值一定的金额，消费时，支付金额从第三方支付账户的余额中扣除。

(6) 小额支付是相对于大额支付而言的，通常是电子商务交易中金额很小的支付。在小额支付系统中，商家可以以比较低的价格出售商品，以低成本迅速完成大量交易。

(7) 大额支付是指交易金额较大的支付行为，从数额上来说要大于 100 元，例如在商城购物或进行银行转账。

(8) 微支付是指交易金额较小，并且呈现出“小额多次重复”特点的支付活动。

5.1.3　移动支付运营模式

移动支付产业链一般包含三个层次，依次为规则制定层、技术提供层和应用层。规则制定层通过有关国际国内组织和政府机构指定相应的产业政策和行业标准；技术提供层的主体包括移动终端制造商、技术提供商等，他们为移动支付过程提供相应的技术支持和解决方案；应用层包含了移动支付的各直接参与方，主要有移动运营商、金融机构、第三方支付平台、商家和消费者等，其中的运营商、金融机构和第三方支付平台作为移动支付的主要运营商，是移动支付的供应者，而商家和消费者则是移动支付的需求者。移动支付的产业链如图 5-8 所示。

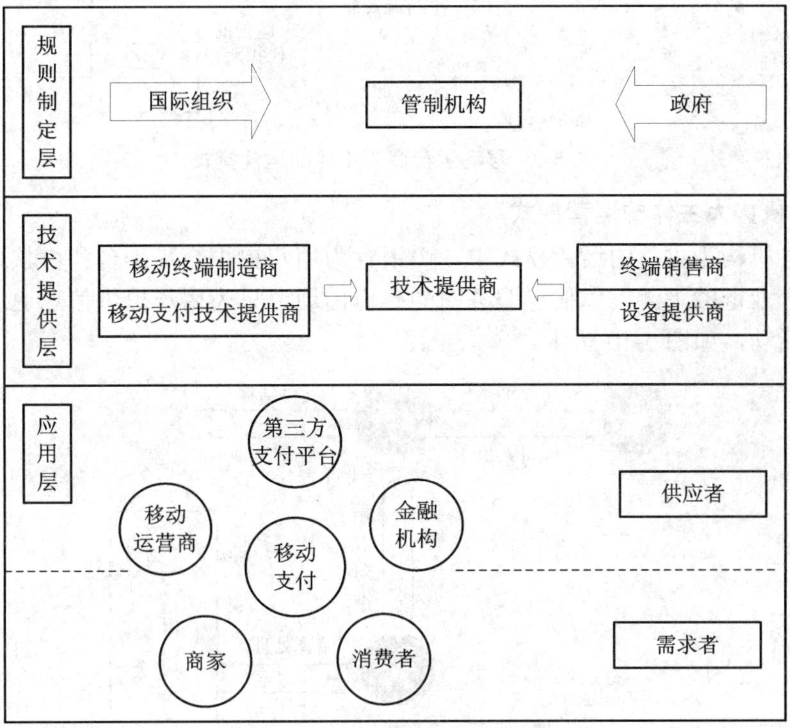

图 5-8　移动支付产业链结构图

移动支付的运营模式由移动支付产业链中各方的利益分配规则及合作关系决定。成功的移动支付解决方案需要充分考虑到移动支付产业链中的所有环节，实现利益共享和利益均衡。

当前，移动支付按照运营主体可划分为四种模式：以移动运营商为主体的运营模式、以金融机构为主体的运营模式、以第三方支付机构为主体的运营模式和融合模式。

1．移动运营商为主体的运营模式

移动运营商在移动支付领域起步较早。最早的移动支付将用户的手机账户作为移动支付账户，用户所发生的移动支付消费全部从用户的话费账户中扣减，移动运营商为主体的运营模式如图 5-9 所示。

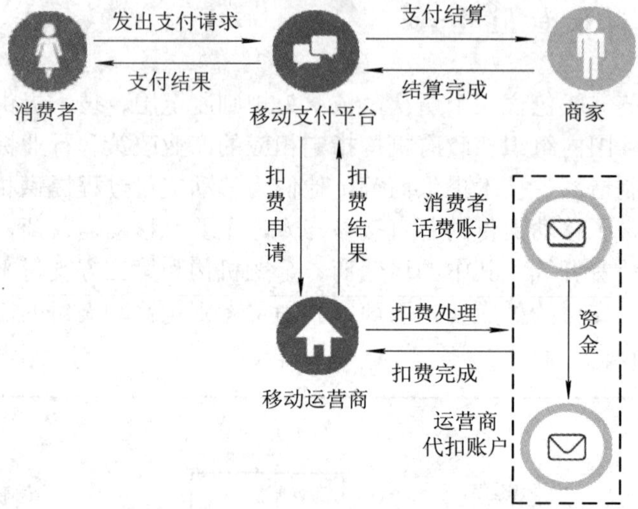

图 5-9　移动运营商为主体的运营模式

2．金融机构为主体的运营模式

在以金融机构为主体的运营模式中，由银行为用户提供交易平台和付款途径。通信运营商则处在产业链的下游，以信息服务商的身份出现，只为用户提供信息通道，而不参与具体的支付活动，如图 5-10 所示。

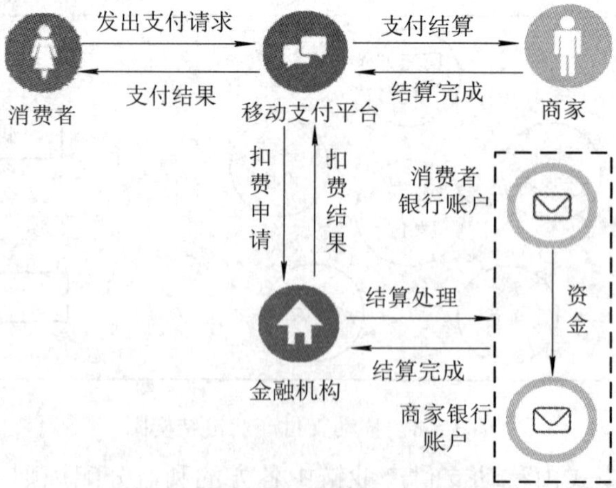

图 5-10　金融机构为主体的运营模式

3．第三方支付机构为主体的运营模式

在以第三方支付机构为主体的运营模式中，第三方支付机构作为独立的主体位于整个产业链的核心位置，移动运营商和银行只是作为合作伙伴而存在。第三方机构将移动运营商、银行、商家和用户等诸多主体间复杂的多对多关系简化为一对多的关系，为不同的移动运营商和商业银行提供个性化数据接口和服务，用户可以在第三方支付平台上获得跨移动运营商和跨银行的移动支付服务，如图 5-11 所示。

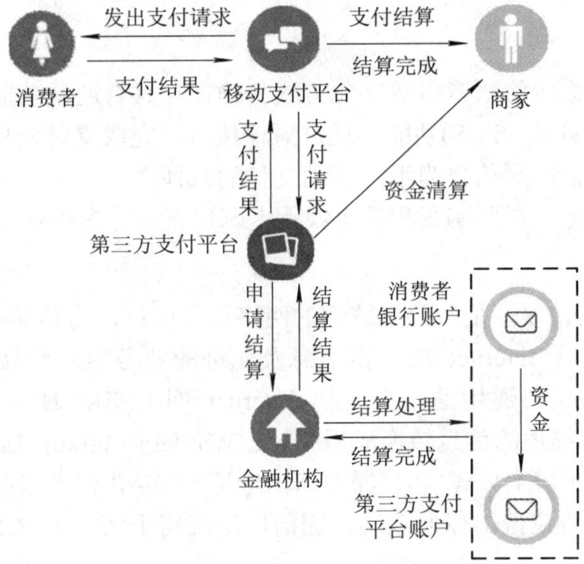

图 5-11　第三方机构为主体的运营模式

4．融合模式

当前，移动支付尚处于产业链发展的初期，随着业务深度和广度的不断扩展，各类机构也在激烈的竞争中积极探索着适合自己的移动支付商业模式。各方基于自身拥有的独特资源建立的多元化合作模式，包括金融机构和移动运营商的合作、第三方支付和终端厂商的合作、支付产业联盟之间的合作。例如，在移动运营商与金融机构合作为主导的运营模式中，金融机构和移动运营商通过深度合作或达成战略联盟，共同参与管理用户移动支付活动，二者共同处在产业链的核心位置，如图 5-12 所示。

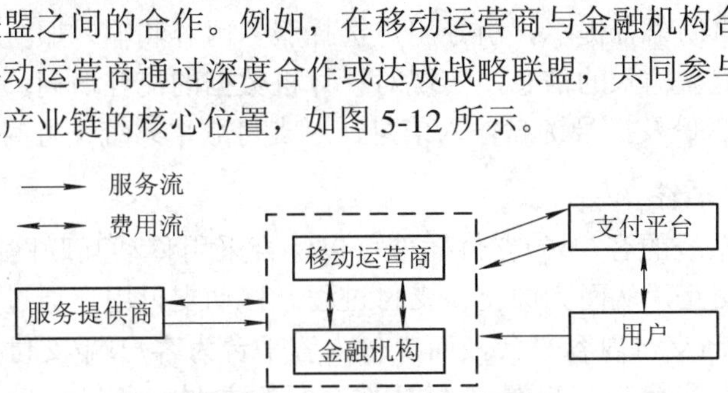

图 5-12　移动运营商与金融机构合作主导的运营模式

5.2　移动支付技术方案

移动支付是把支付终端由电脑端向手机端等移动终端转移，这种转移导致了支付领域

的革命性变革，而这些变革需要有一定的远程支付及近场支付等方案作为支撑。

5.2.1 远程支付技术方案

远程支付技术基础总体上包含短信接入、WAP 接入、IVR 接入和客户端/支付插件等技术和处理系统。在不同的通信网络技术下，移动远程支付系统会采用不同的接入和交互方式来完成整个交易处理过程。

1．短信接入

第二代移动通信系统将语音以数字化方式传输，除具有通话功能外，还普遍引入了短信(Short Message Service，SMS)功能。通过短信接入来完成支付是移动支付系统处理交易的一种早期方式。目前，短信作为手机移动支付的载体之一，可以实现公共事业缴费、手机话费充值、电影票务、彩票购买和手机银行卡账户查询等多种业务功能。

2．WAP 接入

WAP 为无线应用协议，是一项全球性的网络通信协议，为移动 Internet 提供了一个通行的标准，其目标是将 Internet 的丰富信息及先进的业务引入到移动电话等无线终端之中。无线应用协议定义可通用的平台，把 Internet 网上使用 HTML(标准通用标记语言 SGML 下的一个应用)描述的信息转换成用 WML(Wireless Markup Language)描述的信息，显示在移动电话的显示屏上。WAP 只需要移动电话和 WAP 代理服务器的支持，而不需要现有的移动通信网络协议做出任何改动，因而广泛应用于 GSM、CDMA、TDMA、3G、4G 等多种网络。

WAP 接入是交易双方在支付交易过程中基于互联网(WAP/HTTP 协议)技术移动终端(手机、PDA、移动 PC)，采用浏览器或客户端的方式来支持用户与内容提供平台之间、用户与支付接入平台之间的信息交互，从而实现移动支付业务的模式。

3．IVR 接入

交互式语音应答(Interactive Voice Response，IVR)系统是呼叫中心的重要组成部分，其功能主要是利用自助语音提示，引导用户选择服务内容和输入服务所需要的数据，并接受用户在电话拨号键盘输入的信息，实现对计算机数据的交互访问。移动接入平台可以根据 IVR 系统传入的身份及拨号键盘输入信息，对支付账户系统进行身份识别。

4．客户端/支付插件

移动终端操作系统的客户端/支付插件可以综合采用移动互联网的各种通信方式与远程后台服务器进行交互，从而完成交易支付过程。移动支付用户通过安装在移动终端上的客户端/支付插件访问支付内容平台，而支付内容平台为客户端/支付插件发起的支付请求提供支付业务处理。平台与客户端/支付插件交互的主要信息包括身份证信息、支付请求以及支付结果等。为了加强移动终端在支付交易方面的信息安全保障能力，可以在移动终端上安装专用安全插件，安全插件既可以安装在移动终端操作系统内，也可以植入移动终端芯片内。

5.2.2　近场支付技术方案

近场支付技术方案有多种，各有各的工作机理和便利之处，适用于不同的场景模式，满足了人们日益增长的多元化支付需要，极大地方便了人们的生活。

1．LBS 技术

基于位置服务(Location Based Service，LBS)技术是通过电信移动运营商的无线通信网络(如 GSM 网、CDMA 网)或外部定位方式(如 GPS)获取移动终端用户的位置信息(地理坐标或大地坐标)，在地理信息系统(Geographic Information System，GIS)平台的支持下，为用户提供相应增值服务的一种技术。手机定位采用的就是这种技术。

如果将 LBS 和支付连接起来，将会大大丰富近场支付场景。试想一下这样的生活：当你走进一家大型超市，手机上立刻收到消息：“你心愿单中的三文鱼今天在生鲜货柜 7 折出售，本超市折后低于本市平均价格 15%。”在超市走了几步，手机又提示你：“您已经 31 次购买老干妈辣酱，平均购买间隔时间 12 天，今天距您上次购买已经超过 10 天，需要购买新的辣酱吗？”当你买完东西回家，路过一家饰品店，刚走进店铺，服务员对你说：“刘先生您好，我们这里新到了您喜欢的版画，有兴趣看看吗？”回到小区，手机收到一条信息：“欢迎回家，在收发室有您的快递，本月水费尚未结清，按下确认键可以立刻缴清。”……互联网能将所有的线下数据串联起来，再利用“位置”把人放入在这张网上，因为一切都可以数字化，因此所有的人类活动都变得可定义、可操纵。

2．近场通信技术

近场通信(Near Field Communication，NFC)是一种短距高频的无线电技术，由非接触式射频识别(RFID)技术演变而来。NFC 的工作频率为 13.56 Hz，有效范围为 20 cm 以内，其传输速度为 106 Kb/秒、212 Kb/秒或 424 Kb/秒。

NFC 有三种工作模式：读卡器模式、点对点模式、卡模拟模式。在读卡器模式时，NFC 设备产生射频线，从外部采用相同标准的 NFC 标签读写数据；在点对点模式下，NFC 可以与其他的 NFC 设备通信，进行点对点的数据传输；在卡模拟模式中，读卡器是主动设备，产生射频线，NFC 设备则模拟一张符合 NFC 标准的非接触式卡片与读卡器进行交互，是被动设备。最新发展的 NFC 技术——HCE 技术主要应用的是卡模拟模式。

1) NFC 构成

传统的 NFC 终端主要由非接触性前端 CLF(NFC 控制器)、天线(Antenna)、安全模块(Secure Element，SE)三个主要部件构成，如图 5-13 所示。在 CLF 中提供了试读接口、P2P 接口和卡模拟接口，分别对应上面所说的三种工作模式。

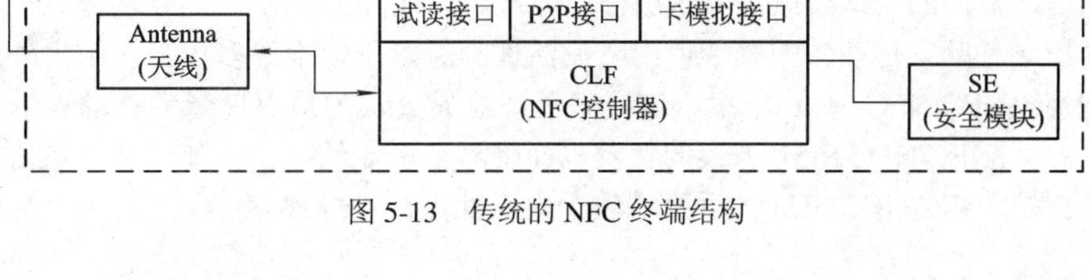

图 5-13　传统的 NFC 终端结构

安全模块是卡模拟的核心，其主要功能是实现应用和数据的安全存储，并对外提供安全运算服务。安全模块还通过 CLF 与外部读写设备进行通信，确保数据存储及交易过程的安全性。CLF 也称为 NFC 控制器，功能包括射频信号的调制解调与非接触通信的协议处理，其一端连接射频天线，另一端连接安全模块。天线集成在终端，与 CLF 相连，实现 13.56 MHz 射频信号的发送与接收。

NFC 的实现方案中，一般 CLF、天线都集成在手机终端中，而安全模块可根据情况存放在不同的位置。

2) 基于安全模块的卡模拟

当使用安全模块来提供卡模拟时，安全模块通过 NFC 芯片中的 CLF 与外部读写设备进行通信，数据的存储和处理都在安全模块中。用户将移动终端放入 NFC 终端的识别范围，NFC 控制器将从外部读写器接收到的所有数据直接转发到移动终端内部的安全模块，由安全模块处理完毕后，再通过 NFC 控制器将响应数据发送给外部读写终端。整个事务处理过程中，移动终端上的应用程序完全没有参与其中，待处理完成后，移动终端应用程序方可查询安全模块的事务状态，然后通知客户，过程如图 5-14 所示。

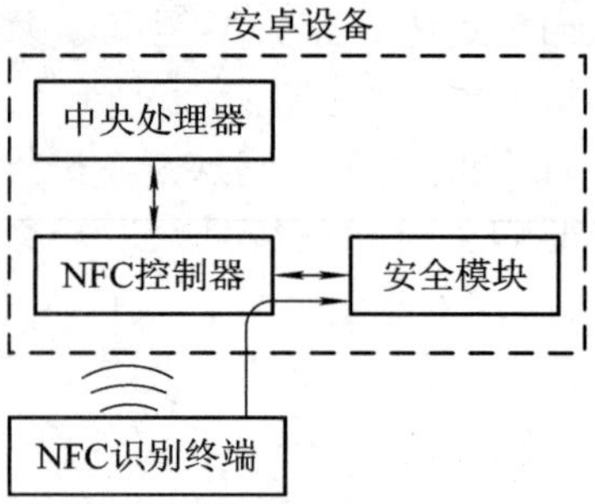

图 5-14 基于安全模块的卡模式

基于安全模块的卡模拟主要有三种解决方案，分别是 NFC 全终端方案、eNFC/NFC-SIM 卡技术方案和 NFC-SD 技术方案。

(1) NFC 全终端方案：手机厂商主导。

NFC 全终端方案是指将安全模块集成到手机终端的 NFC 方案，支持多安全领域、多应用安全模块架构以及相应的管理技术，可在安全模块上划分多个安全域以承载来自不同应用提供者的安全要求不同的各种应用，且能保证各应用之间的数据独立与安全。谷歌钱包就是基于 NFC 全终端方案的一个典型业务。NFC 全终端方案的优势在于标准成熟，并得到了众多终端厂商的认可和支持，且由于安全模块与手机集成，有效地避免了机卡接口和机卡兼容性的问题；缺点则是安全芯片无法与手机终端分离，业务初始化、个人化、业务更新和管理不方便，用户若要更新手机，所有业务需要重新转移到新手机上，成本高，流程长。

(2) eNFC/NFC-SIM 卡技术方案：电信运营商主导。

eNFC/NFC-SIM 卡技术方案是使用 SIM/UIM 卡作为安全模块的 NFC 技术方案，又被称为单线通信协议(Single Wire Protocol，SWP)方案或 NFC-SIM 方案。该方案用 SIM/UIM 卡作为安全模块，存储用户支付账户、密钥等敏感数据，运行支付应用，手机中的 NFC 控制器通过 SWP 协议与 SIM/UIM 卡通信。由于 SIM/UIM 卡是移动用户必不可少的身份识别模块，用户比较容易接受将 SIM 卡用作安全模块。同时，SIM 卡片的发行及服务可以借助电信运营商的受理渠道，容易进行业务推广。此外，SIM 卡与终端分离，用户更换手机不会影响移动支付业务的继续使用，灵活性高。鉴于以上诸多优势，国内外的电信运营商多选用 eNFC/NFC-SIM 方案，该方案已被业界公认为最有前景的移动近场支付技术方向。当然，eNFC/NFC-SIM 方案的普及也面临着诸多制约因素，如专利、规范等，更重要的是，支持 eNFC/NFC-SIM 的手机端较少，产业链尚不成熟。

(3) NFC-SD 技术方案：服务提供商主导。

NFC-SD 技术方案是使用移动终端的智能 SD 卡作为安全模块的 NFC 技术。与 eNFC 方案类似，NFC-SD 方案中的智能 SD 卡与 NFC 控制器芯片之间也采用 SWP 协议连接，可实现卡模拟、读卡器和点对点通信三种工作模式。采用 NFC-SD 方案的服务提供商(Service Provider，SP)可以自行发行 SD 卡，能够独立于电信运营商发展 NFC 业务，因此金融机构很愿意采用这种方式。但是 NFC-SD 方案需要有支持 SWP-SD 方案的移动终端(如图 5-15 所示)，一张 SD 卡一般只能支持一个 SP 的服务，如果用户希望使用多种服务的话，则必须在不同的 SD 卡中切换，过程烦琐且成本偏高。

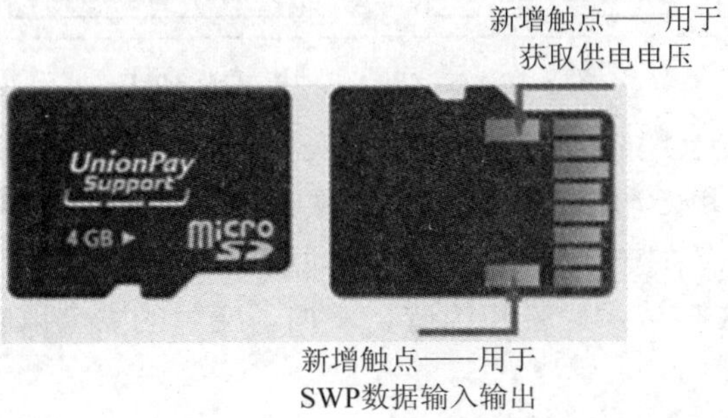

图 5-15　SWP-SD 技术方案

3) 基于主机的卡模拟

2013 年 10 月 31 日，Google 发布了 Android 4.4 系统，其中包括了一项 NFC 的新技术，即基于主机的卡模拟(Host Card Emulation，HCE)技术。

自诞生之初，HCE 就引起了极大的关注，因为它让业界看到了一种脱离安全模块而部署 NFC 的可能性。HCE 技术对第三方服务商意义重大，它使业务提供商们可以将自己的服务在更短时间内以更低的开发成本推向市场，而用户也可以更方便地使用多个 SP 提供的服务。

在 HCE 模式下，不需要提供安全模块，而是由移动终端中运行的一个应用或者一个云端服务器完成安全模块的功能。NFC 控制器从外部读写终端接受的数据，直接发送到移动终端的主机系统上，然后或发送至移动终端中的应用，或通过移动网络发送至云端服务器来完成信息交互，两种方式都绕过了移动终端内置的安全模块的硬件限制，整个过程如图 5-16 所示。

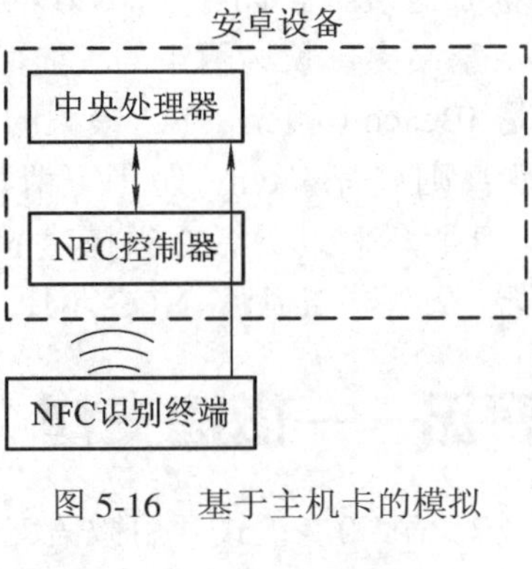

图 5-16　基于主机卡的模拟

HCE与基于安全模块的三种卡模拟流程对比如图5-17所示。

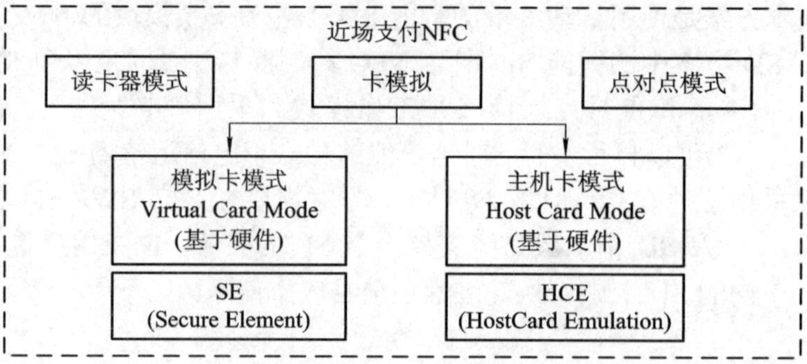

图5-17　NFC的三种模式及HCE

HCE的出现，给O2O的业务发展打开了一扇门，但也给投机取巧的恶意经营者开了一扇窗：通过本地软件和云端模拟实现安全模块的功能，安全级别不如硬件芯片的安全级别高，在通信和使用中存在安全模块密钥泄露问题。此外，即使是使用了安全芯片的金融支付应用，也可以被HCE技术假冒和伪造，增加了应用的安全风险。

3．蓝牙近场技术

蓝牙近场技术(iBeacon)是苹果公司2013年9月发布的移动操作系统iOS 7上配备的新功能，其工作方式是：配备有低功耗蓝牙通信功能的移动终端使用BLE技术向周围发送自己的特有ID，接收到该ID的应用软件会根据该ID采取一致行动。

iBeacon基站可以使用低功耗蓝牙技术(Bluetooth Low Energy，即通常所说的Bluetooth 4.0)创建一个信号区域，当设备进入该区域时，相应的应用程序便会提示用户是否需要接入这个信号网络。通过能够放置在任何物体中的小型无线传感器和低功耗蓝牙技术，用户便能使用iPhone来传输数据。

假设你带着一部iPhone 5s(运行iOS 7系统并支持iBeacon)走入一家大型商场的店铺，这就意味着你已进入了这家店铺的iBeacon信号区域，该店铺iBeacon基站便可以向你的iPhone传输各种信息，如优惠券或是店内导航信息，甚至当你走到某些柜台前，iBeacon就会提供个性化的商品推荐信息。也就是说，在iBeacon基站的信息区域内，用户通过手中的智能手机便能获取个性化的位置以及通知。另外，和NFC技术一样，用户也能通过iBeacon来完成支付。

每个iBeacon基站都内置有加速度计、闪存、ARM架构处理以及蓝牙模块，而一小块纽扣电池就能为一个iBeacon基站提供长达两年的续航时间。除了低功耗以外，从技术角度讲，更广的消息传输范围是iBeacon相比NFC最大的优势：NFC标签的理论有效距离只有20 cm，最理想的使用距离则只有4 cm，范围可谓非常之小；而iBeacon的信息传输距离可达50 m左右。另外，手机等移动设备必须搭建NFC芯片才能支持NFC通信，而如今几乎每部手机都支持蓝牙，却不一定配备NFC芯片。

5.3　移动支付典型产品——微信支付

2013年8月5日，腾讯发布微信5.0，正式开启微信支付服务，如图5-18所示。微信支付的推出，让微信可以直接在应用内部实现交易和结算，使得微信的各项功能实现生态闭环，是微信商业化的关键一步。随着微信智能开放平台的对外开放，其先后推出了具备储蓄功能的微信零钱、信用卡还款功能、理财通等多个产品。

图 5-18 微信支付

2013 年 11 月 28 日，微信与小米合作在微信上推出了“小米 3”手机的专场抢购，不到 10 分钟，15 万台手机就被抢购一空，刷新了移动电商抢购的“神速度”，也使微信支付的用户实现了继首突增之后的又一次突破。2014 年 1 月 25 日晚，微信推出“新年红包”，与支付宝再次上演了一场“红包大战”，依托微信平台强大的社交影响力，微信红包得到了“病毒”式的传播。据统计，仅除夕和大年初一两天，参与“微信红包”的用户就超过了 500 万人次，平均每分钟就有 9412 个红包被领取。在随后的几年中，微信支付借助微信平台的人口引流优势，逐渐蚕食支付宝的市场份额，截至 2019 年 12 月，微信支付全年交易笔数超过 3650 亿，日均交易笔数超过 10 亿笔，居中国移动支付市场份额第二位。

5.3.1 微信支付的方式

微信用户只需在微信中关联一张银行卡，并完成身份认证，即可开启微信支付功能，将装有微信的智能手机变成一个全能钱包。自推出以来，微信支付已支持公众号支付、扫二维码支付、APP 支付、刷卡支付、微信买单等多种支付方式。

1. 公众账号支付

用户在微信中关注商家的公众账号，从中选择自己喜爱的商品，提交订单，然后在商家的公众账号内完成支付。该支付方式适用于在公众号、朋友圈、聊天窗口等微信内场景中。如在当当网微信公众号上选购图书时，公众号页面及微信支付页面如图 5-19 所示。

通过这种“微信公众号+微信支付”模式，腾讯实现了线上到线下的优势聚集。

(1) 人口引流优势：微信人群覆盖广，月活跃账户超过 8 亿，朋友圈分享实现二次引流。

(2) 公众号构建 CRM 系统：公众号推送信息与服务，信息下发能力强，商家与消费者双向消息沟通体验好，通过一对一服务构建 CRM 系统。

(3) 微信支付已经初步普及便捷支付功能，打造了交易闭环。

图 5-19　当当网微信公众号及支付页面

(4) 微信 6.0 推出卡包功能，帮助用户将优惠券、会员卡、机票、电影票统一收入微信卡包中，并能相互分享优惠信息，提高了优惠管理和使用便捷度，引流并提高用户黏度。

以“微信公众号＋微信支付”模式为基础，微信为传统行业提供闭环式移动互联网商业解决方案——“微信智慧生活”，以移动电商为入口，通过用户识别、数据分析、支付结算、客户关系维护、售后服务和维权、社交推广等手段，形成一个完备的标准解决方案，帮助传统行业将原有商业模式移植到微信平台。该模式目前已广泛应用于打车、购物、医疗、酒店、零售等数十个行业，部分应用场景如表 5-2 所示。

表 5-2　“微信公众号＋微信支付”应用场景举例

行业分类	应 用 场 景
智慧酒店	公众号订房，自助选房，微信开门，微信电子房卡，微信客服，微信酒店房间体验式购物和微信汇付的全自助流程
智慧餐厅	自助点餐，微信呼叫服务员，自助结账
智慧百货	随时随地专柜收银，虚拟货架＋虚拟会员卡，24 小时服务，微信客服，微信互动营销，微信会员智能化管理
智慧医院	微信挂号取号，全程支付免排队；查询排队序号，到号微信提醒；药单、检查单电子化，随时查看
智慧快递	公众号预约下单上门取件，线下微信快捷支付，微信实时查询物流动态
智慧票务	微信订票，微信选座，微信支付购票，微信下发电子票，微信电子票扫一扫入场，微信演出互动
智慧校园	以校园为切入点，通过公众平台实现学籍管理、生活消费、身份认证、生活消费、网上缴费
智慧景点	随时随地微信订票，微信 Wi-Fi 覆盖，景区信息实时发布，定制客服

2．扫二维码支付

扫二维码支付分为线上扫码支付和线下扫码支付两种方式。线上扫码支付是指用户在线上选中某种商品后，会生成一个支付的二维码，用户只需要扫描这个二维码，即可在手机终端确认支付，从而完成整个支付过程；线下扫码支付是指接入微信支付的线下商家在支付时会在终端生成一个二维码，用户只需要扫描或识别二维码，就会跳转到微信支付页面，完成交易。扫二维码支付方式适用于 PC 网站支付、实体店单品等场景。

3．APP 支付

APP 支付即第三方应用商城的支付。第三方应用商城平台只需要接入微信支付，用户便可在其平台进行网络交易时通过调用微信支付功能来完成交易。APP 支付的整个流程是：用户在第三方应用商城平台选择商品和服务，然后选用微信支付方式完成支付。该支付方式适用于移动端 APP 中集成微信支付功能的场景，如图 5-20 所示的滴滴打车。

图 5-20　滴滴打车应用中的微信支付

4．刷卡支付

刷卡支付是微信 5.4 版本后又推出的一项新的支付功能。用户在支持刷卡的商家购物时，商家只需使用带有扫码功能的 POS 机扫描微信用户刷卡页面中的二维码/条形码，即可完成收款。用户在进行微信刷卡支付时，可选择使用“微信零钱包或银行卡”支付，刷卡页面中的条形码会每分钟自动变换一次，大大提高了支付的安全性。该支付方式适用于线下面对面收银的场景，如超市、便利店等，如图 5-21 所示。

图 5-21　POS 机扫码与支付方式选择

5. 微信买单

微信买单是一款商户可自主开通的微信支付收款产品，支持顾客使用信用卡支付。该产品具有如下特点：① 商户可自助开通，无须专业开发；② 方便地进行微信支付；③ 顾客扫“收款码”付钱，支持信用卡；④ 店员扫“收款码”可查询收款信息；⑤ 店员可查看收款通知。该支付方式适用于无开发能力的商户，其商户后台如图 5-22 所示。

图 5-22　微信买单商户后台

5.3.2　微信支付的创新点

作为一种新型的支付方式，微信支付主要实现了以下创新：

(1) 有了新的线上、线下金融支付手段，支付方式更加便利。

对于接入微信支付的商家来说，微信支付的意义在于完成线上购物、线下付款的闭环。作为微信商业化闭环中最重要的一环，使微信成为一个完整的商业新模式。微信支付的开放不仅完善了微信公众平台的生态系统，还激活了现有的产业链，催生了更多新兴产业和新兴服务模式，这对传统行业和传统商业模式来讲预示着更多的机遇，也将促进新的商业规则的形成。

(2) 助力商业新模式形成。

依托与腾讯庞大的社交账号体系相整合，微信支付形成了一个既能面对海量用户，又能精确管理的 SocialCRM 大体系。未来，微信支付将在继续扩大其开放性的基础上，进一步完善 O2O 模式，助力更多的传统行业将服务迁移至移动互联网。

(3) 打破金融垄断的格局。

微信支付接口的开放会带动更多相关方共同组建一个成长性的智慧产业形态。与此同时，它给近乎寡头垄断的金融市场注入了竞争因素，将令大量商家和消费者最终受益。

5.3.3　微信公众号申请

腾讯公司规定商户若想申请微信支付服务需要满足以下基本条件：第一，商户需有营业执照，因为目前微信支付使用的是 B2C 即时到账接口，暂不支持 C2C 的担保交易类型；第二，商户经营的商品符合微信支付的商品类别；第三，商户的公众号为服务号。目前，微信支付功能仅开放给已经通过微信认证的服务号，未经认证的商户则要先申请微信认证获得服务号(申请微信认证的商户主体与后续申请微信支付权限的商户主体应保持一致)。

下面介绍微信支付服务的具体申请流程。

1. 微信公众号注册

(1) 登录微信公众平台主页 https://mp.weixin.qq.com/，单击右上角【立即注册】链接，进入微信公众号申请界面，选择要注册的账号类型，如图 5-23 所示。

微信公众号注册

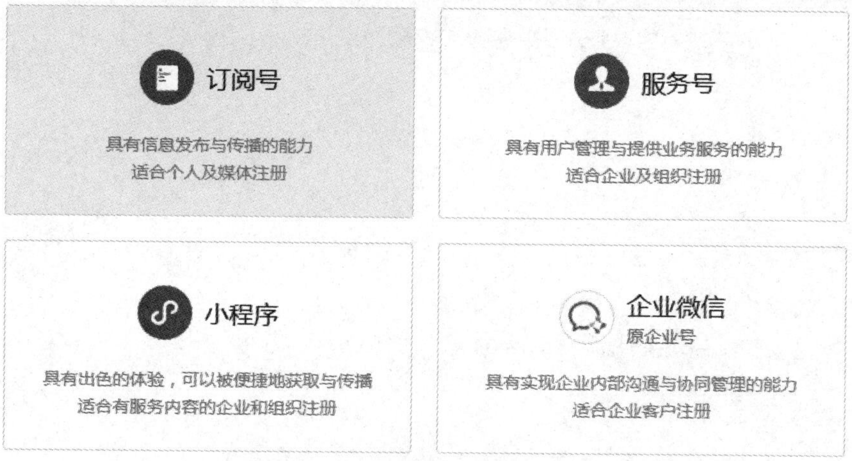

图 5-23　选择账号类型

要点提示

四种公众号的区别如表 5-3 所示。

表 5-3　不同类型公众号的区别

公众号	特　点
订阅号	主要侧重于为用户传达咨询(类似报纸杂志)，认证前后都是每天可以群发一条消息(适用于个人和组织)
服务号	主要侧重于服务交互，如提供服务咨询(类似银行、114 查号台等)，认证前后都是每个月可以群发 4 条消息(不适合个人)
企业微信	面向企业级市场的产品，是一种基础办公沟通工具，拥有最基础和最实用的功能，是专门提供给企业使用的 IM 产品(适用于企业、政府、事业单位或其他组织)
小程序	一种新的开放程序，允许开发者快速地开发一个小程序，该小程序可以在微信内被便捷地获取和传播，同时具有出色的使用体验

提示：

① 如果只是想简单的发送消息，达到宣传效果，建议选择订阅号。

② 如果想用公众号获得更多的功能，例如开通微信支付，建议选择服务号。

③ 如果想用来管理内部企业员工团队，可申请企业微信。

本例中需要开通公众号的微信支付功能，因此选择申请服务号类型的账号：单击页面中的【服务号】链接，进入基本信息填写页面，根据提示依次填写【邮箱】、【邮箱验证码】、【密码】等相关信息，然后单击【注册】按钮，注册微信公众号，如图 5-24 所示。

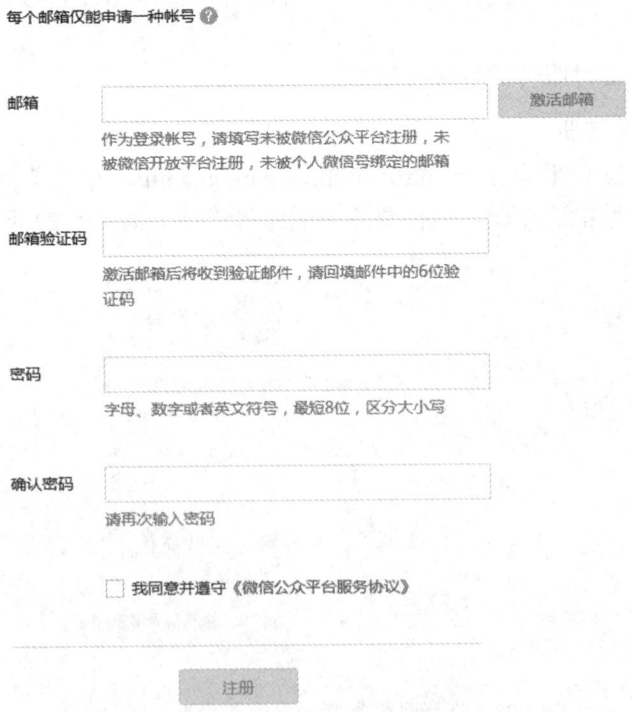

图 5-24　填写微信公众号基本信息

在跳转到的公众号类型选择页面中，单击【服务号】/【选择并继续】，如图 5-25 所示。

图 5-25　选择公众号类型

(2) 在出现的【信息登记】页面中，确认微信账号属于政府、媒体、企业、其他组织或者个人，并认真填写相关身份认证信息。需要注意的是，微信公众平台提供了法定代表人验证、支付验证和微信认证三种认证方式(本例中我们选择微信认证)，如图 5-26 所示。此外，为了验证管理员身份，需要使用绑定了管理员本人银行卡的微信扫描该页面下方的二维码，扫码的微信号将成为该公众账号的管理员微信号，如图 5-27 所示。所有操作完成后，单击该【信息登记】页面下方的【继续】按钮。

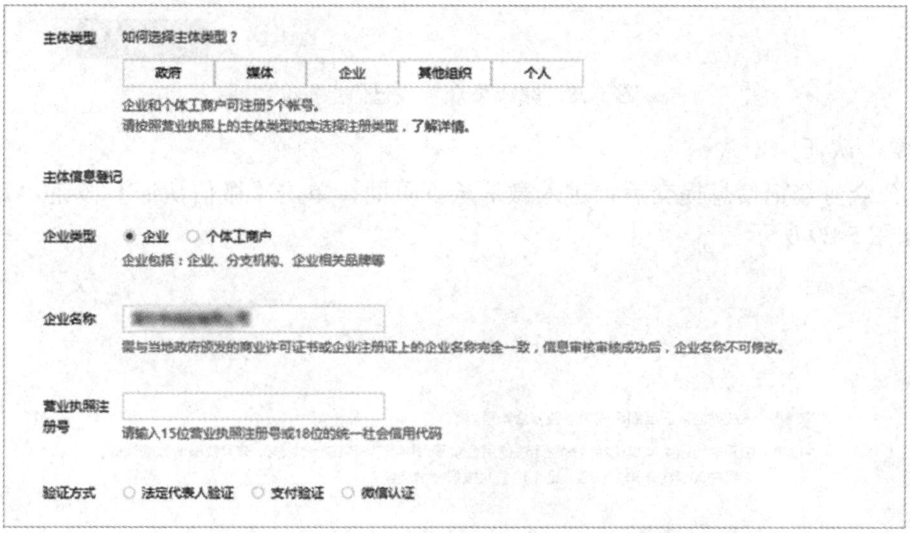

图 5-26　选择微信公众号所有者类型及验证方式

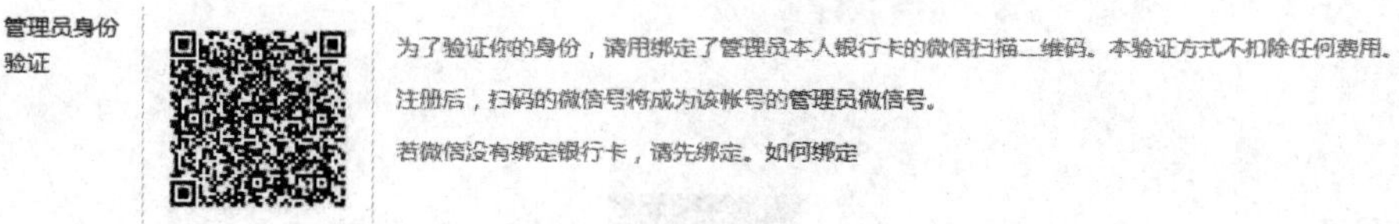

图 5-27　微信公众账号验证绑定管理员页面

(3) 进入【公众号信息】页面，按照对应的类别完善对公众号名称及功能、运营地区、语言及其类型等信息的登记，然后单击【完成】按钮，提交登记信息，如图 5-28 所示。

图 5-28　完成公众号登记信息提交

2. 微信认证

(1) 公众号登记信息提交后，进入微信认证页面，单击【微信认证】按钮，开始进行认证，如图 5-29 所示。

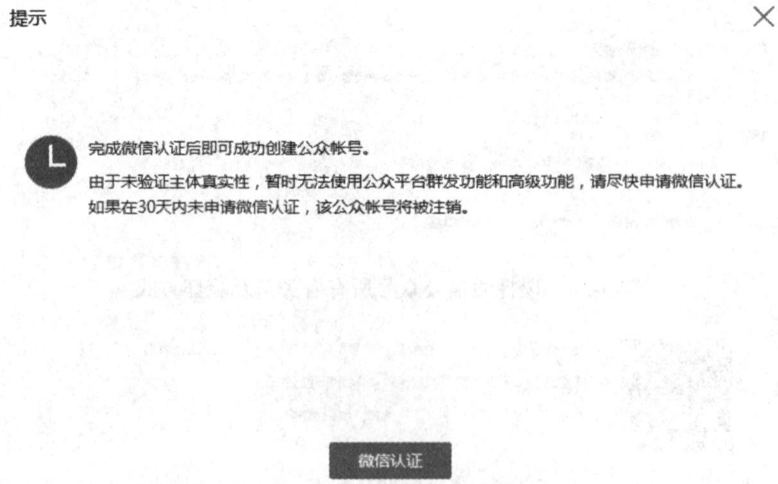

图 5-29　微信认证页面

(2) 在出现的【同意协议】页面中，仔细阅读协议内容并勾选【我同意并遵守上述的《微信公众平台认证协议》】，然后单击【下一步】按钮，如图 5-30 所示。

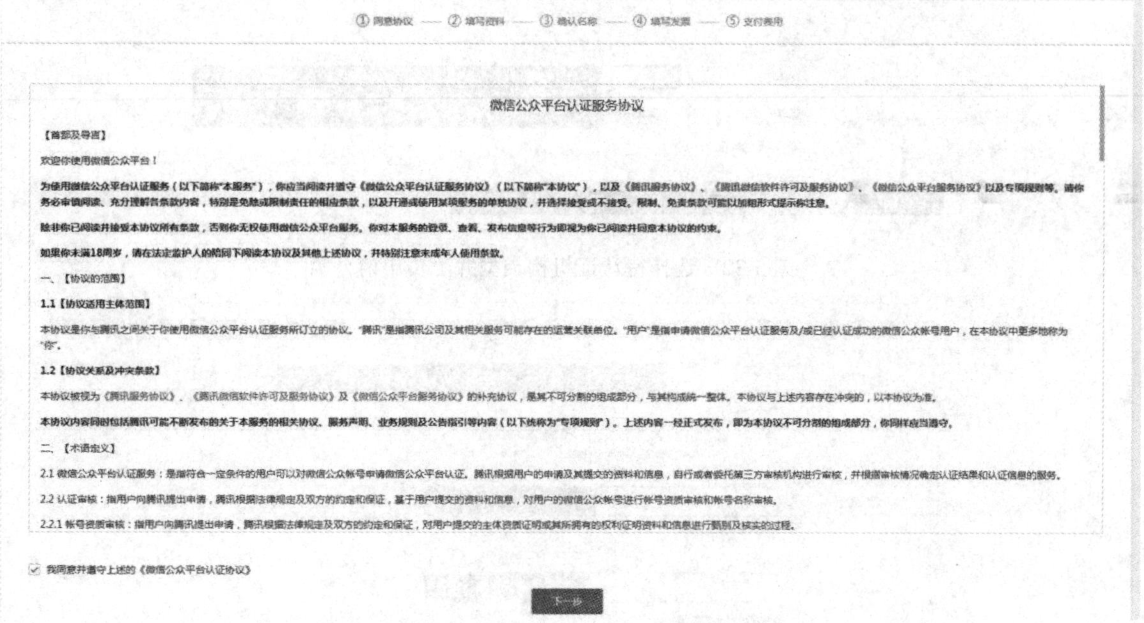

图 5-30 微信公众号认证服务协议

进入【填写资料】页面，填写待认证机构的详细资料：首先选择待认证机构的类型，下载相应申请认证公函(如图 5-31 所示微信支付申请首页)，打印签字盖章后上传，如图 5-32 所示；然后填写机构对公银行账户的信息，如图 5-33 所示；最后填写认证联系人信息，并使用联系人微信扫描页面下方的二维码，对认证联系人身份进行认证，如图 5-34 所示。

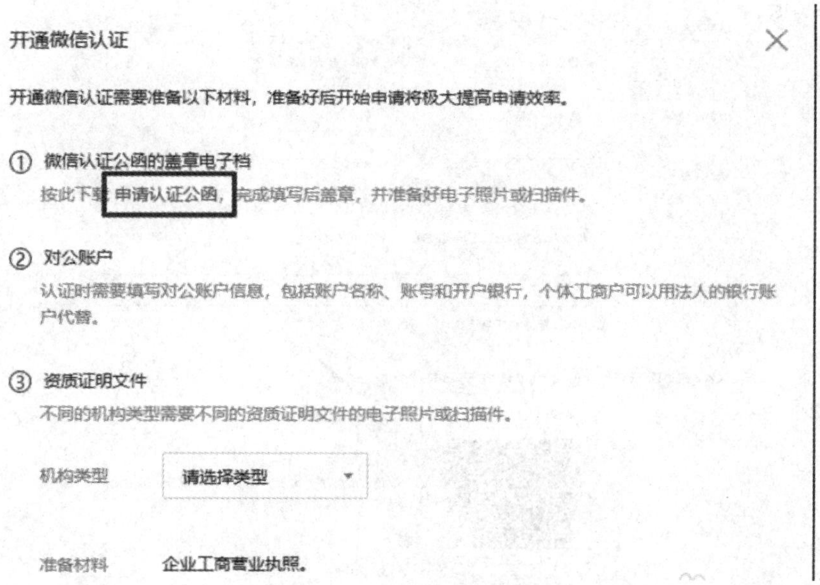

图 5-31 下载申请认证公函

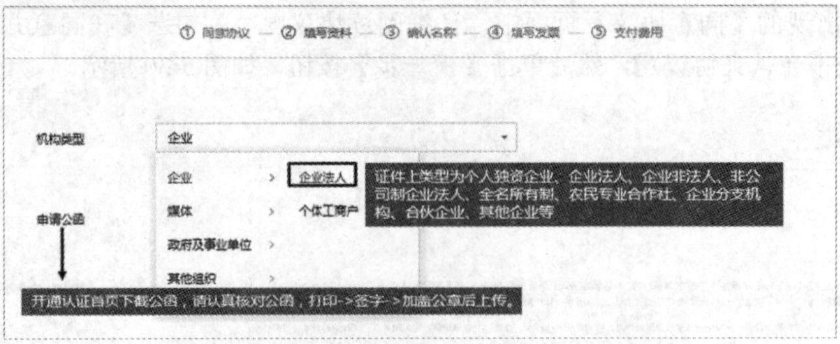

图 5-32　选择待认证机构类型并上传申请公函

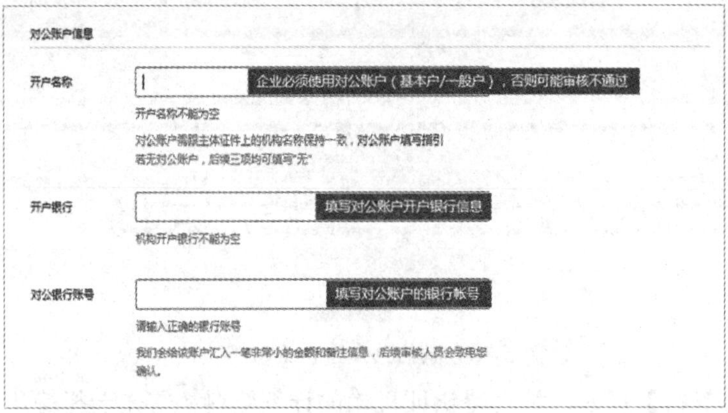

图 5-33　填写机构对公账户信息

图 5-34　填写认证联系人信息

(3) 认证资料填写完成后，进入【确认名称】页面，为微信认证的账号设置名称，有两种命名方式可供选择：基于自选词汇命名与基于商标命名。设置完毕，单击【下一步】按钮，如图 5-35 所示。

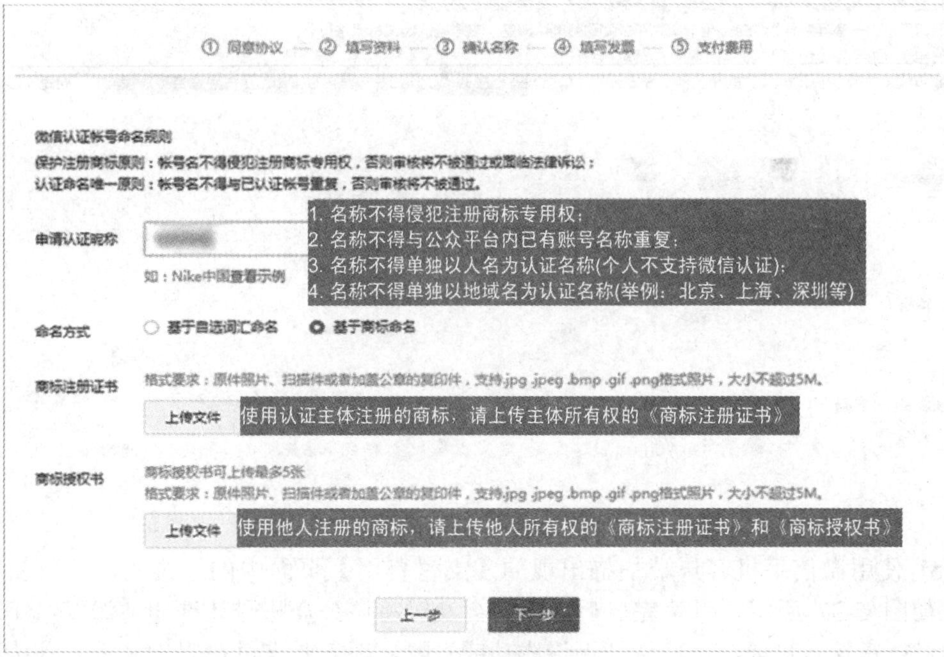

图 5-35　设置认证账号名称

要点提示

填写认证账户信息时的要点如下：

- ✧ 企业法人：证件上类型为个人独资企业，企业法人、企业非法人、非公司制企业法人、全民所有制、农民专业合作社、企业分级机构、合伙企业、其他企业。
- ✧ 申请公函：在微信认证首页下载公函，认真核对公函，打印—签字—加盖公章后上传。
- ✧ 开户名称：企业必须使用对公账户(基本户/一般户)，否则可能审核不通过。
- ✧ 联系人姓名：可填写注册人以外的运营者。
- ✧ 联系人验证：为了验证身份，要用绑定了联系人银行卡的微信扫描二维码，验证过程不扣除任何费用。
- ✧ 申请认证昵称：名称不得侵犯注册商标专用权；名称不得与公共平台内已有账号名称重复；名称不得单独以人名为认证名称(个人不支持微信认证)；名称不得单独以地域名为认证名称(如上海、北京等)。
- ✧ 商标注册证书：使用认证主体注册的商标，上传主体所有权的《商标注册证书》。
- ✧ 商标授权书：使用他人注册的商标，上传他人所有权的《商标注册证书》和《商标授权书》。

(4) 进入【填写发票】页面，选择微信认证费用发票类型，然后单击【下一步】按钮，支付微信认证的费用，如图 5-36 所示。

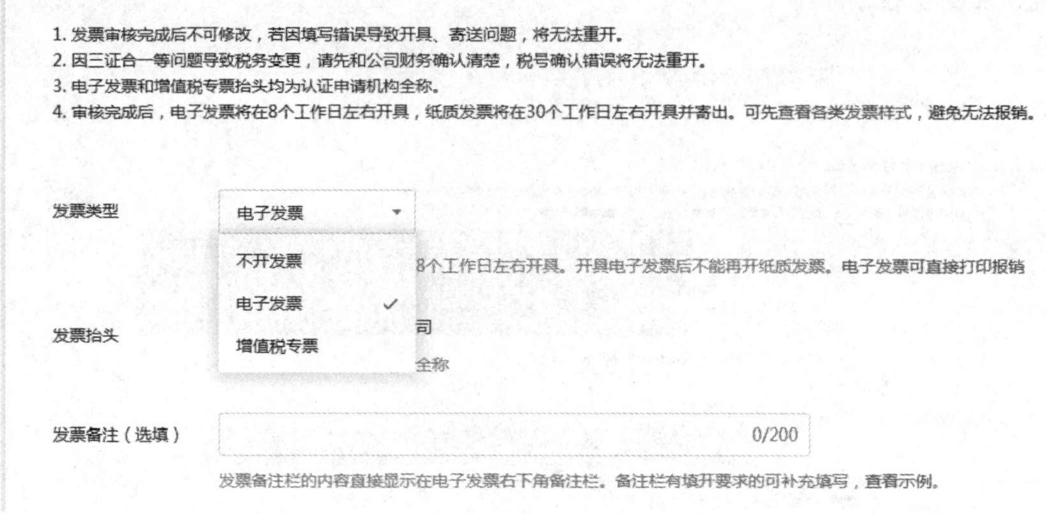

图 5-36　选择发票类型

(5) 使用微信手机客户端扫描出现的【支付费用】页面中的二维码，即可支付服务费用，如图 5-37 所示。付费完成后，腾讯会及时将该公众账号认证申请派发给第三方审核公司进行审核。目前，微信认证无论成功或失败，都需要支付费用 300 元，作为第三方审核机构的成本费用(审核服务费)。

图 5-37　扫码支付微信认证审核费用

5.3.4　微信支付申请

前面我们已经了解了微信支付支持公众号支付、APP 支付、刷卡支付、扫码支付、微信买单、小程序支付、H5 支付等多种方式，各种方式的具体功能介绍、申请条件及使用场景如表 5-4 所示。

表 5-4　微信支付方式

支付方式	功能介绍	申请条件	使用场景
公众号支付	在微信客户端外的移动端网页展示商品或服务，主要用于触屏版的手机浏览器请求微信支付的场景，可以方便地从外部浏览器唤起微信支付	已认证服务号，已认证订阅号(政府和媒体类型)	公众号、朋友圈、聊天窗口
APP 支付	商户通过调用在移动端应用 APP 中集成的 SDK 调用微信支付模块的方式来完成支付	已认证开放平台账号(一个平台内最多可添加 10 个 APP，可同时开通)	移动端 APP
刷卡支付	商户系统扫描微信钱包内的【刷卡条码/二维码】后直接完成支付	已认证服务号，已认证订阅号(政府和媒体类型)	线下面对面收银的场景，如超市、便利店
扫码支付	商户系统按微信支付协议生成支付二维码，用户使用微信“扫一扫”功能来完成支付	已认证服务号，已认证订阅号(政府和媒体类型)	PC 购物网站、实体店
微信买单	无须开发，可帮助商户生成固定的收款二维码，商户下载收款二维码并张贴在门店内，消费者扫描收款二维码向商户付款	已有商户号可登录微信移动版商户平台，单击【产品中心】/【微信买单】申请开通；无商户号可在移动版微信内搜索公众号【微信支付】，单击导航栏中的【其他帮助】/【成为商家】，提交申请	无开发能力的商户，可用于线下门店
小程序支付	小程序是一种新型的微信公众号，申请微信支付的门槛与其他类型公众号一致，具有快速获客、一体化营销的功能	已认证的小程序，可申请新商户号，也可绑定已有商户号	小程序内的支付
H5 支付	用户在微信中打开商户的 H5 页面，商户在 H5 页面中通过微信支付提供的 JSAPI 接口调用微信支付模块来完成支付	目前针对 18 个类目开放了 H5 支付权限，可登录微信移动版商户平台，单击【产品中心】/【我的产品】/【支付产品】/【H5 支付】进行申请	微信外移动端网站支付

1．公众号支付

前面我们已经对微信公众号的申请流程及认证流程有了详细的了解，接下来，我们将继续学习怎样进行公众号支付的申请。

有资格申请微信支付的服务商账号有两种：一种是经过了微信认证的服务号；一种是政府、媒体的订阅号。普通商户只能用微信认证的服务号来开通微信支付。

(1) 登录已经认证的微信服务号，单击首页左边功能区的【微信支付】项目，进入【支付申请】页面，阅读其申请条件、介绍和申明，如图 5-38 所示。然后单击进入旁边的【服务商申请】页面，阅读其申请条件、介绍和申明。

图 5-38　微信支付申请页面

注意：“支付申请”与“服务商申请”是不同的，前者是开通企业最基本的微信支付功能，没有开发权限；而后者是企业和微信支付合作，作为微信所拓展的第三方开发者，享有产品申请、技术接入、活动营销等全业态服务。

(2) 单击【服务商申请】页面中的【开通】按钮，会出现向微信支付商户平台跳转的提示页面，如图 5-39 所示。

图 5-39　微信/公众平台转向微信/商户平台页面

(3) 进入微信支付商户平台(pay.weixin.qq.com)的【提交资料】页面，依次填写【经营信息】、【商户信息】、【结算账户】页面中的相应信息，填写完毕后，确认提交，如图 5-40 所示。

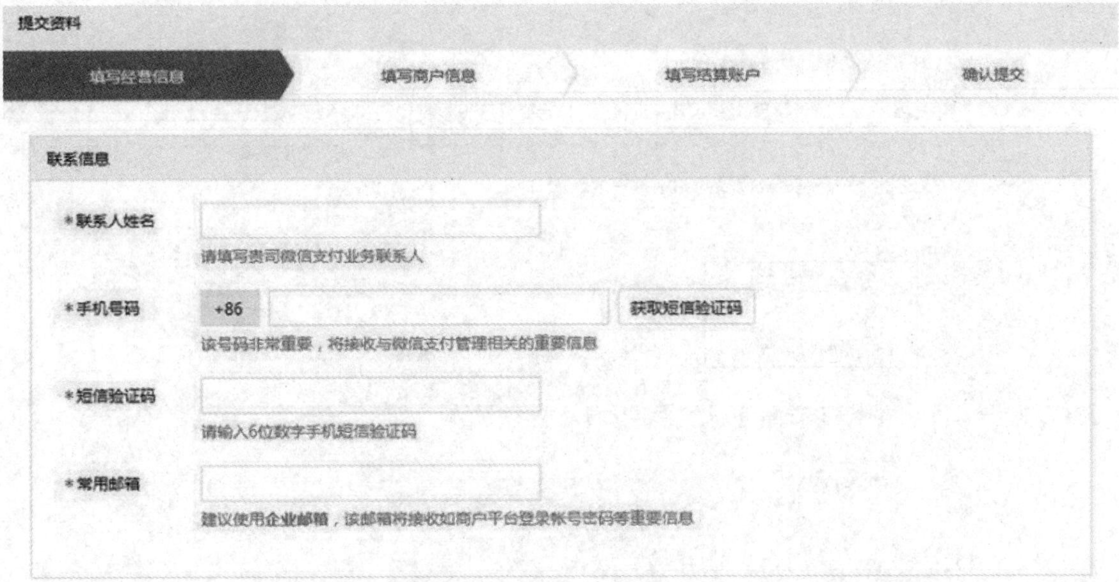

图 5-40　提交资料页面

在出现的如图 5-41 所示的页面中，单击【完成】按钮，即可完成商户资料提交。

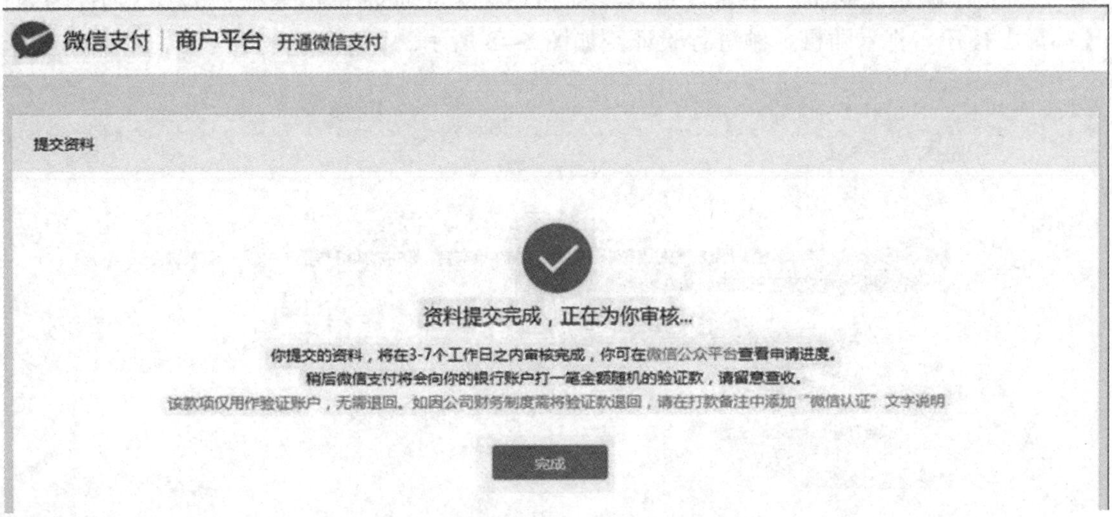

图 5-41　微信/商户平台资料提交完成提示

注意：提交的资料将在 3 至 7 个工作日之内审核完成，并可在微信公众平台查看申请进度，微信支付将会向填写的银行账户打入一笔金额随机的验证款，此款无须退回。

(4) 资料审核通过后，微信支付会发送验证通过信息，并将商户账号和密码以邮件的形式发送到注册时填写的邮箱当中，单击该邮件中的微信支付链接验证，就会跳转到微信支付商户平台，如图 5-42 所示。

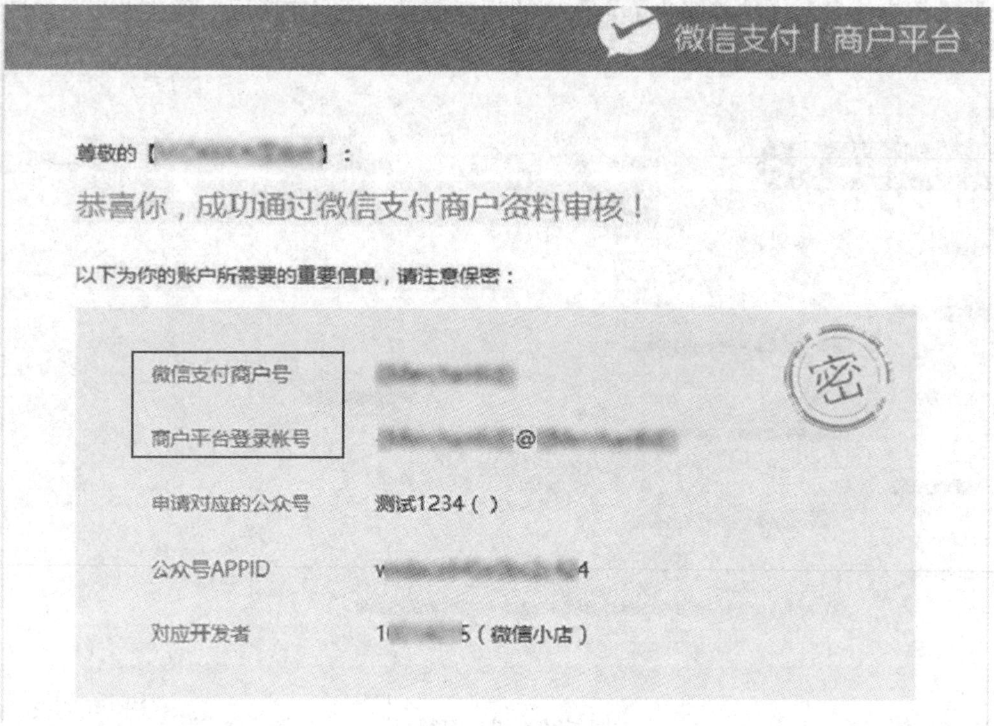

图 5-42　商户资料审核通过提示

(5) 登录微信支付商户平台，进入【支付申请】页面，单击【账户验证】条目中的【验证】按钮，打入随机金额进行验证，如图 5-43 所示。

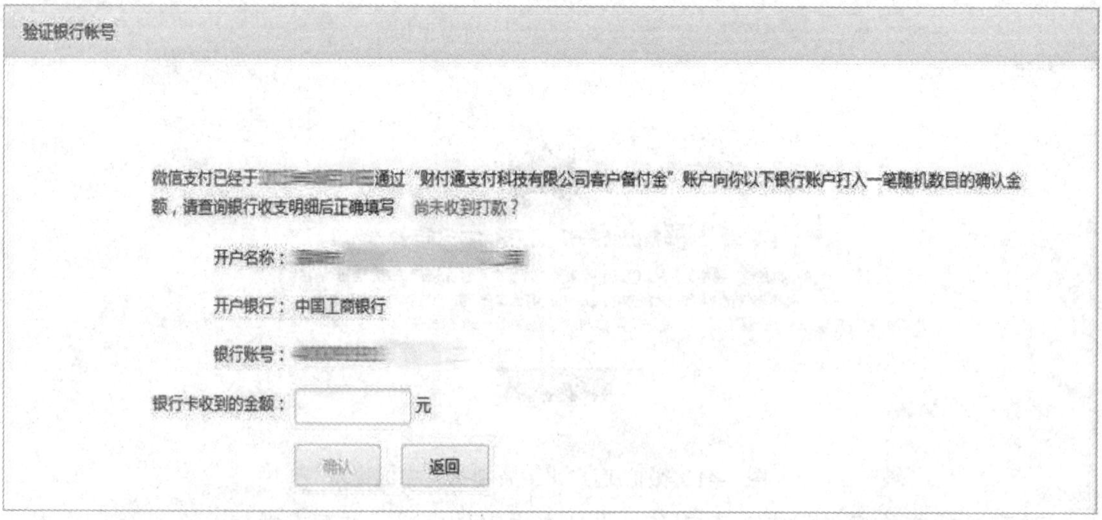

图 5-43　验证微信支付账户身份

若验证通过，会出现验证通过页面，在弹出的提示窗口中单击【前往签约】按钮，如图 5-44 所示。

图 5-44　微信支付账户验证通过

(6) 仔细阅读出现的微信支付服务协议，并确认商户信息无误后，单击签署，会弹出微信支付申请已经完成的提示，如图 5-45 所示。

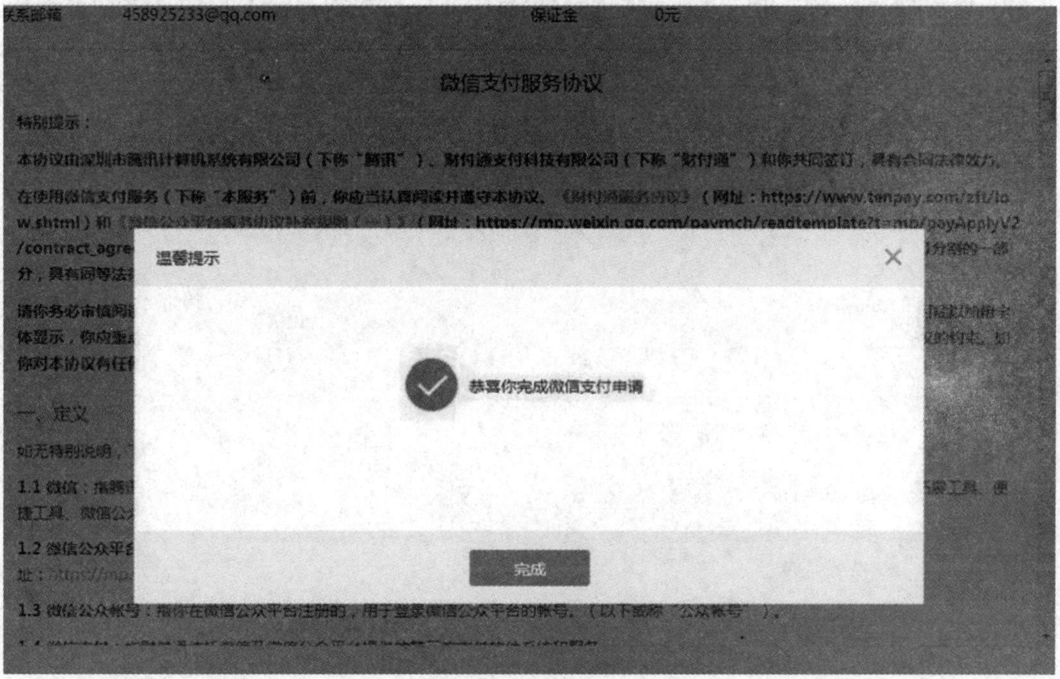

图 5-45　微信支付申请完成

(7) 在微信支付商户平台中设置公众号的支付目录：进入商户平台首页的【产品中心】/【开发配置】页面，在【支付配置】栏目中配置公众号的支付目录，如图 5-46 所示。

注意：公众号在请求支付的时候，微信支付会校验该支付请求的来源，所以必须确保公众号的支付目录已经被正确的配置，否则将验证失败，导致请求支付不成功。

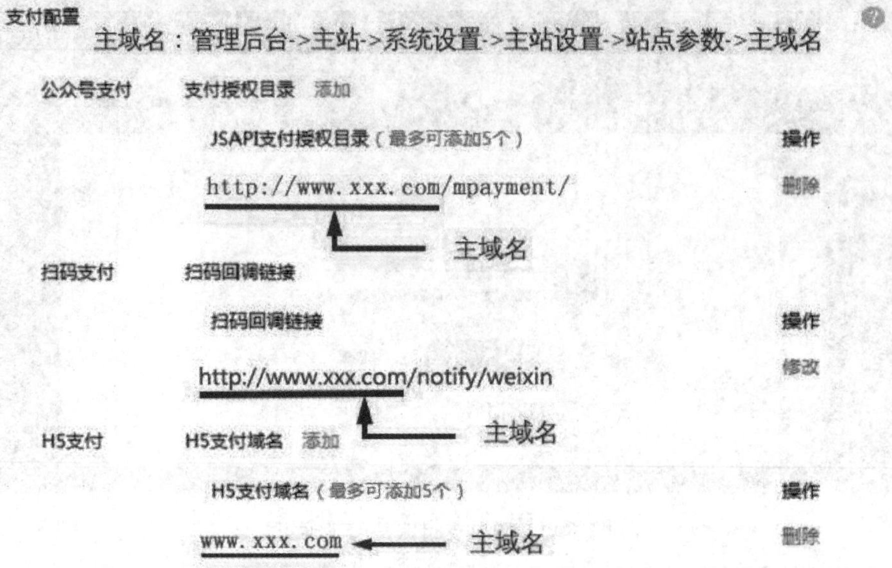

图 5-46　配置微信公众号支付目录

(8) 设置授权域名。单击【支付配置】栏目中【支付授权目录】后的【添加】链接，在出现的【公众号设置】页面中设置公众号的支付授权目录。由于在统一下单接口中要求必须上传商户的 OpenID，因此需要在【公众号设置】的【功能设置】页面中设置获取商户 OpenID 的域名，如图 5-47 所示。

注意：只有被设置过的域名才是一个有效的获取 OpenID 的域名，否则会获取失败。

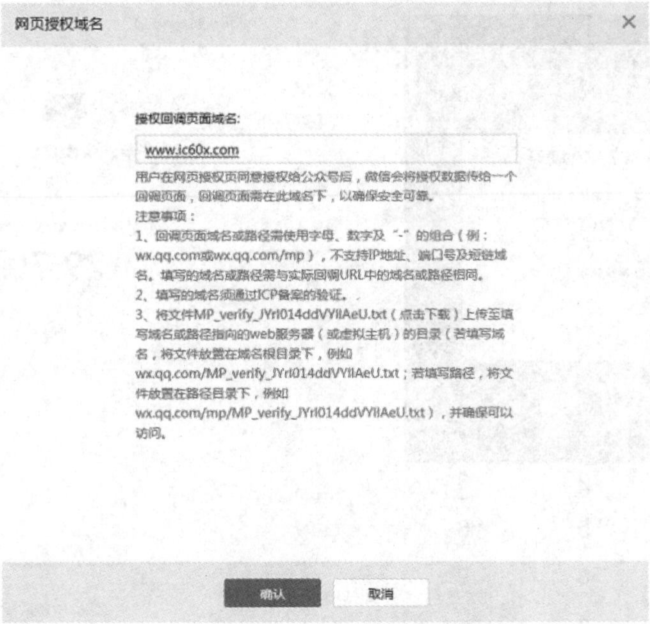

图 5-47　设置授权域名

(9) 上述设置完成后，当用户通过消息或二维码在微信内打开网页时，就可以调用微信支付完成下单购买的流程：首先，商户下发图文消息或通过自定义菜单吸引用户进入商户网页，下单购买商品，并发起微信支付请求，如图 5-48 和图 5-49 所示；然后，系统调用微信支付控件，用户输入支付密码，确认支付，支付密码验证通过后，用户会得到支付成功的通知，如图 5-50 和图 5-51 所示。

图 5-48　商户网页下单

图 5-49　请求微信支付

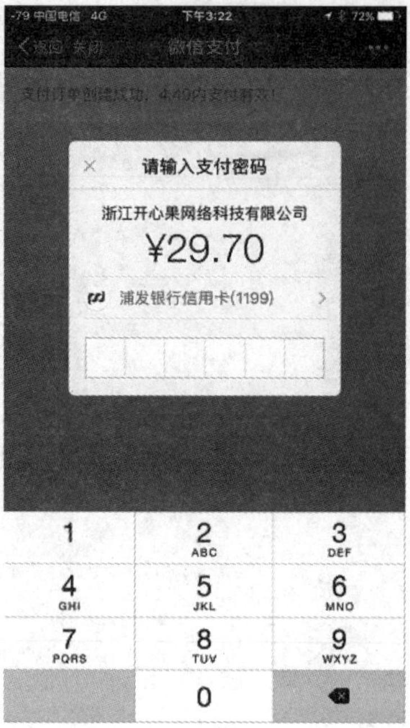

图 5-50 用户输入支付密码

图 5-51 用户支付成功通知

单击通知中的【返回商家】按钮，返回商户页面，显示购买成功。该页面内容可由商户自定义，如图 5-52 所示。微信支付公众号向用户发送支付凭证，同时商户公众号向用户发送购买成功消息(商户可以设置不发送此消息)，如图 5-53 所示。

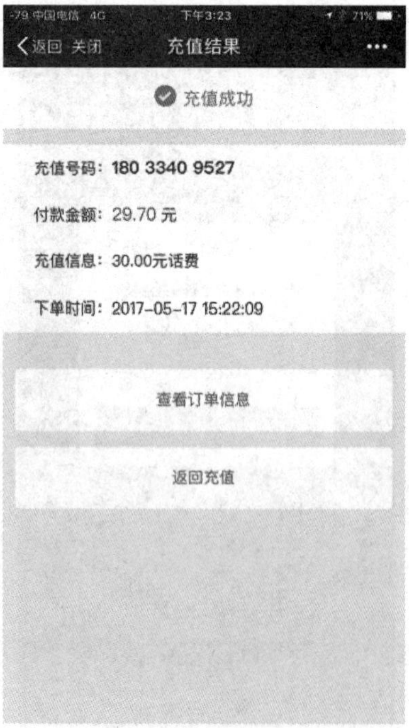

图 5-52 返回商户页面

图 5-53 用户收到微信通知

注意：商户也可以把商品网页的链接生成二维码，用户使用微信“扫一扫”功能访问链接，即可完成购买和支付过程。

2. 刷卡支付

根据商户具体情况，刷卡支付接入模式可分为两种：商户后台接入和门店接入。

(1) 商户后台接入。

商户后台接入模式适合具备统一后台系统的商户。门店收银台与商户后台通信，商户后台系统负责向微信支付系统发送交易请求并接收返回结果，如图 5-54 所示。

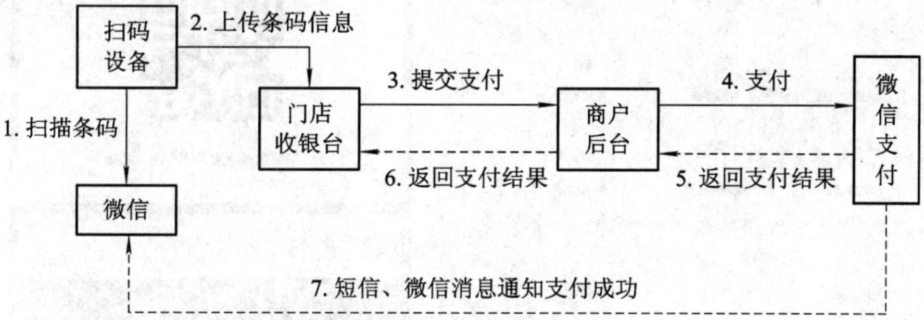

图 5-54　商户后台接入模式

(2) 门店接入。

门店接入模式适合门店收银台通过公网直接与微信后台通信的商户。由门店收银台直接发起交易请求和处理返回结果。商户可以根据实际需要，处理门店和商户后台系统之间的其他业务流程，如图 5-55 所示。

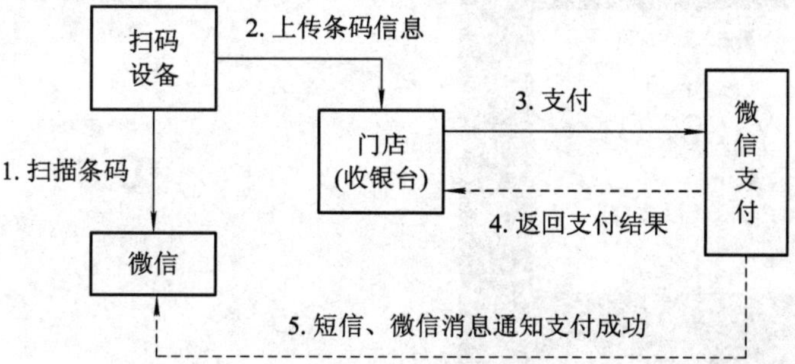

图 5-55　门店接入模式

刷卡支付流程是：用户选择刷卡支付并打开微信，进入【我】/【支付】/【收付款】界面，如图 5-56 所示；收银员在商户系统操作生成支付订单，用户确认支付金额，如图 5-57 所示；商户收银员用扫码设备扫描用户的条码/二维码，商户收银系统提交支付；微信支付后台系统收到支付请求，根据验证密码规则判断是否验证用户的支付密码，不需要验证密码的交易直接发起扣款，需要验证密码的交易会弹出密码输入框，如图 5-58 所示；支付成功后微信端会弹出成功页面，如图 5-59 所示。

图 5-56　我的钱包

图 5-57　刷卡支付界面

图 5-58　输入密码，确认支付

图 5-59　支付成功后页面提示

3. 扫码支付

(1) 扫码支付有两种模式，商户可以根据支付场景选择合适的模式。

【模式一】：商户后台系统根据微信支付规则生成二维码链接，链接中包含固定参数ProductID(可定义为产品标识或订单号)。用户扫码后，微信支付系统将 ProductID 和用户唯一标识(OpenID)回调商户后台系统(需要在图 5-47 所示的页面中设置支付回调 URL)，商户后台系统根据 ProductID 生成支付交易，最后微信支付系统发起用户支付流程。

【模式二】：商户后台系统调用微信支付【统一下单 API】服务生成预付交易，将商品返回的链接生成二维码，用户扫码后，根据提示输入密码，即可完成支付交易。

注意：该模式的预付交易订单有效期为 2 小时，过期后无法进行支付。滴滴打车、美团外卖等商户的 APP 采取的就是这种支付模式。

(2) 商户根据微信支付的规则，为不同商品生成不同的二维码，在各种场景中展示，以供用户扫描购买，如图 5-60 所示。

(3) 用户使用微信“扫一扫”功能扫描二维码后，可以获取商品支付信息，根据引导完成支付，如图 5-61 所示。支付完成后，用户会收到微信支付成功通知，如图 5-62 所示。商户后台得到支付成功的通知后，就会进行发货。

图 5-60　微信二维码“扫一扫”功能

图 5-61　扫码获得的商品支付信息

图 5-62　微信支付成功提示

4．微信买单

(1) 申请。登录微信支付商户平台首页，依次访问【产品中心】/【微信买单】页面，单击【申请开通】按钮，申请开通微信买单功能，如图 5-63 所示。

图 5-63　申请开通微信买单

(2) 签约。阅读出现的使用协议，勾选【微信支付“微信买单”功能使用确认函】，然后单击【确定签署】按钮，如图 5-64 所示。

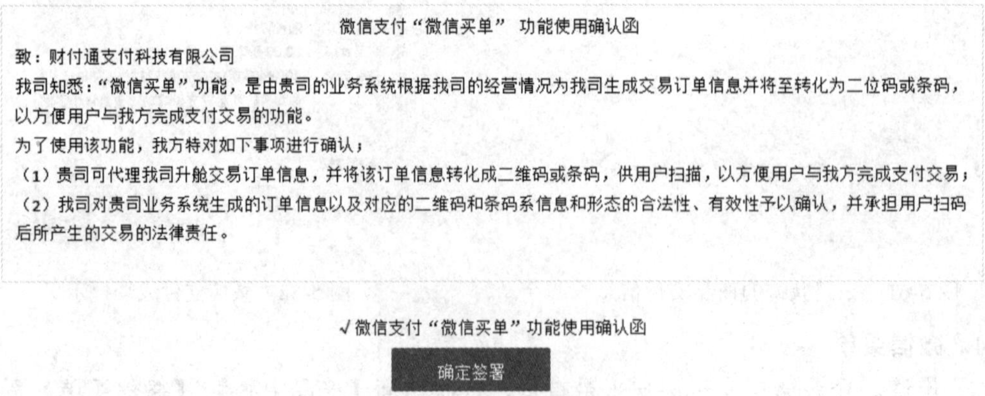

微信支付“微信买单” 功能使用确认函

致：财付通支付科技有限公司

我司知悉：“微信买单”功能，是由贵司的业务系统根据我司的经营情况为我司生成交易订单信息并将至转化为二位码或条码，以方便用户与我方完成支付交易的功能。

为了使用该功能，我方特对如下事项进行确认：

（1）贵司可代理我司升舱交易订单信息，并将该订单信息转化成二维码或条码，供用户扫描，以方便用户与我方完成支付交易；

（2）我司对贵司业务系统生成的订单信息以及对应的二维码和条码系信息和形态的合法性、有效性予以确认，并承担用户扫码后所产生的交易的法律责任。

√微信支付“微信买单”功能使用确认函

确定签署

图 5-64　同意微信买单使用协议并签约

(3) 设置店员。

返回微信支付商户平台首页，进入【账户中心】/【微信买单】页面，单击右下角的【添加店员】按钮，如图 5-65 所示。

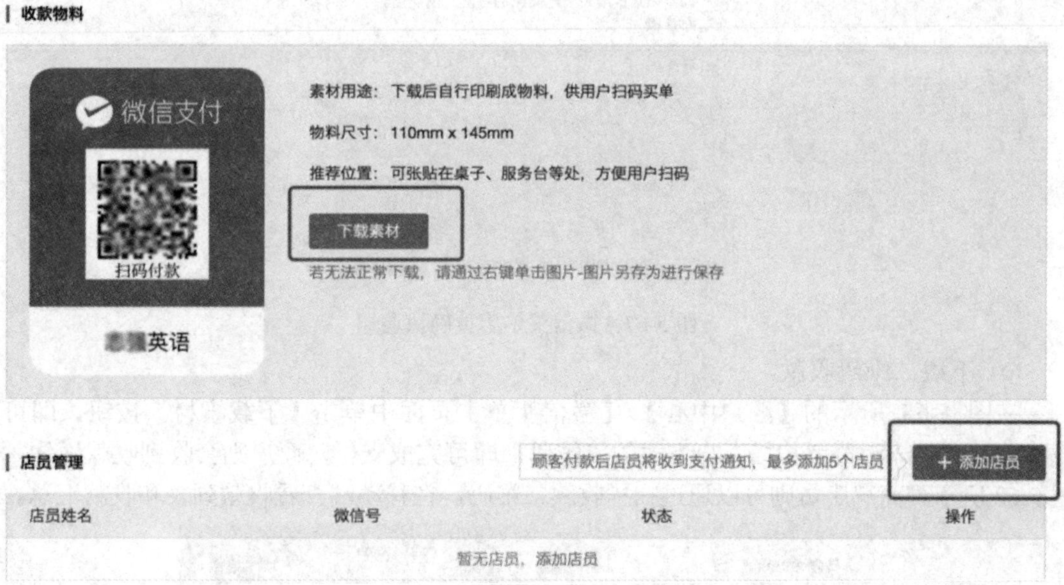

图 5-65　添加微信买单店员

在出现的【添加店员】页面中，填写微信买单的店员信息，填写完毕后，单击【添加】按钮，如图 5-66 所示。

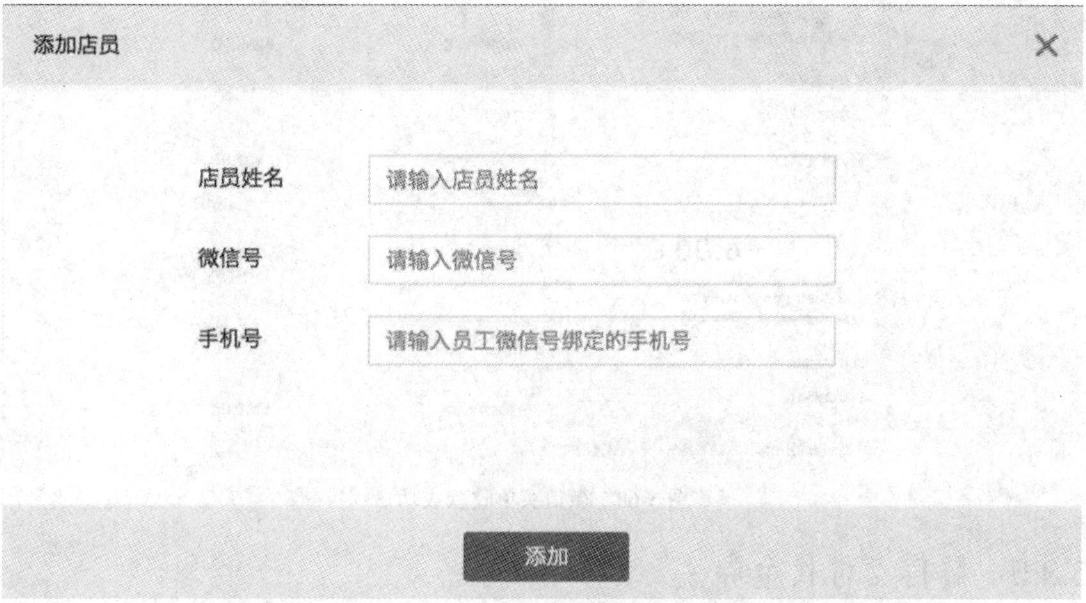

图 5-66　设置微信买单店员

添加完毕后，该店员会在微信上收到微信支付公众号发出的通知，如图 5-67 所示。

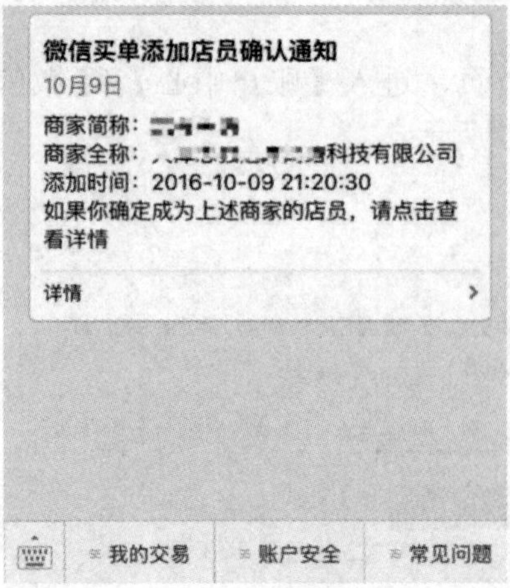

图 5-67　微信买单店员确认通知

(4) 下载二维码收款。

在图 5-65 所示的【账户中心】/【微信买单】页面中单击【下载素材】按钮，即可下载收款二维码。消费者扫描商户下载的二维码，即可完成支付，商户则会收到收款通知，如图 5-68 所示。商户店员则可以通过扫描收款二维码，在移动端查看收款列表和收款汇总。

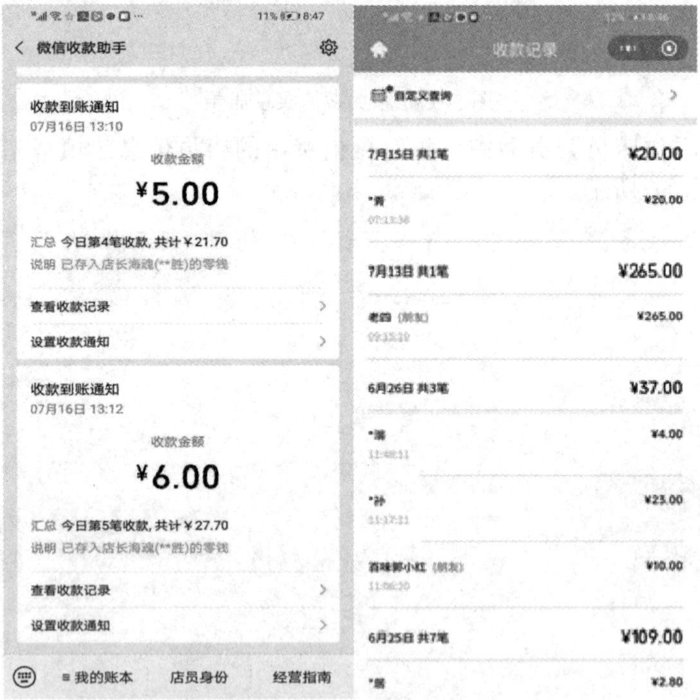

图 5-68　微信买单收款成功

5.3.5　微信支付代金券

使用微信支付代金券之前，需要先开通代金券权限：登录微信支付商户平台，访问【产品中心】/【预充值代金券】页面，单击【申请开通】按钮，如图 5-69 所示。

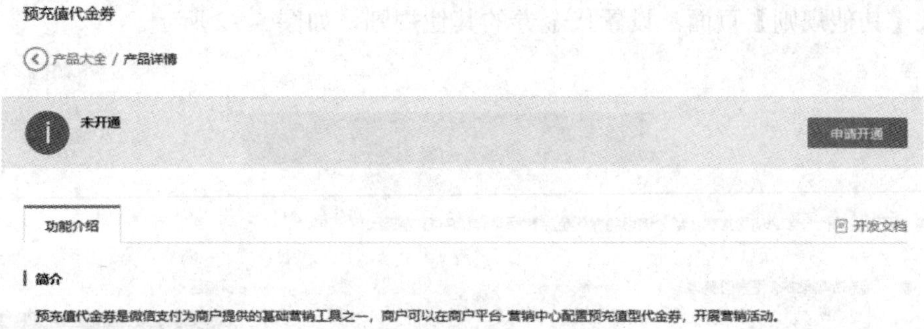

图 5-69　开通代金券权限

商户在使用代金券时，需要安装证书，可在商户平台首页单击【API 安全】/【下载证书】按钮，下载 API 证书，如图 5-70 所示。

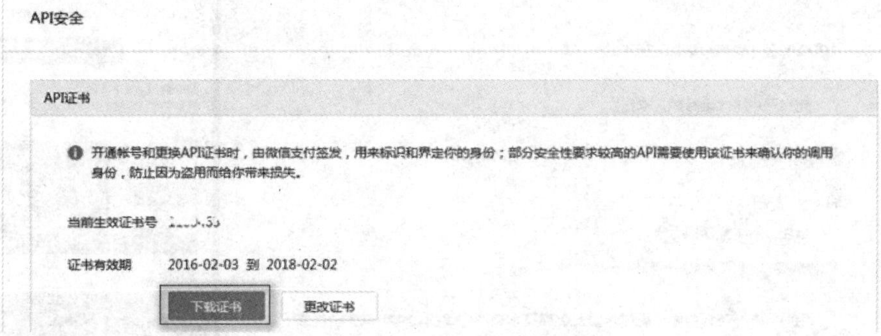

图 5-70　下载 API 证书

1. 创建代金券

选择要创建代金券的种类是全场券还是单品券。全场券可以给商户所有的商品减价，单品券只能给指定商品减价，本例中选择全场券。选定代金券种类后，设置代金券的基础规则，这些规则会向代金券持有者展示，设置完毕后单击【下一步】按钮，如图 5-71 所示。

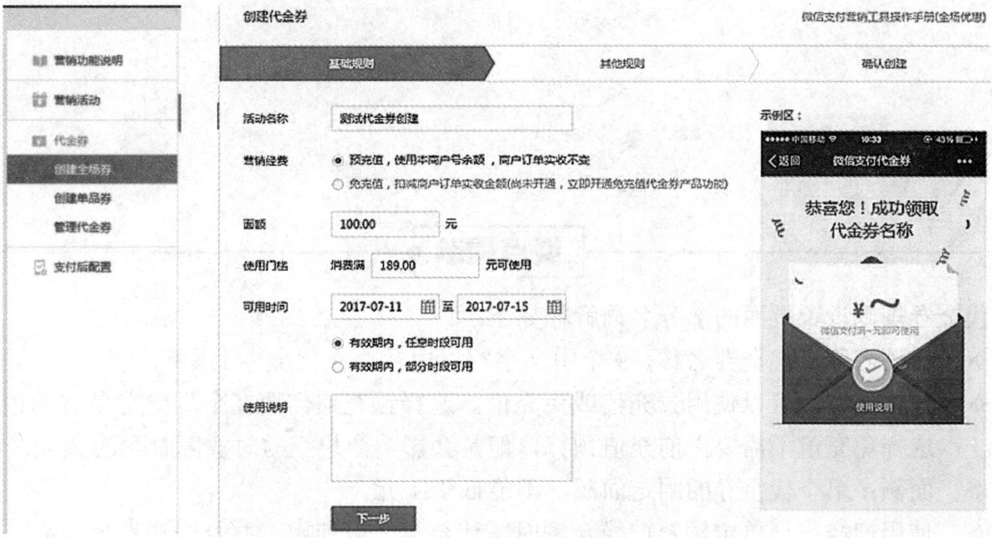

图 5-71　创建代金券—全场券

进入【其他规则】页面，设置代金券的其他规则，如图 5-72 所示。

图 5-72　设置代金券其他规则

要点提示

代金券规则设置页面的部分名词解释如下：

✧ 活动名称：代金券名称，9 个中文字符以内，会在代金券上呈现给用户。

✧ 营销经费：可以使用预充值或免充值。选择预充值需要在余额中有足够的预算；选择免充值不需要提前充值预算，但是会影响商户交易时实际收到的金额。

✧ 面额：单个代金券的固定面额，不能低于 1 元。

✧ 使用门槛：订单定额≥门槛金额时，代金券才可使用，并且一次性使用完。叠加使用多个代金券或立减优惠时，是否满足使用门槛，需以优惠前的订单金额为准，且总优惠金额必须小于订单金额，用户至少需支付一分钱。

- ✧ 可用时间：该代金券生效和失效的日期，与用户领取时间无关，已过期的代金券无法领取。可用时间最短 1 天，最长 3 个月。可选择周几、几点到几点有效。
- ✧ 使用说明：可向用户介绍该批次代金券的使用场景、支付方式等情况，该介绍不能超过 120 个中文字符。

其他规则主要有：

- ✧ 用户可领个数：每个微信用户可领该代金券的个数，需小于发放总上限。
- ✧ 用户类型：可以选择所有用户或指定会员用户，若指定只有某商户的微信会员能享受优惠，需要输入该商户 APP ID。
- ✧ 可用商户：设置该批次代金券可在哪些商户使用，默认为创建代金券的本商户号，也可以输入其他商户号，添加其他可使用的商户。输入商户号后先点击确定，待系统成功录入后，再点击完成。最多可添加 3000 个商户号，所有商户都要使用微信支付新接口。注意：此商户号列表不会展示给用户，为了让用户顺利使用，最好在使用说明中注明可用商户。
- ✧ 发放总上限：该代金券批次的发放数上限。填写完发放总上限后，系统会根据代金券面额计算出该批次代金券活动的预算总额，发放数达到此上限时，将无法继续发放。
- ✧ 卡包功能：设置该批次代金券是否具备可插入微信卡包的能力，代金券是否插入卡包，并不影响用户领取及拥有此代金券。
- ✧ 付款方式：消耗此代金券时所限定的付款方式，默认为不限制(即零钱+所有银行卡)，也可设置为只限零钱、银行卡或某个指定的银行卡类型。
- ✧ 同时使用：设置在用户的同一笔订单中，该代金券能否和本商户发放的其他微信支付优惠活动叠加使用。
- ✧ 支付模式：包括刷卡支付、公众号支付、APP 支付、扫码支付等，在创建营销活动时，可以将活动设置为只在特定支付模式下生效。
- ✧ 券触达消息：即用户用扫描二维码的方式领取代金券之后，系统会通过微信支付公众号向用户发送领取成功的通知。
- ✧ 订单优惠标记：限制只有特定商品订单才能使用该代金券——即当支付请求信息中的 goods_tag 字段包含在代金券的订单优惠标记列表中时，代金券才能使用。一个批次的代金券可配置多个订单优惠标记，而支付请求中的订单优惠标记命中其中任意一个即可使用该代金券。订单优惠标记的编写规则为不超过 32 个的任意英文字符。

在出现的【确认创建】页面中，确认代金券规则信息无误，然后单击【确认创建】按钮，完成代金券规则设置，如图 5-73 所示。

图 5-73　确认创建代金券

2. 激活代金券

创建成功后，你将获取到一个代金券的批次号，用于区别不同批次的代金券。待激活的代金券都存放在【管理代金券】/【草稿箱】页面中，需激活后才能使用，如图 5-74 所示。单击某批次代金券右上角的【激活】链接，可查看该批次代金券的详情并激活，激活后的代金券批次将移入【运营中】页面。已激活的代金券在有效期之内或促销活动暂停前都可发放。

图 5-74　激活代金券

注意：激活代金券前请确保账户内有足够的预算，且只有拥有“激活营销活动”权限的账号才能够激活代金券。

3. 发放代金券

运营中的代金券批次有二维码、营销规则和高级接口三种发放方式，如图 5-75 所示。用户领取后，会收到由微信支付公众号发出的成功领取通知。

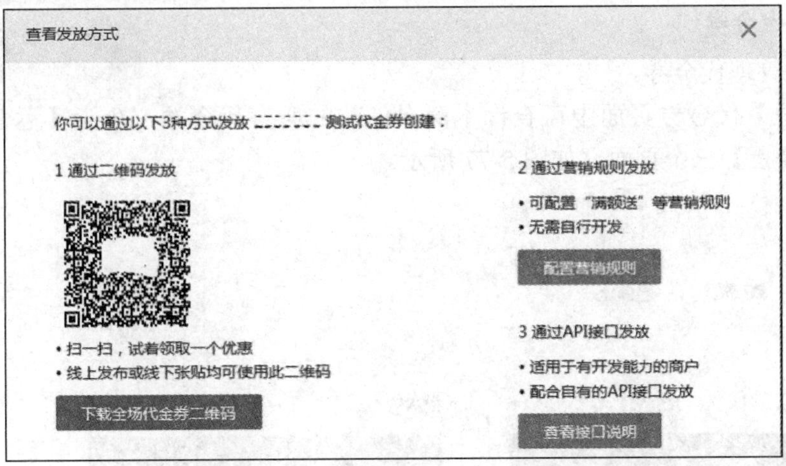

图 5-75　代金券发放的三种方式

(1) 二维码发券。

每个批次的代金券对应一个唯一的二维码，此二维码在代金券有效期内有效，用户扫描二维码后，就可即时领取到一张该批次的代金券。如果该批次已达到发放上限，或可用余额不足，则提示活动已结束。

(2) 营销活动发券。

微信支付商户平台还提供了营销活动发券工具。例如，【满额送】活动是指当用户在本商户或指定商户内支付满一定金额后，系统会主动向其发放一张指定的代金券，如图 5-76 所示。

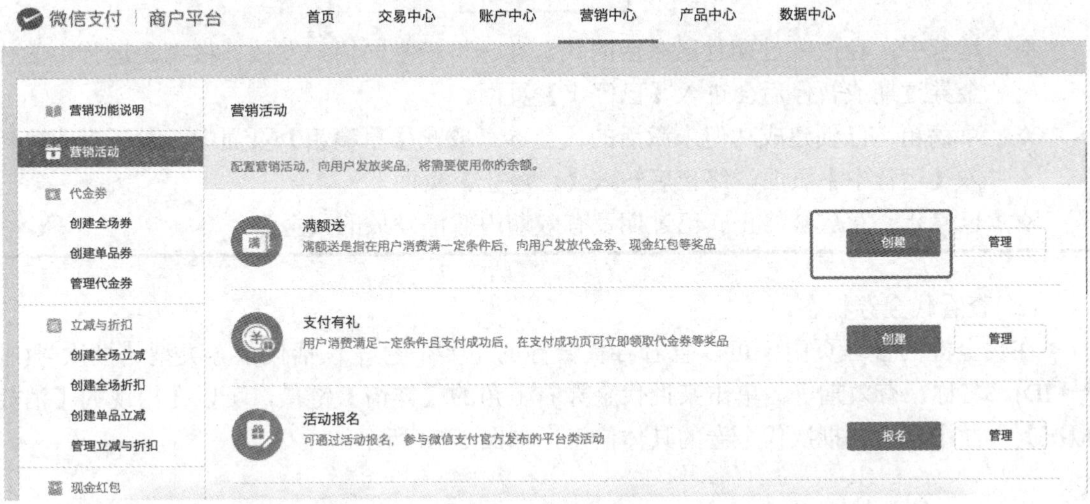

图 5-76　营销活动发券

(3) 代金券高级接口。

微信支付代金券系统为有开发能力的商户提供了一系列 OpenAPI 接口，通过这些接口可以实现向指定用户发放代金券。此接口可包装为抽奖、关注赠送、参与游戏赠送等运营活动。同时，代金券系统也提供了代金券状态查询接口，可实时查询某批次代金券的详细状态或某用户已领取到的代金券状态。

4. 管理代金券

(1) 分类管理代金券。

在【管理】代金券页面中可查询本商户创建的所有代金券，分为【运营中】、【草稿箱】和【已停止】三个页面，如图 5-77 所示。

图 5-77　代金券管理页面

要点提示

- ✧ 运营中：存放未过期且已激活的代金券，可正常向用户发放、核销。运营中的代金券过期或暂停后会进入【已停止】页面。
- ✧ 草稿箱：已创建成功但未激活的代金券存放在【草稿箱】页面中，激活后即可转入【运营中】页面，终止后转入【已停止】页面。
- ✧ 已停止：存放被终止、已过期及有效期内暂停发放的代金券。

(2) 查看代金券状态。

在代金券的管理页中，可以查看各代金券的主要信息，包括代金券类型、批次号(唯一 ID)、名称、有效期等。单击某批代金券右上角的【详情】链接，可以在出现的【消耗概况】页面中查看该批次代金券的具体信息，如图 5-78 所示。

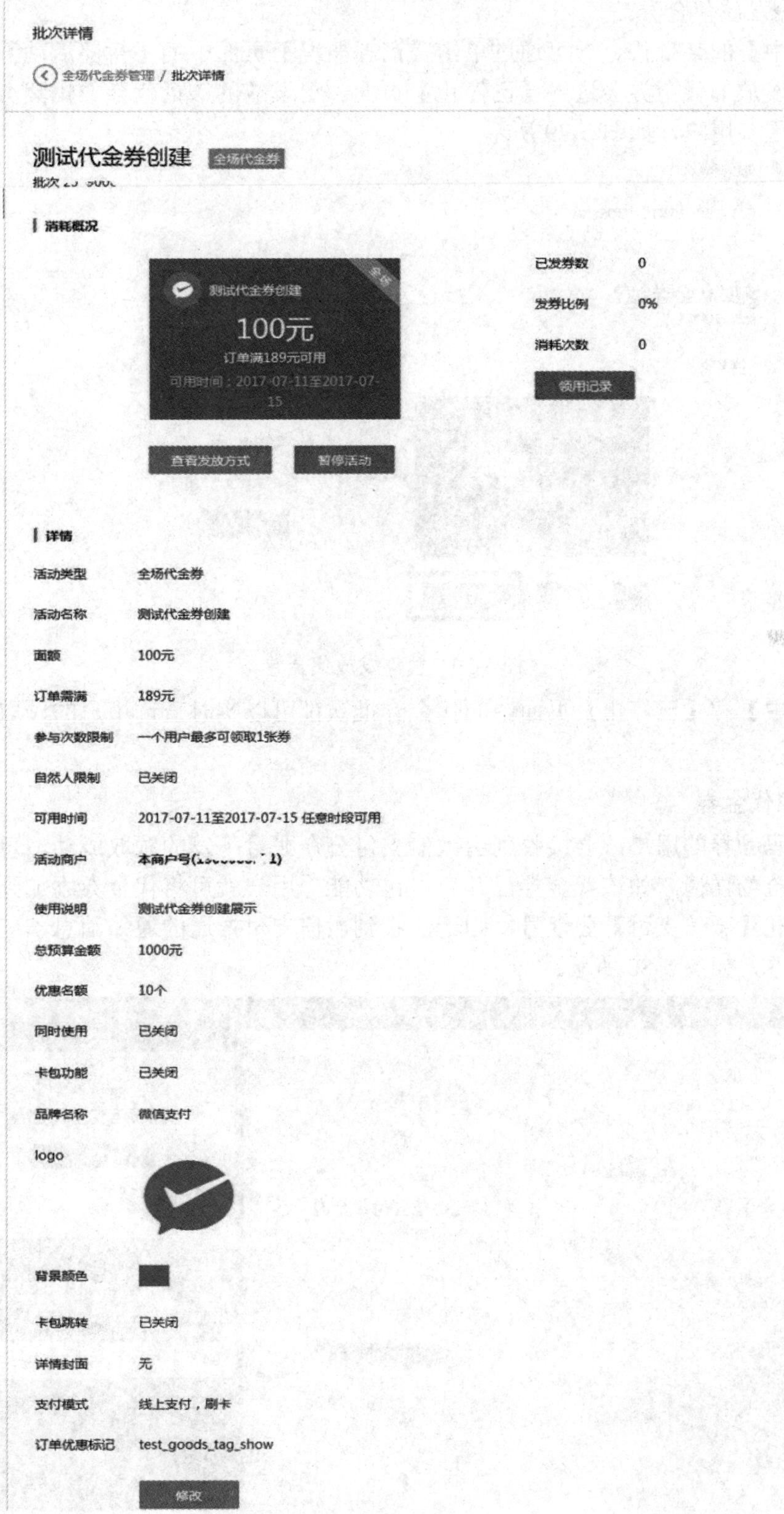

图 5-78　查看代金券状态

(3) 暂停发放代金券。

【运营中】的某批代金券可通过单击【消耗概况】页面中的【暂停活动】按钮来暂停发放，暂停发放的代金券会进入【已停止】页面。已发放的该批代金券仍然有效，但无法继续发放给更多用户，如图 5-79 所示。

图 5-79　暂停发放代金券

【运营中】和【已停止】页面中的代金券批次都可以实时查询用户的领取记录，或下载消耗明细。

5．领取代金券

通过扫码领券的用户，会接收到由微信支付公众账号下发的领取成功消息，点击消息即可查看代金券详情。如该代金券已开启卡包功能，用户就可将代金券添加到卡包中。如果用户未关注【微信支付】公众号，则无法收到微信支付推送的通知消息，但不影响用户使用该代金券，如图 5-80 所示。

图 5-80　领取代金券

本章小结

通过本章的学习，读者应当了解：

✧ 移动支付(Mobile Payment)是允许用户使用移动终端对消费的商品或服务进行账务支付的一种服务方式。

✧ 移动支付所使用的支付账户有三类：移动运营商提供的通信账户或专用账户、金融机构提供的账户、第三方机构提供的账户。

✧ 根据不同的分类标准，移动支付有多种分类：按照支付渠道的特点，可将移动支付分为近场移动支付与远程移动支付；按照账户类型，可将移动支付分为通信账户支付、银行卡账户支付以及第三方账户支付；按照交易金额，可将移动支付分为大额支付、小额支付和微支付等。

✧ 移动支付产业链一般包含三个层次，依次为规则制定层、技术提供层和应用层。

✧ 移动支付的运营模式由移动支付价值链中各方利益分配规则及合作关系决定，主要模式有移动运营商为主体的运作模式、金融机构为主体的运作模式、第三方支付机构为主体的运作模式及融合模式。

✧ 远程移动支付技术基础总体上包含短信接入、WAP 接入、IVR 接入和客户端/支付插件等技术和处理系统。

✧ 近场移动支付技术主要有 LBS 技术、近场通信(NFC)技术和蓝牙近场技术(iBeacon)。

✧ 微信支付自推出之后，已支持公众号支付、扫二维码支付、App 支付、刷卡支付、微信买单等多种支付方式。

本章练习

一、简答题

1. 简述移动支付产业链的构成及三个层次。
2. 简述各种微信支付方式的应用场景。

二、案例分析

移动支付除微信支付外还有以下两种主要形式：

(1) 阿里：扫码支付。

阿里商业模式的重点在于支付，其旨在通过支付渗透到线下商业实体的各个环节，从而掌控交易流程。阿里通过移动支付来打造自己的生活服务平台，由合作商家提供服务，比如淘宝旅行提供机票服务、时光网提供电影票购票和选座服务，流量入口和支付系统则由阿里提供。用户通过移动终端进入支付宝钱包服务窗，获得移动支付、Wi-Fi、电子卡券等购物体验，商户可将每笔消费单生成支付二维码，用户只要扫描二维码即可实现在线支付。

依托支付宝，尤其是移动终端的“扫码支付”，阿里在短时间内完成了零散小商户的整合。其目标是打造线下支付硬件产品，实现“支付结算+库存清点+会员卡核销+数据平台”等多重功能。用户使用支付宝进行线下支付的同时，也将个人数据传输给阿里数据库及商家，其中的历史交易行为、交易地点、交易金额等信息则成为支付宝 O2O 广告交易平台的基础。

(2) 百度：移动搜索 + 百度钱包。

搜索和地图应用是百度在移动端的主要入口。百度搜索已占据市场超 80%的份额，百度地图整合线下客户资源，并提供周边搜索服务，已成为用户和线下商户联系、交易的重要桥梁和本地生活服务的主要入口。

百度借助搜索完成对商家的直达，实现从连线用户和信息转向连接用户和服务，从流量分发转向服务分发环节，改变目前以广告为主的盈利模式，将用户潜在需求、模糊需求、精确需求都导流给商家，最后通过移动端“百度钱包”完成线上支付。

问题：微信支付与支付宝支付和百度钱包相比有什么优势，体现在哪些方面？

本章能力拓展

安徽省农信社以银行卡为依托，开发出“易贷卡”产品，通过绑定新型支付工具，大大便利了农村小微企业、农村个体工商户和农村种养殖户。通过简化借款人使用、偿还信贷资金的流程，提高了农村地区信贷资金投放及使用的效率，降低了办理信贷业务的成本，助推了农村经济的发展。

一、新型支付工具推广整体情况

安徽亳州共有 4 家地方法人金融机构推广新型支付工具。截至 2014 年 6 月末，这 4 家金融机构发放“易贷卡”4.16 万张，授信金额 64.32 亿元，贷款余额 35.23 亿元。其中累计发展网上银行用户 14.99 万户，手机银行用户 5.3 万户，实现了“易贷卡”客户手机银行全覆盖。

二、提升农村信贷资金投放效率

对 200 家农村个体工商户的问卷调查显示：有 132 家农户个体工商户已办理“易贷卡”，占总数的 66%；有 107 家农村个体户把“易贷卡”与手机银行进行绑定，经常利用手机银行使用或偿还信贷资金，占农村个体工商户总数的 53.5%。新型支付工具的推广，大大提升了农村信贷资金的投放效率。

三、取得的成效

“易贷卡”提高了信贷资金的使用效率。借款人在家或出差均可办理信贷业务，不再受时间和空间的限制，在一定程度上不仅节约了借款人的人力、财力及时间成本，而且有效提高了信贷资金的使用效率。调查演示，受访的 98 户农村小微企业主、107 户农村个体工商户、143 户农民在手机银行办理信贷业务后，全都认为信贷效率提高了。

“易贷卡”还降低了银行办理信贷业务的成本。通过对 20 家乡镇银行网点的走访了解到，柜台办理信贷业务量下降了 13.7%，银行柜面人员能够腾出更多的时间、精力办理其他业务，同时不必打印相关凭证、发放贷款证、登记台账等，降低了银行信贷业务的成本。

仔细阅读材料，借助互联网资料，阐述发展农村移动支付的必要性及发展前景。

第 6 章　银行卡收单业务

本章目标

- 掌握银行卡收单业务的内涵及产业链基本内容
- 理解银行卡收单政策
- 掌握传统 POS 和智能 POS 的区别
- 掌握 POS 收单连接模式
- 了解 POS 收单流程
- 掌握银行收单利润分成模式
- 理解拉卡拉收单业务模式
- 了解快钱收单业务模式

学习导航

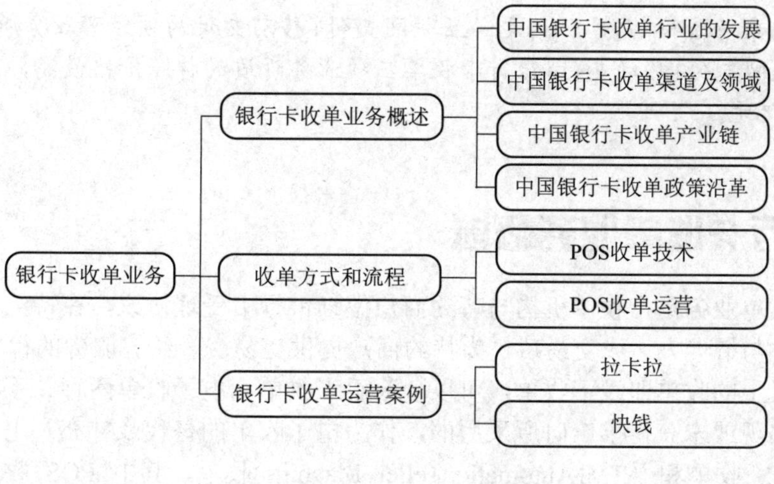

案例导入

银行卡收单是指通过销售点(POS)终端等为银行卡特约商户代收货币资金的行为。2018 年 4 月 1 日起实施的条码支付新规明确要求“支付机构为实体特约商户和网络特约商户提供条码支付收单服务的，应当分别取得银行卡收单业务许可和网络支付业务许可”，这意味着开展线下扫码支付需要获取银行卡收单牌照。由于拥有全国范围内银行卡收单资质的机构仅有 31 家，该监管举措使得本已经有点边缘化的银行卡收单牌照重新受到市场重视，价值凸显。

上市公司新国都 2018 年 4 月 18 日晚间发布公告称，公司已收到嘉联支付有限公司完成工商变更登记及备案手续的通知，公司成为嘉联支付唯一出资人和实际控制人。央行信息显示，嘉联支付 2015 年拿到牌照，可在全国范围内开展银行卡收单业务。据悉，新国都为此次收购付出了 7.1 亿元的成本。

早些时候，天马精化发布公告，公司投资现金 2 亿元获得银嘉金服 10%股权。据悉，银嘉金服主要开展以银行卡收单为主的第三方支付业务，其下属全资公司付临门支付拥有银行卡收单业务牌照，可在除安徽省、青海省以外地区开展收单业务，牌照有效期至 2021 年。

另外，从上市公司新力金融收购海科融通的案例中也可窥见获取银行卡收单资质的难度。2018 年 3 月 26 日，新力金融宣布对第三方支付公司海科融通近 24 亿元收购案终止。这意味着，新力金融筹划了两年的第三方支付牌照收购计划流产。

在市场人士看来，牌照的稀缺性是银行卡收单资质受追捧的原因之一。截至 2019 年 7 月，拥有收单牌照的支付机构仅 61 家，其中拥有全国范围内收单资质的机构共 31 家，区域性范围收单资质的机构共 30 家。

支付机构人士指出，牌照价格的高低不能一概而论，还要看支付企业的经营状况、业务范围等。支付牌照中最值钱的是互联网支付、移动电话支付、银行卡收单。据悉，互联网支付牌照的市场价格约为 5 亿元；互联网支付+移动支付两项经营业务牌照超过 6 亿元；拥有互联网支付+移动支付+银行卡收单三项业务资质的牌照价格最高，目前交易价格普遍超过 10 亿元。

6.1 银行卡收单业务概述

银行卡收单业务是指收单机构与特约商户签订银行卡受理协议，在特约商户按约定受理银行卡，并与持卡人达成交易后，为特约商户提供交易资金结算服务的行为。

传统意义上的收单即线下收单，可以分为手工收单和电子收单两种。手工收单是在电子收单还未出现或未获得推广时所采用的，作为电子收单的替代或补充。电子收单按种类可以分为 POS 收单和 ATM(Automatic Teller Machine)收单，其中 POS 收单又可称之为 EDC(Electronic Data Capture)收单。

收单也可以通过线上的形式进行，但线上的收单业务往往被归入网络支付的范畴，而不是传统意义上的收单业务范畴，故本章只介绍线下收单的相关知识。

知识链接

收单业务最早起源于美国。1949 年的一个中午，纽约曼哈顿的一个餐馆里，麦克纳马拉先生再次因为忘带钱包而陷入尴尬，他想：这时如果有人来为自己付钱该多好，我宁可支付给这位好心人一点手续费的。

于是他萌生了一个新的创意，创建一家公司，专门为就餐的顾客垫钱买单。当然，顾客的代价，或者说提供服务的收益，就是向商家或者顾客收取一定的费用。这个想法慢慢发展为收单业务和信用卡业务，从而开辟了支付产业的一个革命性时代。

1950 年，麦克纳马拉先生的“大莱俱乐部”(即大莱信用卡公司前身)成立，这也标志着通用信用卡的诞生。大莱俱乐部首先说服一批餐馆、宾馆等商户加入，然后以此为基础，在就餐者、住宿者人群中发展会员。商户受理这些会员的卡片交易后，定期把单据交与大莱，大莱扣除相应的手续费后，将金额支付给商户，这就是早期的“收单业务”，其中所谓的“单”就是客户签字的账单，实际上就是“赊账单”。当时，商户的手续费为 7%，虽然费率极高，但因为有保障的赊账，能为餐馆带来更多的客户及交易，餐馆愿意为此付出代价。

从某种程度上说，收单要早于发卡，这是因为，最初大莱俱乐部只是向餐馆提供一份会员名单，即“有权赊账者”名单，并没有实质性的卡片。直到 1958 年，美国银行发明了银行信用卡，该卡于 1976 年改名维萨卡(VISA Card)。

---

1. 中国银行卡收单行业的发展

中国银行卡收单行业的发展历程如图 6-1 所示。

1974—1992年 POS萌芽阶段	1993—2008年 POS全面联网	2009—2014年 传统POS高速发展	2014年—至今 国内智能POS诞生
• 1974年，我国诞生第一台POS，但由于应用环境的不成熟，未能推广。 • 1985年开始，国内各大银行独立发展收单业务，实行“一行一网、一机一卡”，自行布放受理终端，银行卡只能在本行终端上使用。	• 1993年6月“金卡工程实施”，布局全国银行卡网络，培育POS专业化服务机构，银联商务POS业务产生。 • 2002年，中国银联成立，实现了银行卡全国跨区域、跨行联网通用。 • 2003年至2008年期间，出现专业化收单服务机构，为各发卡行代理拓展商户、机具布放与维护等业务，形成直联POS模式。	• 2008年以后，专业化服务机构与发卡行共同收单。 • 国内的传统POS全国布局基本完成，伴随着芯片、卡制造以及各类平台的运营成熟，卡支付的消费方式逐渐成为主流。 • 截至2014年，全国有效使用的POS终端有712万台。	• 2014年3月，第一款智能POS曝光，到2015年时，国内出现一批优秀的智能POS企业，智能POS行业开始高速发展。 • 2016年是智能POS爆发元年，移动支付呈现爆发式增长，用户多样化的付款方式对POS的收款服务要求越来越高；商户也需要新款POS来帮助他们实现店铺与互联网的紧密结合。

图 6-1　中国银行卡收单行业的发展历程

2. 中国银行卡收单渠道及领域

目前，中国人民币银行卡收单的业务已经深入到了多个行业领域，通过与保险、教育、医疗、航空行业领先企业的合作，不断创新支付应用，为人民币银行卡的普及提供了多渠道的选择，如图 6-2 所示。

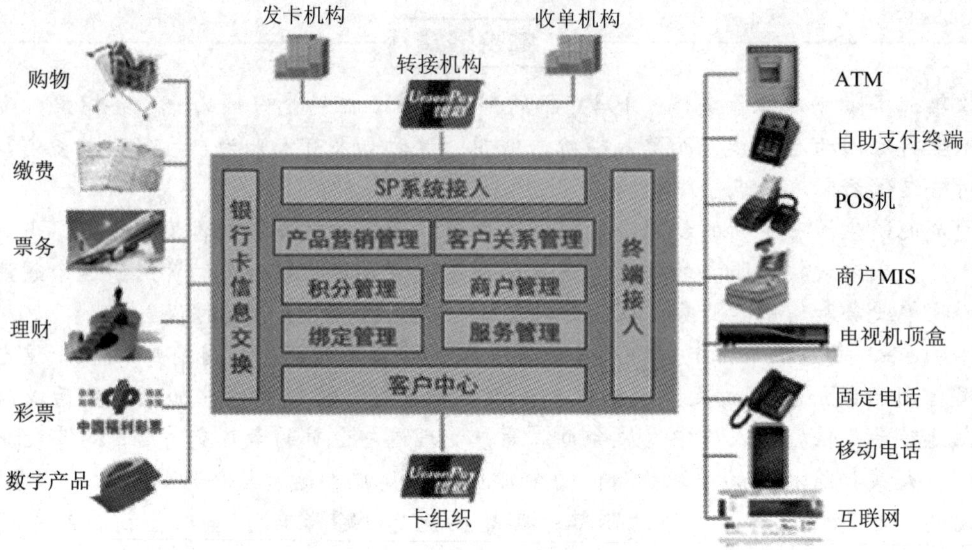

图 6-2　银行卡收单业务渠道

3．中国银行卡收单产业链

银行卡收单产业链是指参与银行卡业务的所有企业或机构组成的功能网链，在这个网链结构中，商业银行是核心企业，是整个链条的龙头，它通过利益共享的原则，与制卡机构、发卡机构、收单机构、专业化服务机构等众多产业部门结合，形成促进银行卡产业加速发展的链条，如图 6-3 所示。

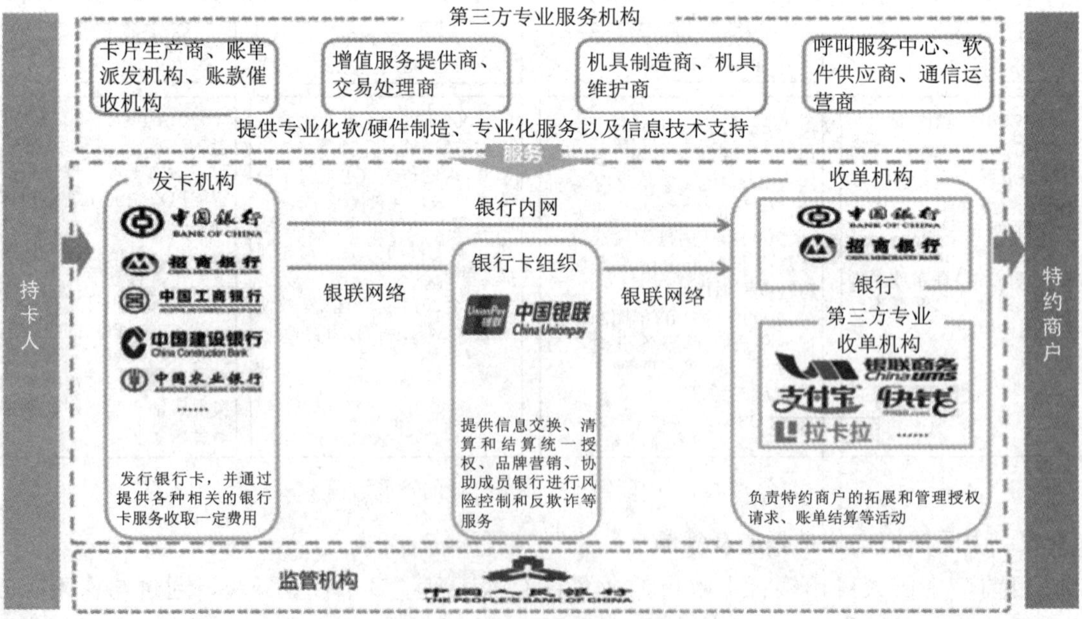

图 6-3　银行卡收单产业链

在银行卡收单产业链中主要包括四类参与主体：第一类是整个产业的消费方——持卡人和特约商户；第二类是整个产业的供给方，包括发卡机构、收单机构和银行卡组织，其中的发卡机构可以是银行，也可以是一些非银行机构，如信用卡公司，又或者是一些其他行业的企业，如旅行社、电信、石油、保险等公司；第三类是中间供应商，包括机具或芯片的生产厂商、系统供应和维护商，以及各类第三方服务机构；第四类是整个产业的宏观管理者，即政府和行业管理者。

以上四类参与主体的部分职能解释如下。

(1) 发卡机构：主要职能是向持卡人发行各种银行卡，并通过提供各类银行卡服务收取一定费用。通过发行银行卡，发卡机构可获得持卡人支付的信用卡年费、透支利息、各种服务手续费、商户回佣分成等收益。

(2) 收单机构：主要负责特约商户的开拓与管理、授权请求、账单结算等活动，其收益主要来源于商户回佣、商户支付的其他服务费(如 POS 终端租用费、月费等)及商户存款增加。大多数发卡银行都兼营收单业务，也有一些非银行专业服务机构经营收单业务。

(3) 银行卡组织：银行卡组织的关键职能在于建立、维护和扩大跨行信息交换网络，通过建立公共信息网络和统一的操作平台，向会员银行提供信息交换、清算和结算、统一授权、品牌营销、协助会员银行进行风险控制及反欺诈等服务。

(4) 第三方服务供应商：银行卡产业链中的第三方服务供应商包括除银行卡组织以外的信息交换和转接业务机构、第三方金融服务公司、支付处理支援商等。其中信息交换和转接业务机构提供交易信息转接服务；第三方金融服务公司提供商户管理、设备维护、信用分析、交易清算以及相关咨询等专业化服务；支付处理支援商提供与银行卡产业相关的硬件、软件及相关服务。

4．中国银行卡收单政策沿革

中国银行卡收单行业经历了几个阶段的发展。中国银联成立之前，由于银行卡交易不能实现全国性的联网通用，收单业务覆盖人群较小，影响有限。银联成立后，银行卡交易有所发展，但由于当时的政策背景，商业银行对收单业务并无热情。另外由于手续费过高等问题，还出现商户主动向银联商务或区域性收单机构批量迁移的现象。而“126 号文”和“2 号令”的出台，在一定程度上改善了收单行业混乱的情况，但目前我国银行卡收单业务的健康发展仍面临着监管困难以及移动支付的冲击等问题。

2016 年之前国内银行卡收单行业较为重要的政策大事件如图 6-4 所示。

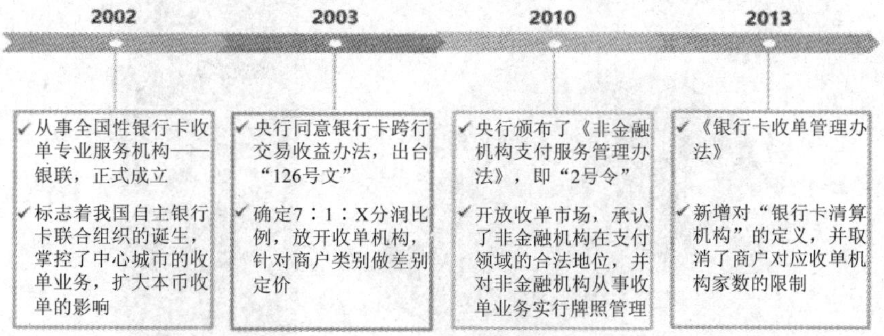

图 6-4　2016 年前国内银行卡收单行业较为重要的政策大事件

6.2 收单方式和流程

收单方式分为手工收单和 POS 收单，在 EDC 和 POS 收单方式出现之前，一般采用手工收单。手工收单全流程都采用手工方式处理，目前仍广泛应用于高档宾馆类商户的收单服务中，但其他企业已很少采用这种方式收单，故本小节主要阐述 POS 收单的相关知识。

6.2.1 POS 收单技术

POS 收单的基础技术如图 6-5 所示。

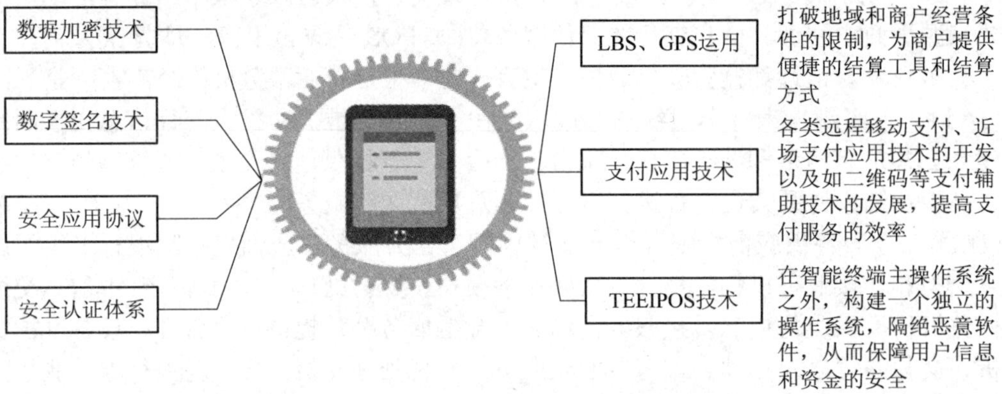

图 6-5　POS 收单的基础技术

国内 POS 具有不断完善的技术标准，为消费者的交易过程提供了技术保障。通过数据加密技术、数据签名技术、安全应用协议及安全认证体系等基础安全技术，使得支付过程中的用户信息得到更加充分的保护，确保支付安全。此外，基于 GPS 技术，POS 行业还开发了移动 POS 技术，为持卡人提供更安全、更有效率的支付服务。

传统 POS 一般是封闭的，无法与其他设备有效关联，也没有很多与外部设备通信的手段，只是一个专业化终端，用于独立的收银体系，而近年来出现了基于大数据挖掘技术以及云计算技术的智能 POS。传统 POS 与智能 POS 的典型外观如图 6-6 所示。

图 6-6　传统 POS 和智能 POS

消费者在日常生活中的各种活动会产生许多数据，这些数据经过合理的分析后，能帮助客户端推测消费者行为趋势，针对其消费特征和偏好制定或改善营销策略，提高用户黏性和忠诚度，开发用户潜在的消费需求，从而产生巨大的利益，此即大数据技术应用于 POS 收单的基础。目前，大数据技术在 POS 中的应用如图 6-7 所示。

- 主要作用：科学地分析收集到的客户数据
- 结果：实现科学决策，得到更高的投资回报率

- 主要作用：定制后台操作系统的多种服务
- 结果：实现如卡券派发、会员管理等更多、更强大而便捷的服务

- 主要作用：只要有宽带网络就能够访问储存器
- 结果：降低系统建设成本，减少数据传输环节，提高系统性能和效率，保证整个系统的高效稳定运行

图 6-7　大数据技术在 POS 中的应用

基于大数据技术的智能 POS 是开放的，可以方便地与收银系统、ERP 管理系统、会员系统连接，来实现不同系统之间的信息联动，帮助商家更好地建立数据通信通道，降低业务成本，减少人工差错，增强内控服务，从而实现与消费者的多种互动，如卡券派发、会员管理等更多、更便捷的服务，从而提升商户利润。

传统 POS 与智能 POS 的对比如图 6-8 所示。

	传统POS	智能POS
开放性	封闭的，无法与其他设备关联	开放的，与收银系统、ERP管理系统、会员系统连接，帮助商户建立数据通信
搭载系统	嵌入式操作系统和专用的处理芯片	安卓通用型操作系统
收款服务	单一的刷卡收款方式，其他收款方式需要增加外接设备	所有付款方式集为一体，包括闪付、扫码、第三方支付等
附加功能	无	容纳一个商家所需要的大部分业务需求，可以收集客户数据，线上推广店铺
商户体验	独立的收银体系，升级困难，有价格优势	机具体积小，使用方便，但是价格微高

图 6-8　传统 POS 和智能 POS 的对比

未来，智能 POS 将整合融合支付、行业应用、O2O 营销等功能，朝着简化收银、营销智能化、管理互联网化、增值服务多元化的方向发展。由价格竞争向着服务竞争转变，行业内专业化程度增强，交易处理商、独立销售组织、现场服务商、机具租赁商等专业服务人员会从收单机构中分离出来，成为独立的公司服务于收单行业。

要点提示

智能 POS 主要是针对收单这单个节点的升级，它不改变现有的收单产业链，而是将不同的产业链(如第三方支付的产业链、行业应用产业链)融合起来。智能 POS 除了传统收银机的收银、打印小票、扫码等功能外，还提供了整合支付解决方案，支持包括现金、刷卡、扫码支付(微信/支付宝)、第三方账户支付等多种支付方式，其作用如图 6-9 所示。

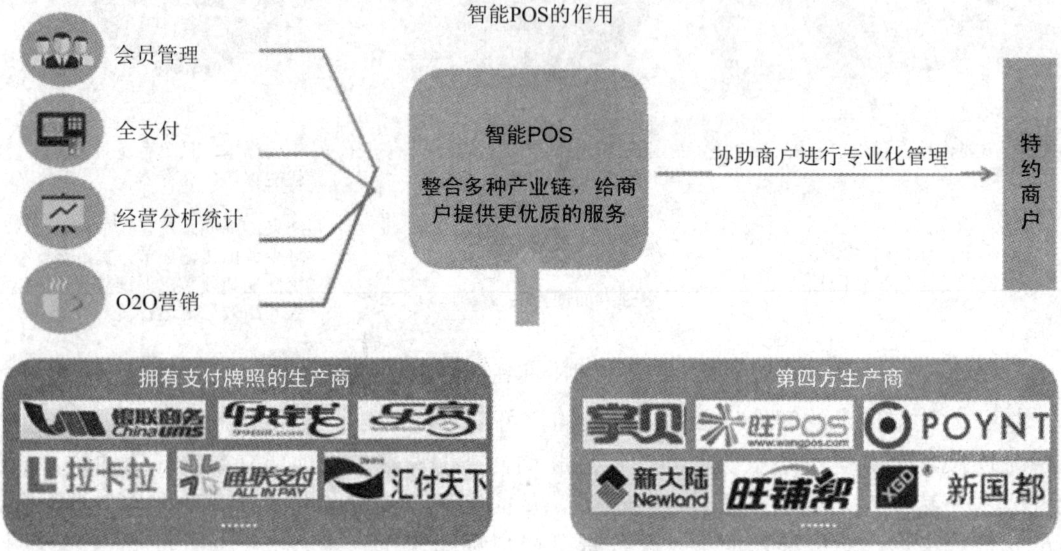

图 6-9　智能 POS 的作用

【微思考】智能 POS 的应用场景越来越广泛，逐渐取代了传统 POS。请认真思考，智能 POS 从哪些方面提升了银行卡收单服务的质量？

扫一扫

6.2.2 POS 收单运营

随着以银联、快钱为代表的第三方支付企业在 POS 业务领域不断深入拓展，一个立体多维的支付运营模式逐渐形成。本节将从 POS 收单的连接模式、流程及利润三个角度，对其运营模式进行介绍。

1. POS 连接模式

目前 POS 收单的连接模式主要分为直联和间联两种，如图 6-10 所示。

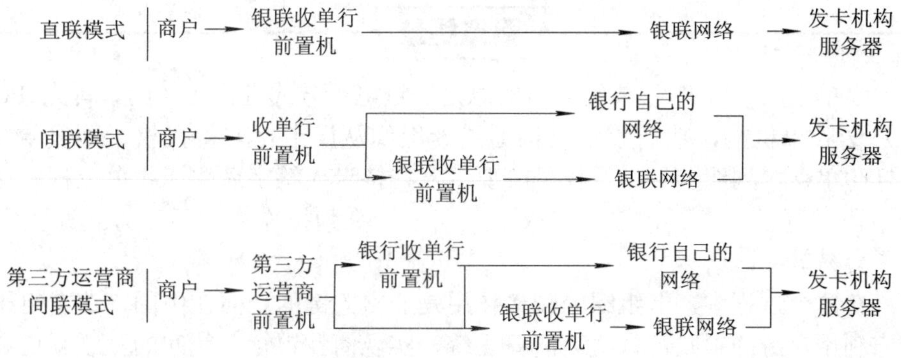

图 6-10　POS 连接模式

直联是指 POS 终端直接与银联系统相连接，交易信息先送至银联主机系统，由银联系统自主判断后直接送往相关的发卡银行，然后信息再沿原路返回；间联是指终端连接到提供机具的商业银行主机系统，当发生跨行的银行消费交易时才将信息送至银联主机系统，由银联系统分选判断后再送往相关的发卡银行，然后信息再沿原路返回。直联模式大多应用于网上支付，线下收单则多为借助第三方运营商服务的间联模式。

银行和银联在 POS 支付业务上属于竞争关系，而由于获得牌照的第三方支付机构也可以布放或者改造 POS 设备，随着上百张第三方支付牌照的发放，第三方支付公司也开始发力 POS 支付业务，市面上开始出现大量第三方支付公司的 POS 终端，接纳自己发行的预付卡，形成与银行、银联竞争的态势，使目前 POS 市场的局面变得更为复杂和微妙。但从长远来看，市场环境已经很明确：银联可能需要全面市场化，银联的支付业务部门有可能演变为和第三方支付机构相竞争的、处于同等地位的一家市场化公司。

2. POS 收单流程

POS 收单业务交易及结算流程可以归纳为以下几个步骤：

(1) 收银员审查银行卡，刷卡输入交易金额。

(2) 持卡人确认消费金额，并输入交易密码。

(3) 交易信息通过中国银联转送至发卡机构。

(4) 发卡机构系统检查卡片有效性、验证密码和账户余额，并发送交易处理结果信息(若通过检查和验证，则扣减持卡人账户资金并发送交易成功信息，未通过验证则发送交易失败信息)。

(5) 中国银联把交易处理结果信息返回给受理机具。

(6) 若交易成功，受理机具打印单据。

(7) 持卡人在消费单据上签名，收银员保管好交易单据。

(8) 中国银联每日晚 11:00 进行日中处理，按成员机构代号进行轧差清算(含交易金额和交易手续费)，次日通过中国人民银行现代化支付系统直接拨收(拨划或划收)成员机构清算资金。

(9) 成员机构次日从中国银联下载商户交易明细，对商户进行资金入账(已扣减交易手续费)并向特约商户提供交易明细。

要点提示

与手工收单不同，POS 收单的交易信息是通过电子方式进行传递的。首先 POS 终端把卡片信息送收单机构，然后收单机构通过卡组织从发卡行取得授权，回复给 POS 终端，之后打印单据，列明卡号、授权号等要素，在持卡人签字后完成收单流程。这里充分利用电子手段进行了加密、传输、鉴权、授权的一系列操作，比手工方式减少了交易环节，提高了交易效率。

注意：在这个过程中，卡组织的转接作用是非常关键的。而在中国，这个组织就是中国银联，它利用自身的银联跨行交易清算系统，实现商业银行系统间的互联互通和资源共享，保证银行卡的跨行、跨地区和跨境使用。

3. POS 收单利润

使用 POS 收单方式时，由商户支付 POS 刷卡的手续费。POS 收单的手续费项目和费率如表 6-1 所示。

表 6-1　银行卡刷卡手续费项目及费率上限表

序号	收费项目	收 费 方 式	费率及封顶标准
1	收单服务费	收单机构向商户收取	实行市场调节价
2	发卡行服务费	发卡机构向收单机构收取	借记卡：不高于 0.35%(单笔收费金额不超过 13 元)
			贷记卡：不高于 0.45%
3	网络服务费	银行卡清算机构向发卡机构收取	不高于 0.0325%(单笔收费金额不超过 3.25 元)
		银行卡清算机构向收单机构收取	不高于 0.0325%(单笔收费金额不超过 3.25 元)

6.3　银行卡收单运营案例

近年来，许多专业收单机构相继兴起。截至 2019 年 7 月，全国拥有银行卡收单牌照的支付公司共计 61 家，但这 61 家支付公司里面只有 31 家拥有真正意义上的、能在全国范围内开展银行卡收单业务的资质，剩余 30 家支付公司拥有的只是部分省市范围开展银行卡收单业务的资质，无法跨区域经营业务，部分收单机构还被央行禁止在部分省市开展收单业务。

拉卡拉和快钱作为第一批获得中国人民银行颁发的第三方支付牌照的企业，其业务模式受到了业内的广泛关注，本节主要介绍拉卡拉和快钱收单业务模式。

6.3.1　拉卡拉

拉卡拉成立于 2005 年，是中国交易规模第二大的收单企业，在第三方移动支付领域长期保持交易规模前三位。拉卡拉秉承普惠、科技、创新、综合的理念，打造了底层统

一、用户导向的共生系统，为个人和企业用户提供支付、征信、融资、社区金融等服务。

拉卡拉在向个人用户和商户提供综合性金融服务的同时，多年来积累了海量的大数据，这些用户大数据与征信模型相结合，进一步完善了平台的风控体系，保障业务的快速布局和发展，并为平台业务和产品创新提供了参考。拉卡拉这种创新与安全双轮驱动的模式如图 6-11 所示。

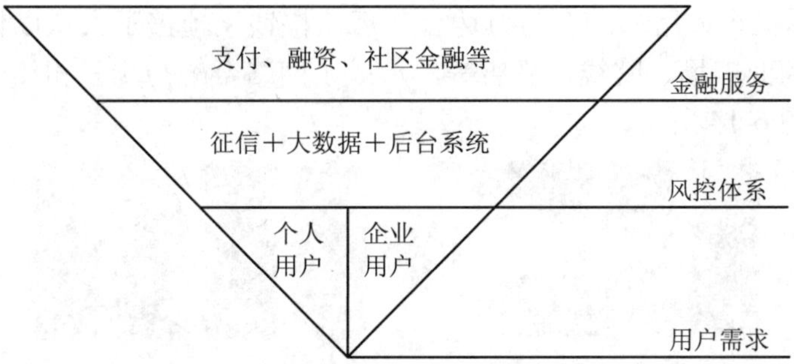

图 6-11　拉卡拉创新与安全双轮驱动模式

拉卡拉立足支付创新，持续性开发智能 POS、收钱宝盒、超级收钱宝等新型支付终端(部分产品如图 6-12 所示)，搭建拉卡拉开放式云平台和商户经营管理服务系统、商户销售支付系统等综合系统，提供相关增值服务，从“帮助中国实体小微企业收单”扩展到“帮助中国实体小微商户做生意”，全面赋能广大 B 端商户，实现个人客户、商户企业、金融机构、生产企业间互联互通，打造拉卡拉用户共生生态圈，如图 6-13 所示。

图 6-12　拉卡拉部分终端产品

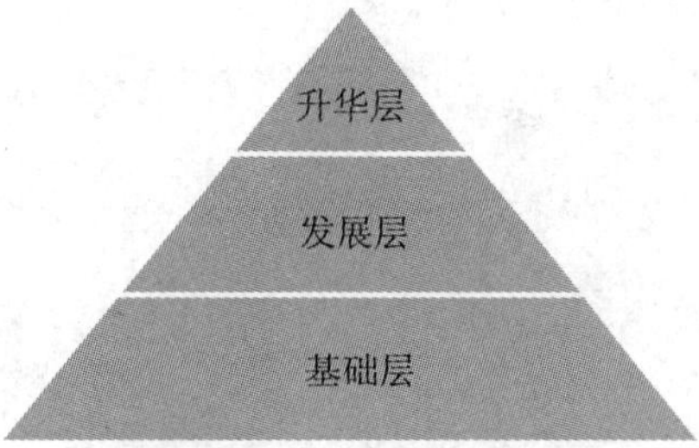

图 6-13　拉卡拉生态圈

拉卡拉用户共生生态圈由三层组成，分别是生态圈的基础层、发展层和升华层。

(1) 基础层：提供全场景支付收单服务。创新性开发智能 POS、mPOS、超级收款宝等智能终端，依托拉卡拉支付生态圈，为广大商户提供便捷、高效、安全的全场景支付收单服务。

(2) 发展层：提供更多增值服务。以支付收单业务为纽带，基于智能 POS 等终端和拉卡拉云平台，为商户提供个性化场景解决方案，包括商户经营管理、商户支付销售管理、金融服务平台管理等多项增值服务，提升商户经营能力。

(3) 升华层：撬动多边市场。依托智能 POS 等智能终端和云平台，以整合资源和信息共享为基础，撮合各方交易，打造个人客户、商户企业、生产企业、金融机构间的金融服务链以及商户企业和生产企业间的商品供销链，构建良性共生生态。

6.3.2 快钱

快钱自 2004 年成立起，即以收单业务为主营业务。经历十余年的发展，快钱以场景为基础，结合各类场景中积累的海量消费行为数据，探索出一条健康持久的网络金融业务发展模式。快钱拥有超过十余年的线上、线下交易数据积累，覆盖 20 个行业、510 万商业合作伙伴、4.4 亿个人用户。在与万达合作后，快钱又覆盖了大量以体验式消费为主的应用场景，包括商业广场、院线、酒店等，形成了网络金融与场景相结合的商业模式。快钱的场景优势如图 6-14 所示。

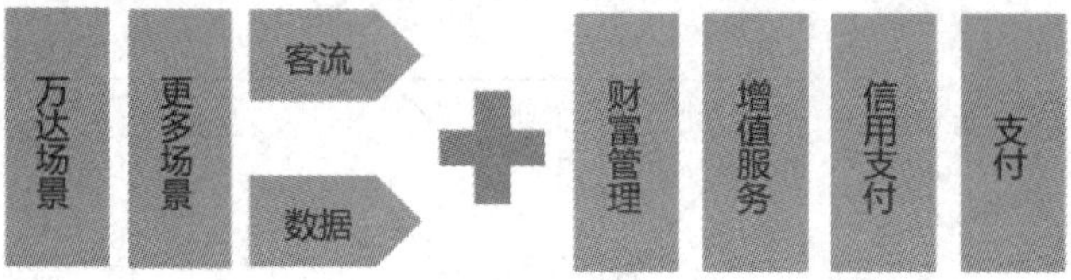

图 6-14　快钱的场景优势

快钱与万达的合作取得了双赢的局面：一方面，快钱覆盖了购物、餐饮、娱乐、便利店和社区店等多个消费场景，并拉动辐射更多场景，获得了极丰富的线下资源；另一方面，万达也借助快钱的牌照优势，成功跻身网络金融领域。

在与万达合作的基础上，快钱于 2015 年推出了快钱超智能 POS 终端，该终端是业内首家实现“全开放”的智能机，可以兼容多种支付手段，实现消费场景的拓展，覆盖广大的商户。快钱利用超智能 POS 终端，将网络金融服务带入线下场景入口，无缝接驳线上、线下金融资源，并与快钱钱包等其他金融服务相应，全方位满足商户需求，其主要服务如图 6-15 所示。

图 6-15　快钱超智能 POS 的主要服务

本 章 小 结

通过本章的学习，读者应当了解：

✧ 银行卡收单业务是指收单机构与特约商户签订银行卡受理协议，在特约商户按约定受理银行卡并与持卡人达成交易后，为特约商户提供交易资金结算服务的行为。

✧ 银行卡收单产业链是指参与银行卡业务的所有企业或机构组成的功能网链。在这个网链结构中，商业银行是核心企业，是整个链条的龙头，它通过利益共享的原则，与制卡机构、发卡机构、收单机构、专业化服务机构等众多产业部门结合，形成促进银行卡产业加速发展的链条。

✧ 传统 POS 一般是封闭的，无法与其他设备有效关联，也没有很多与外部设备通信的手段，只是一个专业化终端，用于独立的收银体系。而智能 POS 是开放的，可以方便地与收银系统、ERP 管理系统、会员系统相连接，以实现多种系统之间的信息联动，帮助商家更好地建立数据通信、降低业务成本、减少人工差错、增强内控服务。

✧ 直联是指 POS 终端直接与银联系统相连接，交易信息先送至银联主机系统，由银联系统自主判断后直接送往相关的发卡银行，然后信息沿原路返回；间联是指终端连接到提供机具的商业银行主机系统，当发生跨行银行消费交易时，才将信息送至银联主机系统，由银联系统分选判断后再送往相关的发卡银行，然后信息再沿原路返回。

✧ 在 POS 收单业务模式中，收单服务费由收单机构向商户收取；发卡行服务费由发卡机构向收单机构收取；网络服务费由银行清算机构向发卡和收单机构收取。

✧ 智能 POS 的内涵：云服务成为智能 POS 的主要服务方式，从而实现收单终端与账户端(即手机)更丰富的交互。

✧ 拉卡拉是中国交易规模第二大的收单企业，在第三方移动支付领域长期保持交易规模前三位。拉卡拉在向个人用户和商户提供综合性金融服务的同时，凭借多年来积累的海量大数据，与征信模型相结合，进一步完善了平台的风控体系，保障业务的快速布局和发展，同时为平台业务和产品创新提供了参考。

✧ 快钱以场景为基础，充分结合各类场景中的海量消费行为数据，探索出一条健康持久的网络金融业务发展模式。

本 章 练 习

一、简答题

1. 简述传统 POS 和智能 POS 的区别。
2. 简述收单市场的产业链构成。
3. 简述 POS 收单的连接模式有哪些。

二、案例分析

2014 年 12 月中旬，已遭央视曝光的深圳瑞银信支付北京分公司因为违规发展商户而受到中国人民银行支付司“暂时收回牌照”的严惩，瑞银信被勒令退出北京收单市场。这一事件的发生，引起中国人民银行的高度重视和社会的广泛关注。

瑞银信支付公司主要从事银行卡收单业务，其作为第三方支付机构，对于代理商提供的商户资质审核存在严重不到位甚至是违规情况。例如不检查营业执照的真假，只要对方提供营业执照即默认为真等。该企业因此等涉嫌违规的操作而被中国人民银行暂停支付牌照。

正是因为瑞银信这种企业的存在，使得 POS 代理市场乱象频生，代理商为了发展下线，纷纷采取来者不拒的做法，甚至对套现行为采取主动迎合的态度。

事件的背后，总能引起人们的思考。

请根据案例，分析 POS 套现出现的原因，以及如何杜绝非法套现行为。

本章能力拓展

截至 2018 年年底，央行共计下发 270 张支付牌照，合并注销 33 张，目前剩余 237 张。市面上的支付牌照主要分为银行卡收单、网络支付和预付卡的发行与受理三大类，其中网络支付又细分为互联网支付、移动支付、数字电视支付和固定电话支付，而预付卡支付牌照则占据了市面上所有牌照数量的 62%以上。

这些持有支付牌照的公司所从事的业务大致可以分为三类：

(1) 支付宝、财付通等网络支付业务是指依托公共网络或专用网络在收付款人之间转移货币资金的行为，包括货币汇兑、互联网支付、移动电话支付、固定电话支付、数字电视支付等。

(2) 通过销售点(POS)终端的银行卡收单业务是指通过销售点(POS)终端等为银行卡特约商户代收货币资金的行为。

(3) 储值卡等多用途预付卡服务。

当然，不是所有持有支付牌照的公司都能从事互联网支付或者 POS 收单业务，也不是所有的持牌支付公司都可以从事全国性业务。

问题：查找资料，归纳拥有全国性收单牌照的企业。

第 7 章　预付卡业务

本章目标

- 掌握预付卡业务的含义及流程
- 掌握预付卡业务产业链
- 掌握单用途预付卡和多用途预付卡的区别
- 理解预付卡系统
- 了解银联预付卡业务

学习导航

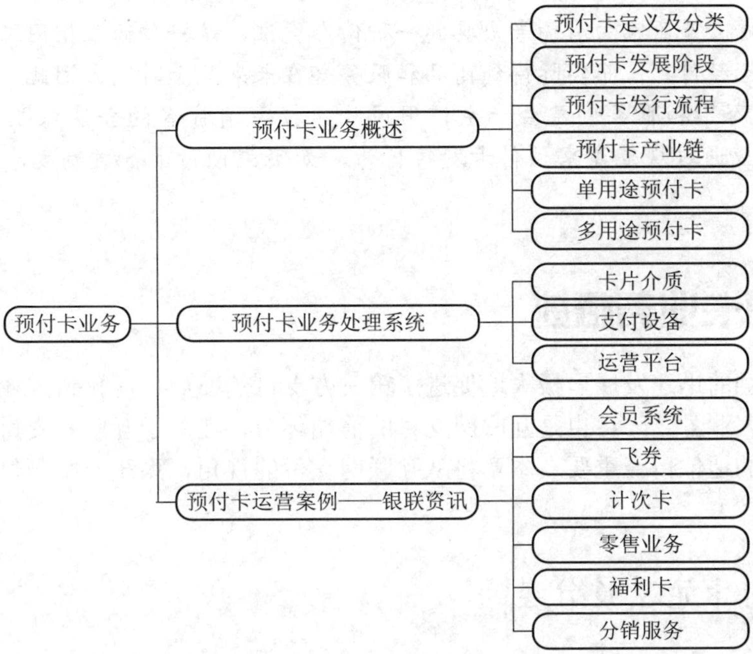

案例导入

理发卡、健身卡、就餐卡……如今市民的钱包里总能找出几张预付卡，但是近几年预付卡却频频曝出问题，商铺关门老板卷钱跑路、服务不满意却无法退款，预付卡变成了消费投诉的重灾区。更有甚者，个别地区的不法分子假借办理预付卡或预付消费的名义，进行非法集资活动。

据媒体报道，贺女士在一家蔬菜配送店办了一张 500 元卡，之后，业务员告诉贺女士，该公司推出充 1 千返 1 千的优惠活动，贺女士考虑后购买了 1 千元的卡。没过多久，贺女士登录该公司网站下单，发现系统正在维护，无法正常买菜。她多次拨打售后电话，工作人员回应系统要升级，暂停营业。然而两个月过后，不仅网站关闭，售后电话也无人接听。

贺女士办理的这类卡属于预付卡又叫储值卡、消费卡、积分卡等，顾名思义就是先付费再消费的卡片。根据商务部《单用途商业预付卡管理办法(试行)》规定，开展单用途卡业务之日起 30 日内要向相关商务主管部门备案，同时单张记名卡限额不得超过 5000 元，单张不记名卡限额不得超过 1000 元。

贺女士的蔬菜卡运作模式实际上是变相承诺高额回报，违背消费服务的价值规律，资金运转难以长期维系，一旦资金链断裂，参与者将面临严重损失。借用预付形式进行的非法集资具有以下特征：一是通过传单、广告、业务员推广、购卡人员推荐等各种途径公开宣传；二是不以真实消费为目的，承诺在一定期限内返还购卡资金或支付一定利息；三是以购买“预付卡”“购物卡”或“预付消费”等名义向社会公众吸收资金。

预付卡本质上是商家向消费者出具的一种债券凭证，是一种商业信用工具，消费者在购买预付卡时已经付款，而实际得到商品和服务却在未来某个时段，因此，如果商家不能按照承诺提供商品和服务，就会产生信用风险，损害消费者的合法权益。因此，本例中，相关部门应通过规范商家预付卡发售行为，如实施预付卡备案制度，保障消费者的消费安全。

7.1 预付卡业务概述

互联网金融的迅速发展，极大地促进了第三方支付的发展，而预付卡业务作为第三方支付机构的代表业务之一，也是互联网支付的前端环节，在基于互联网支付的清算、结算等相关交易中的地位日益重要。本章将从互联网支付的视角，系统介绍预付卡业务的相关知识。

7.1.1 预付卡定义及分类

2010 年 6 月 14 日发布的《非金融机构支付服务管理办法》(中国人民银行令【2010】第 2 号)对预付卡的定义为：以营利为目的发行的，在发卡机构之外购买商品或服务的预付价值，包括采取磁条、芯片等技术，以卡片、密码等形式发行的电子支付卡片。具体形式包括礼品卡、福利卡、商家会员卡、公交卡等。

预付卡同借记卡的主要区别在于：预付卡不与持卡人的银行账户直接关联，既可以由银行等金融机构发行，也可以由普通工商企业发行。

预付卡的发卡主体多种多样，包括：

✧ 电信企业发行：移动公司和联通公司发行的手机卡。
✧ 银行发行：如银联与交通银行发行的太平洋世博非接触芯片预付卡。
✧ 商家发行：商场、超市、餐饮、娱乐、美容、理发等各个行业发行的预付卡。
✧ 第三方发卡机构发行：第三方机构与众多商家签订协议，布放受理 POS 终端，发行一张跨行业消费的预付卡，可到众多联盟商户刷卡消费。

商业预付卡以预付和非金融主体发行为典型特征，按发卡人的不同可划分为两类：一是多用途预付卡(通用型预付卡)，由专业的第三方发卡机构发行，可在众多加盟的特约商户中支付使用，由人民银行监管；二是单用途预付卡(封闭性预付卡)，一般由商业主体自行发售，使用范围也仅限于本商业主体，如家乐福卡、沃尔玛卡、北京华联卡等，由商务部监管。

预付卡的具体分类情况如表 7-1 所示。

表 7-1　预付卡分类

预付卡种类	发卡机构分类	使用范围	主 要 特 点	监管机构
多用途预付卡	第三方发卡机构	跨地区、跨行业、跨法人	(1) 发卡机构的主营业务； (2) 双边市场：一方面是商户拓展，一方面是卡片销量； (3) 规模为王：发卡量及合作商户的规模决定企业的盈利能力	人民银行
单用途预付卡	商业流通企业	发卡企业内部	(1) 发卡机构的辅助业务； (2) 主要作用在于：提前回收成本，防范财务风险；稳定财务风险；维护客户群体，辅助销售渠道；提高品牌价值	商务部

7.1.2　预付卡发展阶段

总体来看，中国预付卡业务仍处于发展之中。以国家相关政策为标志，中国预付卡业务的发展可以大致分为三个阶段，如图 7-1 所示。

1．2006 年以前：萌芽阶段

2006 年以前，为了维护金融市场秩序，国务院接连出台了相关政策，严厉打击各种代币购物券，预付卡行业处于尴尬的灰色地带。

2．2006—2010 年：监管外的盲目扩张期

2006 年，商务部办公厅《关于购物返券有关问题征求意见函》、国务院行业研究办公室《关于代币购物券(卡)的有关问题征求意见函》等文件作出认定：预付卡不属于法律禁止的代币券(卡)范畴。预付卡行业开始了宽松的、监管下的高速发展时期，发卡企业数量和发卡规模急剧增加。这一阶段的预付卡主要以单用途预付卡为主，发卡企业涵盖零售商超、百货、美容美发、娱乐健身等领域，但由于发卡企业经营状况参差不齐，消费者的权益无法得到保障。

3．2010 年至今：监管框架下的良性发展阶段

2011 年 5 月 23 日，《关于规范商业预付卡管理的意见》出台，表明了中国政府规范预付卡市场的决心，中国预付卡行业开始从无序混乱转向健康发展。《意见》将预付卡分为单用途卡和多用途卡两大类，并实行由人民银行和商务部分类监管的政策。伴随着消费市场的不断变化、预付卡在市场各领域的使用范围将逐渐扩大，而多用途预付卡将成为整个行业发展的重心。

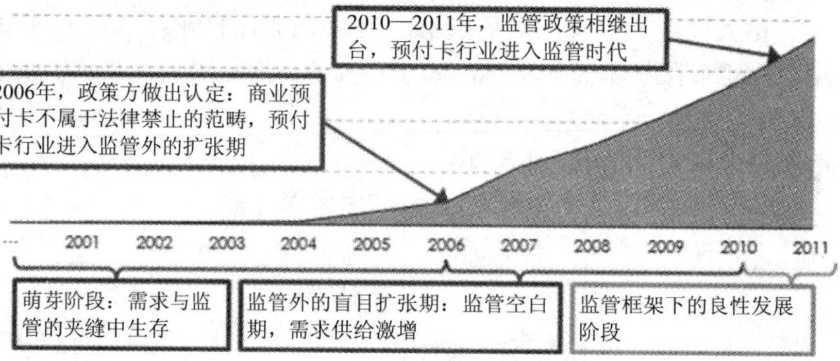

图 7-1　我国预付卡业务发展阶段

7.1.3　预付卡发行流程

预付卡(以多用途预付卡为例)由发卡机构发行，客户购买，通过网上交易平台或者线下商户的 POS 终端进行消费，发卡机构在扣除卡内金额后，向第三方存管银行发送付款指令，由存管银行向商户交付结算款，商户在收到结算款项之后向发卡机构返佣，如图 7-2 所示。

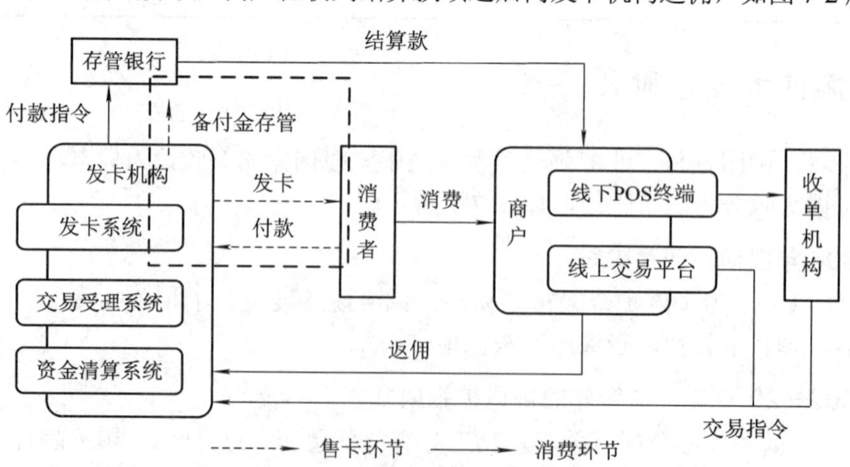

图 7-2　多用途预付卡的发行及使用流程

要点提示

单用途卡的资金以前暂不需要由存管银行管理，而是直接由发卡企业进行管理和支配。但为了保护消费者权益，新管理办法要求发卡企业需要将 20%～40%的发卡资金进行第三方存管，以便在发卡企业不能继续履约的情况下，用这笔款补偿持卡人。

7.1.4　预付卡产业链

预付卡经过多年的发展和完善，其产业链已初具雏形。依据专业化分工的情况，中国预付卡产业链可分为发卡企业、售卡渠道、系统处理、受理服务四个主要环节，如图 7-3 所示。

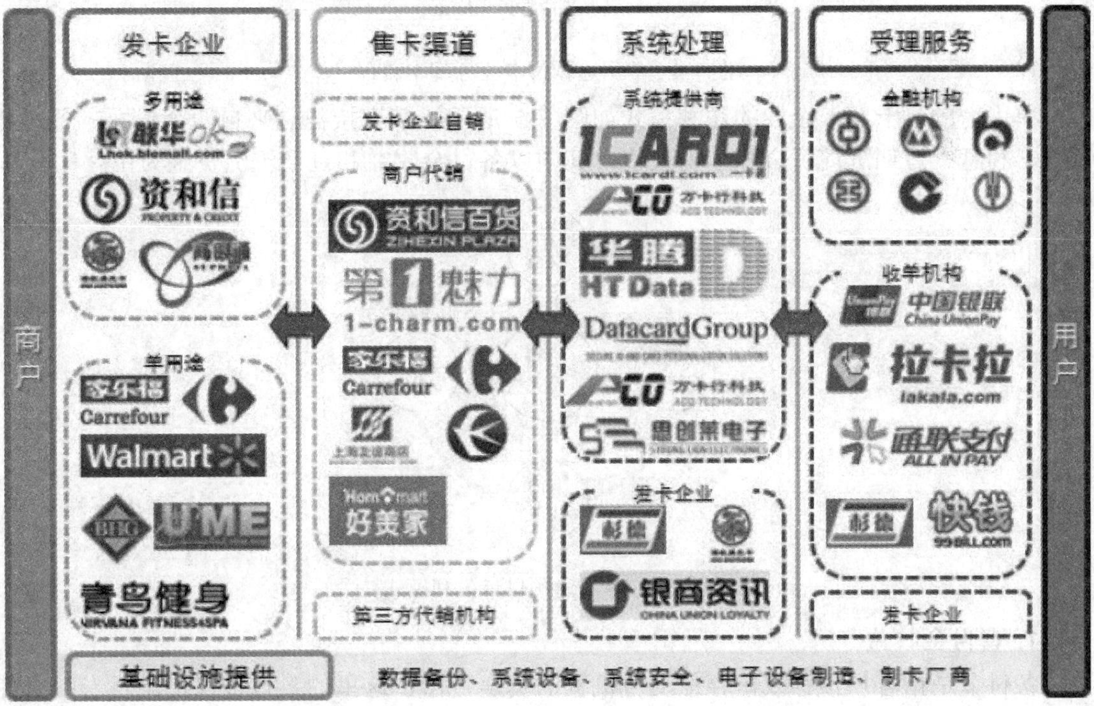

图 7-3　中国预付卡产业链

预付卡的发卡流程主要涉及发卡企业、售卡渠道和系统处理三个环节：卡片由发卡企业通过售卡渠道流转至购卡用户手中；而资金则从购卡用户流转至发卡企业(或其签约存管银行)中；然后发卡企业通过自主或第三方系统对客户信息和交易信息进行处理和存储。

预付卡的消费流程主要涉及发卡企业、系统处理和受理服务三个环节：商品或服务由商户流转至消费者；资金则通过支付平台和收单机构由发卡企业(或其签约存管银行)流转至商户；最后发卡企业通过自主或第三方系统对卡片及用户信息进行更新存储。各个环节环环相扣，为整个产业链提供服务。

7.1.5 单用途预付卡

单用途预付卡的商业模式，一般是由消费者从发卡商户(或商户预付卡代销渠道)购买特定金额的预付卡，然后持卡在特定商户及其合作单位消费。如果是一次性卡片，卡内金额消费完后需要重新购卡；如果是可循环使用的卡片，则可以自行充值后继续消费。预付卡的整个运作过程由发卡商户自行操作，整个流程都在发卡商户或其合作企业的圈内完成，其流程如图 7-4 所示。

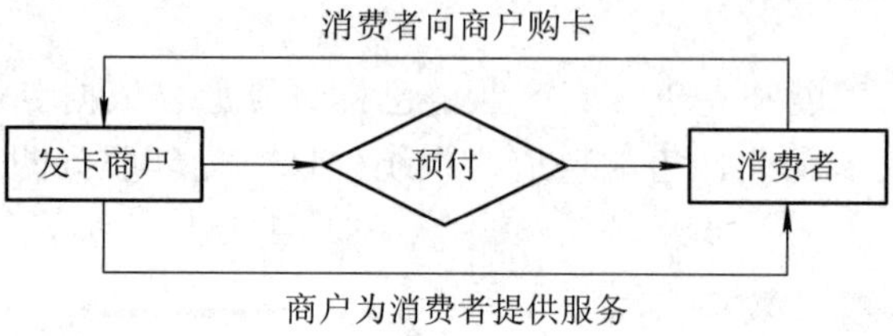

图 7-4 单用途预付卡业务基本流程

单用途预付卡发卡企业的盈利模式如图 7-5 所示，其直接盈利来自四个方面：备付金收益、利息、过期沉淀资金和卡内残值，其中以备付金收益和过期沉淀资金为主。

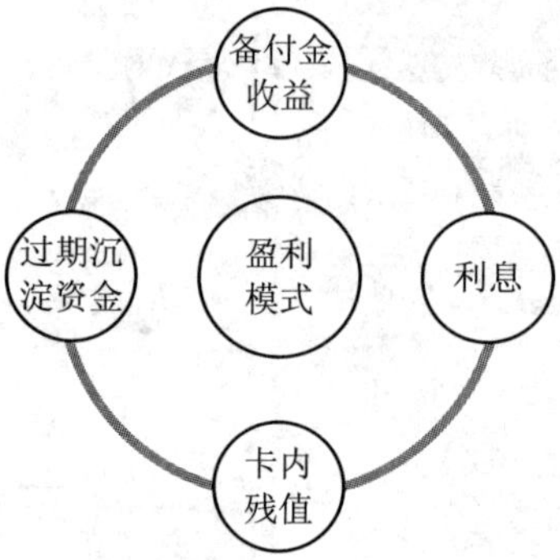

图 7-5 单用途预付卡盈利模式

1. 备付金收益

备付金是指客户预存或留存在支付机构的资金货币，这里的备付金仅指预付卡中未使用的与预付价值对应的货币资金。发卡企业出售预付卡可以获得高额的流动资金，售卡所得成为发卡企业零利息的短期贷款。发卡企业可将这笔资金用于企业的经营活动和规模扩张，也可用于商业地产的投资等。

2. 利息

发卡企业售卡所得的预收账项沉淀在企业的银行账户上，即使是作为活期存款计入利息，每年也能为发卡企业带来不菲的盈利。在竞争日渐激烈的零售市场上，同质化的竞争和持续不断的价格战已使得大多数商家的利润不断下滑，此时，发行预付卡的利润来源就成为零售企业综合利润的重要补充。

3. 过期沉淀资金

由于目前多数单用途预付卡都设有使用权限，一旦过期，卡上的余额资金将进入发卡企业的盈利范围。为充分保障消费者权益，防止发卡企业不当收益，《关于规范商业预付卡管理的意见》明确规定：记名商业预付卡将不设有效期，不记名商业预付卡有效期不得少于三年，对于超过有效期尚有资金余额的，发卡人应提供激活、换卡等配套服务。

4. 卡内残值

由于预付卡不提现、不找零，部分用户的卡内会留存少量余额而不再使用，使之成为卡内残值，这些小额余额长久积累就会沉淀为发卡企业的利润。为防止发卡人无偿占有卡内残值，方便持卡人使用，《关于规范商业预付卡管理的意见》要求：发卡企业需健全预付卡收费、投诉、保密、赎回、清退等业务管理制度，全面维护持卡人的合法权益。

要点提示

校园一卡通是从早期的食堂收费系统发展而来的，现已成为一种典型的单用途预付卡。

校园一卡通是一种以 IC 卡为信息载体，适用于校园消费和管理的网络系统。校园一卡通一般由学校发行，并进行统一管理，具有校内结算和身份识别两方面的用途，它取代了学校管理和生活中所使用的各种个人证件和现金支付手段，在一张小小的 IC 卡上集成了生活消费、学籍管理、网上交易等多种功能。校园一卡通能设置密码保护卡内信息安全，并使用本地销售终端进行脱机消费，学生、教工在学校各处的出入、活动和消费均仅凭校园一卡通便可进行，还能与银行卡实现自助圈存，实现“一卡在手，走遍校园”，不但避免了使用现金的麻烦，提高了个人资金的安全性，也更易于学校进行统一管理，同时带动学校各单位各部门信息化、规范化管理的进程。基于校园一卡通系统的管理已逐渐成为校园管理的必然发展趋势。

校园一卡通的运营模式如图 7-6 所示。

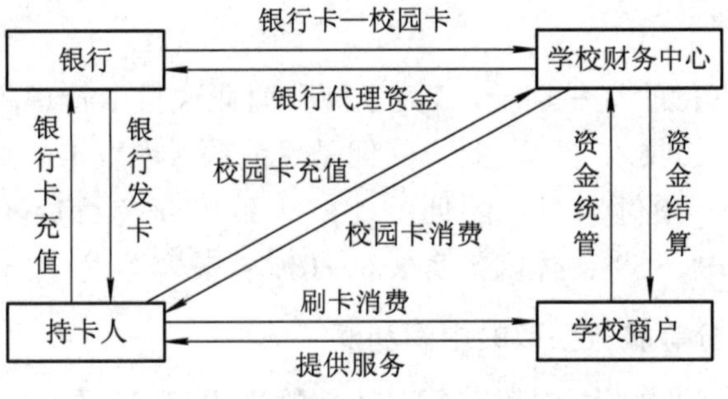

图 7-6　校园一卡通运营模式

7.1.6　多用途预付卡

多用途预付卡由第三方发卡机构发行。第三方发卡机构具有双边市场特征：一边受理商户拓展，与众多商家签订协议，布放 POS 受理终端；另一边是发行并销售预付卡。

多用途预付卡的业务流程如图 7-7 所示。

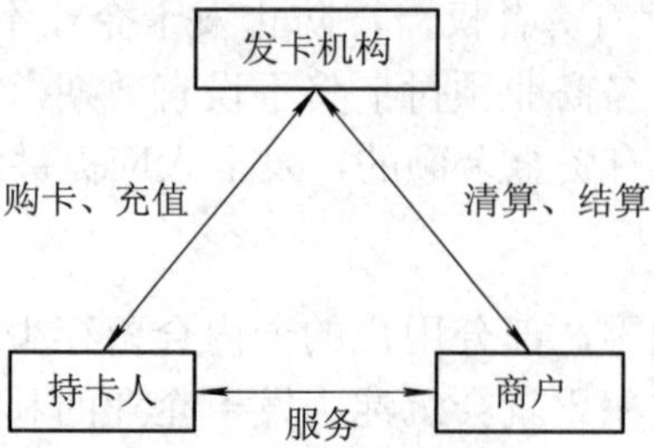

图 7-7　多用途预付卡业务流程

多用途预付卡发卡企业主营业务为预付卡的发行和受理，因此盈利模式与单用途预付卡不同。多用途预付卡发卡企业的利润来源除了备付金收益、过期资金沉淀和卡内残值外，还包括办卡、管理费和商户回佣等，其主要细分收入来源占比如表 7-2 所示。

表 7-2　多用途预付卡发卡企业主要细分收入占比来源

办卡、管理费	商户回佣	卡内残值	备付金收益
5%～10%	30%～40%	20%～30%	15%～25%

注：各细分收入来源占比为不同的收入来源占总盈利规模的比例，取行业平均水平。

1．办卡、管理费

办卡费也称为售卡手续费，是指消费者在购买预付卡的同时需要缴纳的手续费。由于卡片制作成本低，手续费大部分金额会成为企业的利润。管理费主要是指预付卡的延期费或者服务费。消费者在预付卡过期之后向商家缴纳的延期手续费是发卡企业的又一笔收入来源。《关于规范商业预付卡管理的意见》规定：对于不记名预付卡，发卡企业可以收取换卡和过期账户管理费用，记名卡可收取挂失、换卡和转让费用。

2．商户回佣

商户回佣即商户支付的交易佣金。《关于规范商业预付卡管理的意见》颁布后，由于来自备付金、沉淀资金的收入受限，商户回佣是目前预付卡发卡企业的主要收入来源。根据不同业态的利润率，预付卡商户回佣的比例大致为商超百货 0.1%～2%；餐饮娱乐 5%～20%；生活服务 1%～5%；休闲健身 8%～10%；美容美发 8%～20%。

3．通过折扣、积分等服务获取的中间利润

发卡企业以其承诺的购买力向商家争取较大的折扣空间，然后在此基础上将一定的折扣空间让渡给消费者，从而赚取两个折扣的差额利润。

4．其他增值服务

例如发卡企业为其他企业提供福利解决方案、发卡系统和机具以及预付卡业务咨询的收入。

7.2　预付卡业务处理系统

根据《支付机构预付卡管理办法》规定：预付卡的发卡机构应当在中华人民共和国境内拥有自主运行的独立、安全的预付卡业务处理系统，建立突发事件应急处理机制，确保预付卡业务处理的及时性、准确性和安全性，且核心系统不得外包和变相外包。

预付卡业务处理系统包括且不限于发卡系统、账务主机处理系统、卡片管理系统以及客户管理系统，如图 7-8 所示。

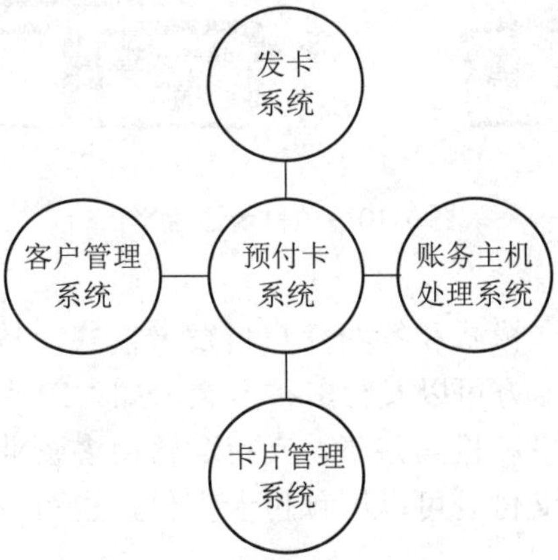

图 7-8　预付卡业务处理系统

1. 卡片介质

目前市场上主流的预付卡介质有三种：磁条卡、IC 卡、采用 RFID 技术的非接触式卡片。另外，以手机“电子券”为代表的“新形态预付卡”开始成为市场的新宠，如图 7-9 所示的京东电子券。

图 7-9　京东电子券

2. 支付设备

POS 销售终端是预付卡交易最常使用的支付设备，它能够读取各类卡片中的支付信息，并同时接受顾客和操作员的指令而完成金融交易。

POS 终端可以由银行、银联或者第三方支付公司分别或者同时进行布放，来自不同机构的 POS 终端与清算系统的连接方式可能是不一样的，一般分为可以直连银行的、通过银联和第三方支付公司再连接银行的两种方式。

3. 运营平台

一个典型的商业预付卡运营平台如图 7-10 所示。

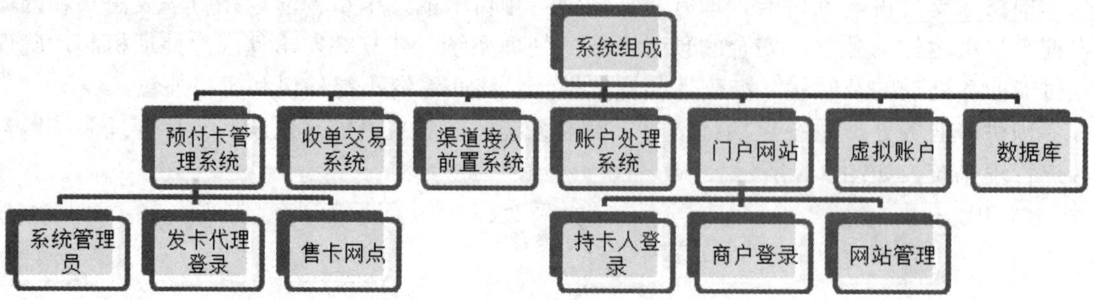

图 7-10 预付卡运营平台

(1) 发卡功能。

发卡功能支持平台自发卡模式和签约商户自发卡模式，从而能支持多个发卡方，实现企业级服务。另外，每个发卡方可以发行多种卡类，如 VIP 卡、金卡等。同时还支持多发卡方互相代理，支持商户共享和机具共享，支持运营商多营业点售卡，还要能够支持网上支付网关和虚拟账户。网上支付既可以用预付卡支付，也可以使用虚拟账户进行支付，并支持转账、充值等功能。

(2) 收单功能。

收单功能由收单交易平台和交易前置主机来共同完成，用于所有 POS 终端、外部接口发送而来的各种预付卡交易。交易前置主机的核心功能主要有三个：第一，对交易进行合法性检验、转报与数据的加/解密，保证交易安全稳步进行；第二，对交易进行准确路由，区分来自不同接口的交易的目的地，从而将现有交易划分为本地交易、第三方代本交易、本代第三方交易等；第三，对交易流水数据进行存储(数据库服务器)，并通过日终清算工作将关键交易数据进行备份和转存(转存至清算处理服务器，以支持更方便、快捷的财务管理工作)。

要点提示

第三方收单网络就是与商业预付卡平台发卡方形成商业合作的国内其他发卡机构(各银行、预付卡运营商等)或金融数据中心(银联等)。所谓的“本”，是指我方正在使用的商业预付卡平台。

根据签订的商务合作协议，第三方收单网络可以代为受理商业预付卡平台发行的预付卡费，并将交易请求通过 DDN 专线发送至商业预付卡平台进行处理，这就是第三方代本交易。

另一方面，在经过交易前置器路由判断后，第三方收单网络发行的预付卡或者银行卡也可以先经过商业预付卡平台，然后通过平台的 DDN 专线直接发送至第三方收单网络受理，这就是本代第三方交易。

(3) 清算功能。

清算是由账务处理系统来进行处理的。账户主机是商业预付卡平台的数据核心，其功能很明确：处理清分与结算，并产生相关报表。清算的主要功能有：日终清算功能、日终清算报表生成；历史数据统计、分析总计、明细；交易收益汇总、统计、报表生成；跨机构交易清分、对账；资金数据审核、防止历史数据篡改等。

7.3　预付卡运营案例——银联资讯

中国人民银行颁发的《非金融机构支付服务管理办法》规定：非金融机构提供支付服务需申请业务许可证，逾期未能取得许可证将被禁止继续从事支付业务。而从事预付卡支付业务的非金融机构则需要取得“预付卡发行受理”相关业务的牌照。

在支付监管日趋严格的大背景下，支付企业的发展路径日渐分化，那些具备清晰定位和鲜明特色的支付企业将越来越受到市场的青睐，一批具有这些优势的区域性甚至全国性支付企业将会占领市场，并最终成为市场的统治者。

上海银商资讯有限公司(China Union Loyalty，CUL)简称银商资讯，由中国银联、银联商务有限公司于 2004 年 6 月共同发起成立。作为中国预付卡服务行业的领导者，银商资讯采用“云服务”模式，致力于为商业零售和消费服务企业提供可靠预付卡业务系统为主的产品及服务，并满足持续的定制化(个性化)服务需求。同时帮助客户建立科学的业务运行方案，在业务模式、技术应用等方面引领创新，实现客户的业绩提升。下面简要介绍一下银联资讯预付卡业务模式及主要代表产品。

银商资讯运营着目前中国最大的预付卡交易处理平台，主要用于不同行业商户的预付卡业务管理，其预付卡业务涉及的流程如图 7-11 所示。

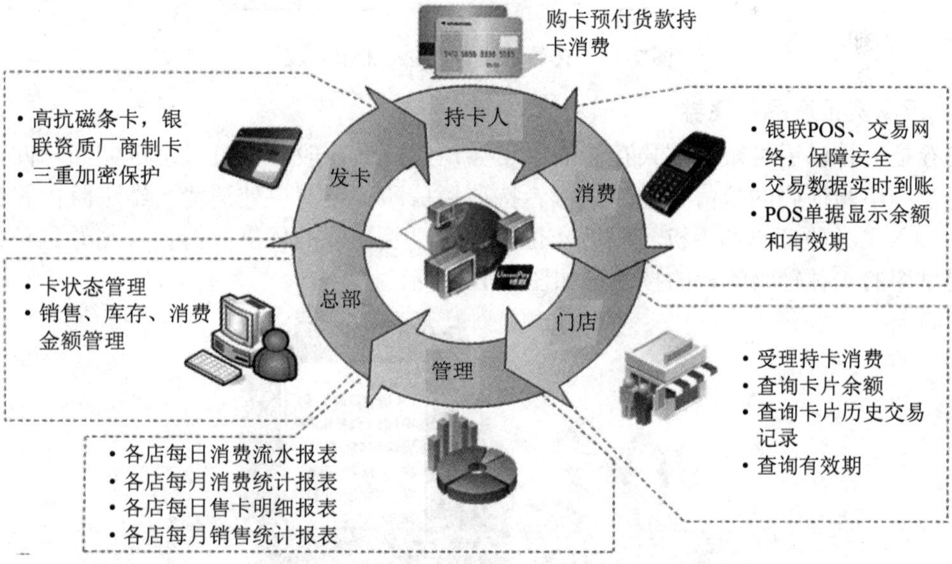

图 7-11　银商资讯业务流程

银商资讯平台可实现集团卡(大型企业集团发行的预付卡)统一标准、统一管理、统一账务；集团卡跨品牌、跨地区、线上线下的通用；集团卡物流管理、卡进销存管理；集团卡走出集团使用及账务清分；外来卡统一受理及账务清分；各种卡、券类营销活动支撑。

1．银商资讯产品会员系统

银商资讯可针对各行业、各类型的企业和商户发行本商户的会员卡。同一张会员卡可包含预付账户和积分账户。银商资讯会员系统的基本组成如图 7-12 所示。

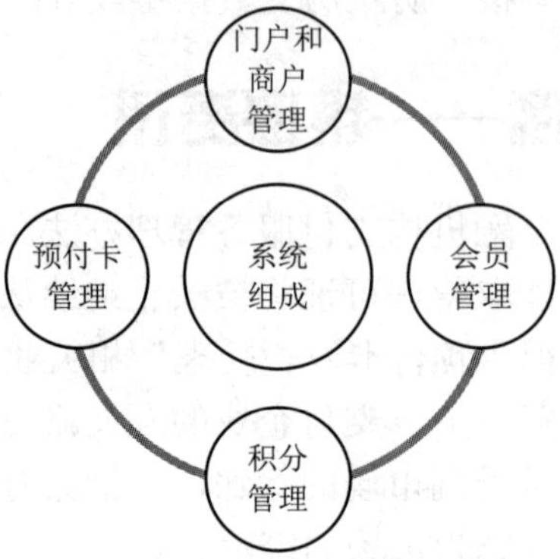

图 7-12　银商会员系统组成

商户发行会员卡，不仅可以进行会员积分奖励和兑换计划，还可掌握会员的消费行为和消费数据，帮助商家制定自有会员忠诚计划，获取、跟踪、认识、吸引、促成并维持好客户，有效地增加商家的竞争优势，提升销售额，功能如图 7-13 所示。

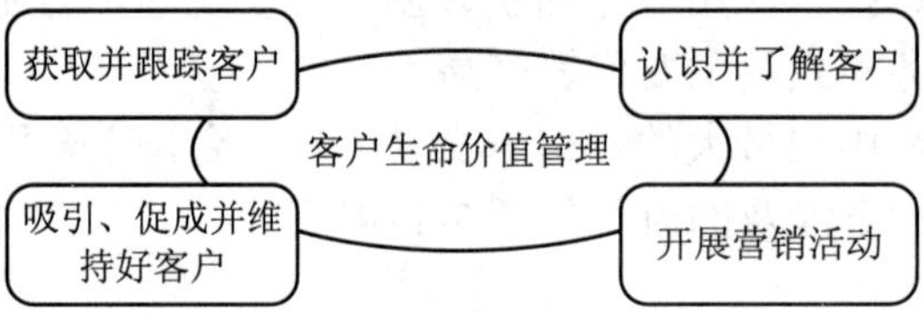

图 7-13　会员系统客户生命价值管理

2．银商资讯产品：飞券

飞券是一种以手机短信方式存储的电子券，此短信一般与手机号绑定。商户向消费者发送包含一串验证码的短信礼券，消费者持该短信即可至商户处消费，结账时由收银员在 POS 端输入飞券验证码和手机号码后 4 位，即可享受相应的优惠或折扣。飞券是预付卡业务发展早期的一种较为流行的技术，如图 7-14 所示。

图 7-14　飞券

3．银商资讯产品：计次卡

计次卡是一种银商资讯为商户量身打造的特殊预付卡，它以原有预付卡或会员卡为载体，允许商户将商品或服务以数量的形式储存在卡片中，亦可将优惠券、抵用券等植入卡中。计次卡作为对普通充值卡和积分卡的补充，是一种有效且实用的管理和营销手段，常用于服务类行业的营销推广。计次卡的运营流程如图 7-15 所示。

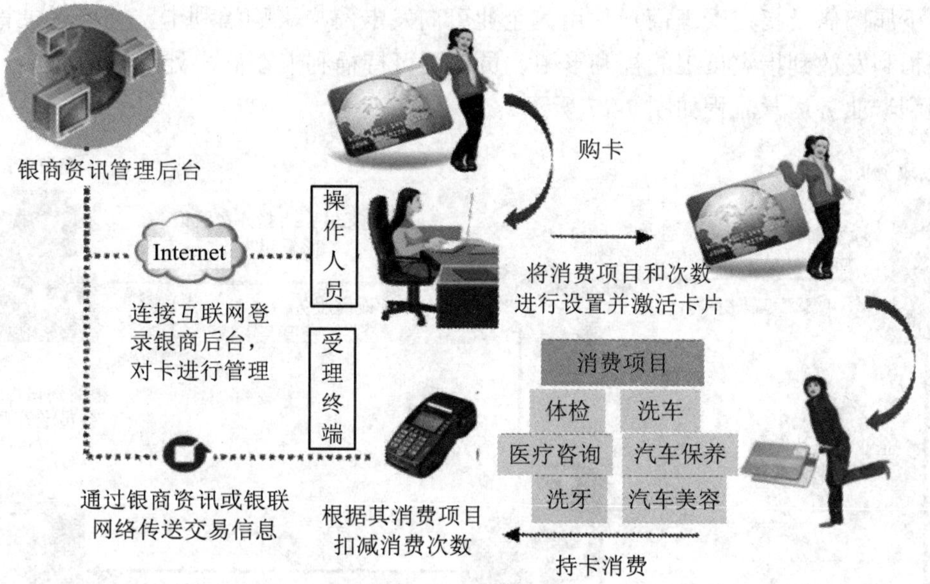

图 7-15　计次卡运营流程

4．银商资讯产品：零售业务

预付卡零售业务即利用预付卡交易终端 POS 机实现预付卡的现场售卖或充值的业务。预付卡零售业务可以协助发卡机构开拓预付卡个人零售市场，方便个人购卡，提高预付卡的重复充值和使用率，实现小额零钞找零卡等功能，并实现预付卡代售等延展应用。预付卡零售业务的展示如图 7-16 所示。

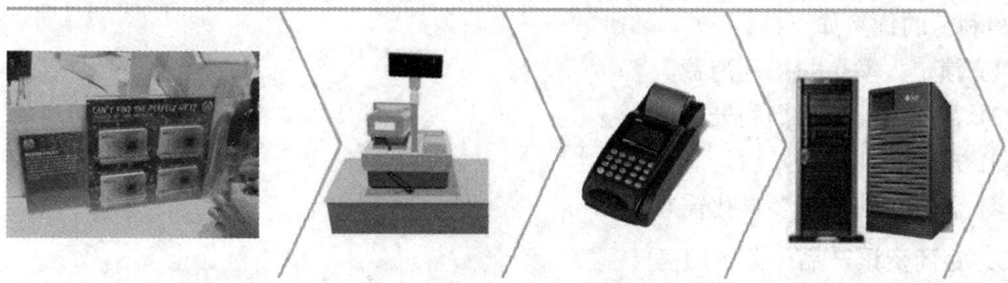

图 7-16　预付卡零售业务设备展示

预付卡零售业务的优势如下：

(1) 为商户带来增量的购物卡销售和受理收益。

(2) 拓展个人及企业零售礼品卡市场。

(3) 为消费者购卡提供更多选择。

(4) 锁定远期交易，增加营业收入。

(5) 增加购物卡资金沉淀与残值收入。

5．银商资讯产品：福利卡

福利卡是商户面向企业客户发行的预付卡，一般为记名制，并设有密码，该预付卡可在商户下属门店及指定受理商户使用。企业可向发卡商户采购福利卡，并可登录管理系统将员工福利发放到指定员工的福利卡中，员工则可持福利卡在商户处进行消费。

福利卡业务运营流程如图 7-17 所示。

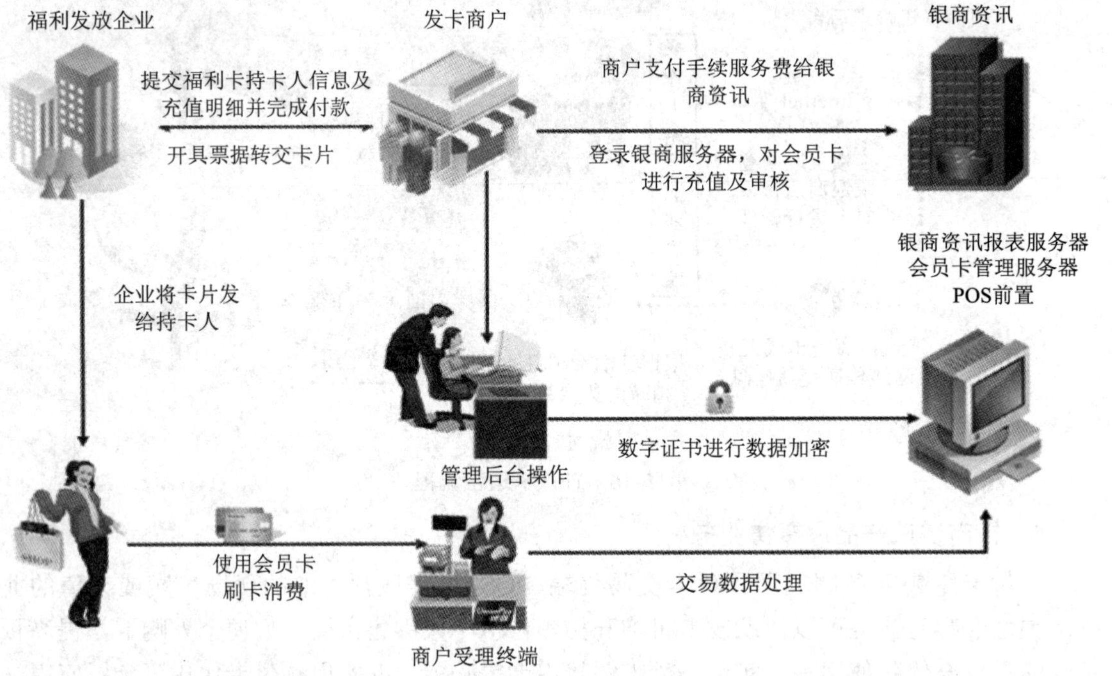

图 7-17　福利卡业务运营流程

福利卡的优势如下：

(1) 锁定大型企业福利消费。

(2) 帮助企业简化福利采购。

(3) 规范企业福利发放。

(4) 满足企业员工多样化需求。

6．银商资讯产品：分销服务

预付卡分销即通过预付卡分销平台和分销商，实现预付卡跨商户销售和销售结算。发卡机构只需接入分销平台，即可利用银商资讯搭建的分销网络，经由该网络下的各类预付卡零售合作渠道销售自己发行的预付卡。预付卡分销服务流程如图 7-18 所示。

图 7-18　预付卡分销服务流程

本章小结

通过本章的学习，读者应当了解：

✧ 预付卡指以营利为目的发行的、在发卡机构之外购买商品或服务的预付价值，包括采取磁条、芯片等技术以卡片、密码等形式发行的电子支付卡片。按照发行机构和使用范围的不同，预付卡可分为两大类：单用途预付卡和多用途预付卡。

✧ 单用途预付卡是指商业主体以预收款形式发行的、仅限于在本企业或本企业所属集团或统一品牌经营体系兑付货物或服务的预付凭证，不得跨法人使用。其盈利来源包括备付金收益、利息、过期沉淀资金和卡内残值等。

✧ 多用途预付卡是指以营利为目的，由专业第三方发卡机构发行，在发行机构之外购买商品或服务的预付价值，可跨法人使用。可在发卡机构以外的多个商场、超市、健身会所等签约商户处使用。其盈利来源除了备付金收益、利息、过期沉淀资金和卡内残值外，还包括办卡费、管理费和商户佣金。

本章练习

一、简答题

1．简述预付卡的定义和分类。

2．简述多用途预付卡的盈利模式。

二、案例分析

2016 年 8 月，市消保委集中接到 10 余名消费者关于微信网店舜品移动商城(上海舜品电子商务有限公司)的投诉。消费者反映，舜品移动商城宣称“买多少返多少”，而在消费者充值消费后，该网店就无法正常消费和返现了。例如，其中一位消费者王女士于 2 月份在舜品移动商城“让消费免费”的宣传诱惑下，开始充值消费。由于数次消费均顺利返现和提现，王女士充值的频率、金额逐步提升。4 月份起，舜品移动商城的商品出现断货、返现出现滞后等现象。该公司给消费者的解释是资金流动不畅，并允诺消费者可以继续充值消费。5 月份，舜品移动商城单方宣布升级，让消费者去另一个新商城充值购物，但所有舜品移动商城账号内的充值金额都无法使用，而新商城的购物限制条件越来越苛刻，最后索性于 8 月份停止服务。此时，王女士的账号累计返现金额已高达 28 万余元，且无法提现和退款，公司电话始终无人接听。

据悉，10 余名消费者的充值金额为 3000 元至 33 万元不等，累计金额达 109 万余元。消保委接到投诉后，采用多种方式均无法有效联系该公司，执法部门已介入调查。

请阅读案例，并分析：如何避免免费赠送、高额返利、全额返现等预付卡陷阱。

本章能力拓展

1. 列举身边的各种预付卡，对列出的预付卡进行分类，并介绍每种预付卡的特点。
2. 下载并安装一个简单的预付卡管理信息系统，并撰写使用报告。

参考文献

[1] 青岛英谷教育科技股份有限公司，吉林农业科技学院．互联网金融概论．西安：西安电子科技大学出版社，2018．
[2] 史浩．互联网金融支付．北京：中国金融出版社，2016．
[3] 帅青红，李忠俊，彭岚，等．互联网金融．大连：东北财经大学出版社，2016．
[4] 郭福春．互联网金融教学案例集．北京：中国金融出版社，2016．
[5] 刘飞宇．互联网金融法律风险防范与监管．北京：中国人民大学出版社，2016．
[6] 中国支付清算协会．移动支付理论与实务．北京：中国金融出版社，2015．
[7] 蔡红．电子支付与网络银行．上海：华东师范大学出版社，2015．
[8] 柯新生．网络支付与结算．北京：电子工业出版社，2016．
[9] 胡冬鸣．微信支付、网银、支付宝．北京：中国财政经济出版社，2017．
[10] 杨光瑶．玩转支付宝：支付生活与电商运营．北京：中国铁道出版社，2017．
[11] 支付百科．移动支付这么玩就对了．北京：人民邮电出版社，2018．
[12] 韩壮飞．互联网金融发展研究．郑州：河南大学，2013．
[13] 易观智库．中国第三方支付市场专题研究报告，2016．
[14] 吴卫明. 互联网金融知识读本. 北京：中国人民大学出版社，2015．

参考网站资源：

[1] 中国人民银行网站(http://www.pbc.gov.cn)
[2] 中国银行业监督管理委员会网站(http://www.cbrc.gov.cn)
[3] 中国证券监督管理委员会网站(http://www.csrc.gov.cn)
[4] 中国保险监督管理委员会网站(http://www.circ.gov.cn)
[5] 中国银联网站(http://cn.unionpay.com)
[6] 网贷之家(http://www.wdzj.com)
[7] 未央网(http://www.weiyangx.com)
[8] 百度百科(https://baike.baidu.com)
[9] 移动支付网(http://www.mpaypass.com.cn)
[10] 网贷天眼(https://www.p2peye.com)
[11] 盈灿咨询(www.yingcanzixun.com)
[12] 蚂蚁金服(www.antfin.com)
[13] 京东金融(http://jr.jd.com)
[14] 微信商户平台(http://pay.weixin.qq.com)
[15] 拉卡拉(http://www.lakala.com)
[16] 快钱(http://www.99bill.com)

参考文献